Riemann

Chuck Spezzano

Der Tao-Index

»Persönliche Entwicklung und Partnerschaft werden in Zukunft über geschäftlichen Erfolg oder Misserfolg entscheiden«

Aus dem Englischen
von Gisela Kretzschmar

Riemann

Für meinen Vater

Danke für all deine Unterstützung und dafür,
dass du mich immer wieder daran erinnerst,
mir selbst treu zu sein.

Umwelthinweis
Dieses Buch wurde auf 100 % Recycling-Papier gedruckt,
das mit dem blauen Engel ausgezeichnet ist.
Die Einschrumpffolie (zum Schutz vor Verschmutzung)
ist aus umweltfreundlicher und recyclingfähiger PE-Folie.

1. Auflage

Satz: Barbara Rabus
Druck und Bindung: GGP Media GmbH, Pößneck
Printed in Germany
ISBN-10: 3-570-50065-9
ISBN-13: 978-3-570-50065-1

www.riemann-verlag.de

»Reich und vornehm und dazu hochmütig sein:
Das zieht von selbst das Unglück herbei.«

»Wen der Himmel retten will,
den schützt er durch die Liebe.«

Laotse

Inhalt

TEIL II

TEIL III

Vorwort

Der Tao-Index ist der Höhepunkt von mehr als 35 Jahren der Forschung und der psychologischen Beratung von Menschen aus aller Welt in allen Bereichen ihres Lebens, von Beziehungsproblemen über Gesundheitsfragen und Spiritualität bis hin zu Themen aus den Bereichen Arbeit und Wirtschaft. Meine Seminare und Beratungssitzungen haben mir ein ideales Umfeld zur Verfügung gestellt, in dem ich Techniken entwickeln konnte, die geeignet sind, mühelos einen grundlegenden Wandel herbeizuführen. Im Laufe der Jahre habe ich Tausenden von Menschen helfen können, ihre finanziellen Belastungen, Schwierigkeiten am Arbeitsplatz und spezielle Unternehmensprobleme durch den Einsatz ebenjener Methoden zu überwinden, und mit diesem Buch möchte ich Ihnen ebenfalls die Möglichkeit dazu eröffnen. Immer wieder finden Sie hier auch Beschreibungen von Sitzungen mit Klienten, die von den Erfahrungen und Techniken profitiert haben. Die Namen und andere wichtige persönliche Erkennungsmerkmale habe ich natürlich verändert, um die Privatsphäre der betreffenden Personen zu schützen, aber jede Geschichte wird im Kern so erzählt, wie sie sich abgespielt hat. Eins habe ich im Laufe der psychologischen Beratung immer wieder erlebt: Der Erfolg stellt sich von selbst ein, wenn die Blockaden beseitigt sind.

In diesem Buch geht es um die Probleme und Herausforderungen, denen sich die Wirtschaft in der heutigen Welt gegenübersieht, und um die Bedeutung der psychologischen Unternehmensberatung – des Coachings – als Mittel, mit dessen Hilfe wir unser unternehmerisches Handeln transformieren und uns neue Ebenen des Erfolgs erschließen können. Ich habe außerdem festgestellt, dass alles, was in der Wirtschaft geschieht, sich auch in der Gesellschaft abspielt. Das spezielle Stadium, in dem die Wirtschaft derzeit feststeckt, erforsche ich schon seit über zwanzig Jahren, indem ich beobachte und untersuche, wie Einzelpersonen, Paare und die Gesellschaft als Ganzes in ihrer Entwicklung fortschreiten. Dabei habe ich entdeckt, dass es spezifische Stadien gibt, die all diesen Entwicklungsfeldern gemeinsam sind und ebenso für die Wirtschaft als Ganzes wie für jedes einzelne Unternehmen gelten.

Die gute Nachricht ist die, dass ich auch Folgendes festgestellt habe: Sobald Sie wissen, in welchem Stadium sich Ihr Unternehmen befindet, ist es sehr viel einfacher, einen Weg zu finden, der Sie zu einer höheren Ebene des Erfolgs führt.

Dieses Buch enthält also die Früchte vieler Jahre der psychologischen Beratung und Forschung, um einen besseren Weg für Einzelpersonen, die Gesellschaft und die Wirtschaft zu finden. Ich habe es geschrieben, um Ihnen Inspiration und Führung hin zu einer neuen Lebensweise und zu einer neuen Art der Unternehmensführung anzubieten. Ich wünsche Ihnen viel Glück und Erfolg bei der Nutzung der Prinzipien, die Ihnen dazu verhelfen werden, Ihr Leben und Ihr Unternehmen besser zu führen.

Hawaii, im Mai 2005 *Chuck Spezzano*

Einführung

Das Buch besteht aus drei Teilen. Mit dieser Aufteilung möchte ich meine Vision für die Wirtschaft präsentieren und sowohl Geschäftsleuten als auch psychologischen Unternehmensberatern helfen, die daran interessiert sind, eine Führungsrolle bei der weiteren Entwicklung der Wirtschaft zu übernehmen. Das Buch ist gedacht für Geschäftsleute, die mit Konflikten und internen Konkurrenzsituationen der Belegschaft umgehen müssen und sich deshalb ausgebrannt und erschöpft fühlen. Es ist für Menschen, die ein besseres Gleichgewicht zwischen Familie und Beruf anstreben oder in deren Unternehmen ein überdurchschnittlich hoher Krankenstand herrscht. Es ist für Menschen, die auf der Suche nach einem tieferen Verständnis des Geistes sind und wissen wollen, wie sie ihn zur Transformation einsetzen können, um zu mehr Erfolg und Erfüllung zu finden.

Das Buch ist so angelegt, dass es Ihnen helfen soll, zu verstehen, wie sich die Dinge entfalten und was sie daran hindert, sich auf vorteilhafte Weise zu entfalten. Diese Entfaltung ist das TAO*. Wenn Sie die Prinzipien dieses Buches anwenden und

* Das TAO bezeichnet die Entfaltung des bewussten Geistes des *Universums* hin zur Einheit; Wirtschafts-TAO ist die Entfaltung der Wirtschaft im *Allgemeinen* (in diesen Zusammenhängen wird das TAO *großgeschrieben*), während Unternehmens-Tao *(Gemischtschreibweise)* sich auf Ihr spezielles Unternehmen bezieht. »Tao« heißt im Chinesischen wörtlich »der Weg«; er ist der zentrale Begriff in der Philosophie des Taoismus. Im *Taoteking* des Laotse erhält das Tao erstmals eine metaphysische Bedeutung – als allumfassendes erstes Prinzip, das allen Erscheinungen zugrunde liegt.

dabei die Entfaltung des TAO verstehen lernen, werden Sie in Ihrem Leben und bei Ihrer Arbeit einen visionären Zustand erreichen können. Das Buch wird Ihnen auch dabei helfen, herauszufinden, in welchem Entwicklungsstadium Ihr Unternehmen vielleicht feststeckt, und macht Sie mit Techniken vertraut, die geeignet sind, die Probleme, Fallen und Hindernisse jeder einzelnen Ebene des Wachstums und der Entwicklung erfolgreich zu überwinden.

Ich habe bei meiner Tätigkeit als Coach festgestellt, dass zu viele unserer leitenden Angestellten – das größte Kapital einer Firma – nach außen hin zwar erfolgreich sind, sich aber trotzdem als Blender und Versager fühlen oder einfach ausgebrannt und erschöpft sind. Dieses Buch soll ihnen helfen, aus solchen schwierigen Situationen herauszufinden und ihr Leben erfolgreicher und ausgeglichener zu gestalten.

Wir müssen dem Wirtschaftsleben sein Herz zurückgeben: Vision, Lebenssinn und Kreativität – all das bedeutet in seiner Summe, dass wir zu unserem Herzen zurückfinden müssen. Dieses Buch zielt darauf ab, der Wirtschaftswelt und den Geschäftsleuten insbesondere dabei zu helfen, eine Vision des nächsten Stadiums und der nächsthöheren Ebene von Entwicklung und Wachstum für sich selbst zu entwerfen. Es will Geschäftsleuten die Kraft vermitteln, ihre Arbeit und ihre Beziehungen erfolgreich zu gestalten, indem sie den bahnbrechenden Prinzipien und Lehren der Psychologie der Vision folgen – ein psychologisch-spirituelles Modell oder ein Weg der Transformation und des Erfolgs – und diese auch im Geschäftsleben anwenden, damit die Wirtschaft ein Gespür dafür entwickeln kann, wie man durch Visionen, Lebenssinn und Kreativität aus Situationen herausfindet, in denen sich die Menschen ausgebrannt, erschöpft und niedergeschlagen fühlen. Wenn Sie bereit sind, diesen Weg zu gehen, wird es Ihnen gelingen, Ihr Herz zurückzugewinnen. Und dann können Sie es mit zur Arbeit nehmen.

Der Tao-Index beschreibt die Gesellschaft, ihren Zustand, die jüngste Beschleunigung bei der Entwicklung des Bewusstseins und die aktuellen Trends in der Wirtschaftswelt. Das Buch erklärt, warum Veränderungen notwendig sind und dass wir zu einer neuen Ebene der Visionen in der Wirtschaft finden müssen, weil die Wirtschaft im 21. Jahrhundert eine Hauptrolle auf der Weltbühne übernehmen soll.

Ich werde postulieren, dass die Wirtschaftsprozesse der Zukunft beziehungsorientiert ablaufen müssen. *Der Tao-Index* beschreibt den gegenwärtigen Zustand der Wirtschaft und verdeutlicht, wie deren Ungleichgewichte in den tiefsten familiären und gesellschaftlichen Mustern wurzeln. Das Buch stellt die besonderen Fallen des gegenwärtigen Zustands dar und zeigt auf, wie wir uns daraus befreien können. Auf diese Weise präsentiert es ein evolutionäres Modell, das auf den Wachstumsstadien basiert, die Einzelpersonen, Unternehmen und die Gesellschaft auf ihrem Weg der Entfaltung durchlaufen.

Teil I macht Sie mit dem Umfeld und den aktuellen Bedingungen der heutigen Wirtschaftswelt vertraut. Hier finden Sie einen Kontext und eine Basis für die unternehmerischen Prinzipien, die psychologischen Beratungsmethoden und Übungen, die in den Teilen II und III dargestellt werden. Im *ersten Kapitel* erkläre ich, warum Veränderungen notwendig sind, wenn wir zu unseren Herzen zurückfinden und eine neue Ebene der Vision sowie ein neues Verständnis für unsere Lebensaufgabe im privaten und beruflichen Umfeld erreichen wollen. Wir befinden uns an einem Scheideweg – wir haben die Wahl –, und unsere Entscheidung legt fest, welche Richtung die Wirtschaft und die Welt einschlagen werden.

Kapitel 2 untersucht das Potenzial der Wirtschaft, sich hin zu mehr Partnerschaft und Gleichberechtigung zu entwickeln, statt in Konkurrenz und Lethargie stecken zu bleiben. Hier führe ich auch das Konzept der Wirtschaft als Beziehungsgeflecht ein. Diese Vorstellung ist der erste Schritt dazu, der Wirtschaft ihr Herz zurückzugeben. Nur so kann die Geschäftswelt lernen zu empfangen und darüber eine partnerschaftliche Ebene erreichen.

Kapitel 3 beschäftigt sich eingehender mit dem TAO-Index und dem Prozess der Bewusstseinsentfaltung in Bezug auf die Wirtschaft. Hier stelle ich dar, wie wichtig es ist, dass wir den Entfaltungsprozess in unseren Unternehmen, in der Welt und bei unserem persönlichen Wachstum deutlich erkennen. Sie werden aufgefordert, die Welt und Ihr Unternehmen in einem völlig neuen Licht zu sehen, wobei jede Situation und jedes Problem sich als eine Chance für Wachstum und Heilung erweist.

In den *Teilen II und III* zeige ich Ihnen Wege durch die verschiedenen Entfaltungsstadien mit den Fallen und Problemen, denen Sie dort begegnen werden. *Kapitel 4* beschreibt die Methoden, Techniken und Stadien des Wachstums und der Entwicklung, die zur Psychologie der Vision gehören – ein Modell des Lehrens und ein Weg zu Transformation und Erfolg. Dieses Modell ist aus Entdeckungen, Erfahrungen und Erkenntnissen entstanden, die ich im Laufe der Jahre an der Seite meiner Frau, Gefährtin und Geschäftspartnerin Lency Spezzano gewonnen habe. Indem ich die Prinzipien dieses Modells in die Wirtschaftswelt einführe, möchte ich einen neuen Weg aufzeigen, wie sich Probleme und Fallen transformieren lassen, um den Sprung auf neue Ebenen der Vision, der Kreativität und des Erfolgs im Wirtschaftsleben zu ermöglichen.

Die Möglichkeiten, neue Ebenen der Vision zu erreichen,

diskutiere ich in *Kapitel 5*. Dort zeige ich Ihnen, wie Sie Visionen und partnerschaftliche Beziehungen in Ihr Unternehmen und Ihr persönliches Leben einbringen können.

Kapitel 6 richtet sich speziell an psychologische Unternehmensberater und an Geschäftsleute, die damit beginnen wollen, diese Prinzipien in ihr Leben und ihr Unternehmen einzuführen. Hier verdeutlichen zahlreiche Fallstudien die Lehren und Methoden.

Das abschließende *Kapitel 7* enthält praktische, spirituelle und intuitive Übungen und Visualisierungen, die Ihnen helfen, höhere Ebenen des Erfolgs zu erreichen, Ihren Geist zu fokussieren sowie zentrierter und effektiver zu werden, nicht nur bei der Arbeit, sondern in Ihrem gesamten Leben und allen Ihren Beziehungen.

Einführung in das Tao

Eines der wichtigsten Werkzeuge für Führungspersönlichkeiten in der Wirtschaft ist heute die Fähigkeit, das Tao zu lesen: Ihren persönlichen Prozess der Entfaltung und den Prozess der Entfaltung der Welt.* Wenn Sie verstehen, wie sich die Dinge entfalten, dann erkennen Sie auch, in welche Richtung sie sich bewegen, nehmen Trends wahr, sehen, warum manche Dinge nicht funktionieren und wie Sie eingreifen können, um die Situation zu verbessern. Das alles wahrnehmen zu können, versetzt Sie in eine Führungsposition. Dies ist ein wichtiger Schritt in Ihrem persönlichen Wachstum und hilft der Wirtschaft insgesamt dabei, ihre Kraft anzunehmen und sich auf ihre führende Rolle einzulassen. Hier beginnt ein neues Stadium der Vision

* In diesem Buch werden die Ausdrücke »Tao« und »Prozess« (der Entfaltung) synonym verwendet, weil sie im Wesentlichen dasselbe meinen.

und Kreativität. Damit unser Prozess der Entfaltung in seinen natürlichen Fluss kommt, brauchen wir die bewusste Wahrnehmung. Wir müssen nicht nur erkennen, was geschieht, wenn wir in der Falle stecken, sondern wir müssen auch die vielen Chancen erkennen, die in solchen Fallen verborgen sind und uns den Weg zu Erfolg und Glück weisen. Die Kenntnis des TAO und unseres persönlichen Tao gestattet uns, die Fallen zu sehen und uns erfolgreich aus ihnen zu befreien.

Das Tao ist der Flow, der Prozess unserer persönlichen Entfaltung, des völligen Aufgehens im Leben, des Einswerdens mit unserer Tätigkeit. Das große TAO ist die Entfaltung des Universums. Wie unser persönliches Tao entfaltet sich auch das große TAO auf optimale Weise im Hinblick auf das, was im kollektiven Unbewussten der Menschheit geheilt und transformiert werden muss. Aus ebendieser Perspektive ist die spirituelle Aussage zu verstehen, dass »alles zum Besten des Ganzen« geschieht. Einfacher ausgedrückt: Was in Ihrem Unternehmen geschieht, ist das Beste, was geschehen kann im Sinne dessen, was Sie brauchen, um zu lernen und Fehler zu korrigieren. Das zu verstehen, kann der erste Schritt zu einer völlig neuen Sichtweise der Welt sein. So werden Probleme und Hindernisse zur willkommenen Gelegenheit zu heilen, zu wachsen und neue Ebenen des Erfolgs zu erreichen.

Ich habe schon in den ersten Anfängen meiner psychologischen Ausbildung gelernt, den Prozess der Entfaltung »zu lesen«. Im weiteren Verlauf meiner Arbeit stellte ich fest, dass dieser Prozess sich auf allen Ebenen gleichzeitig abspielt. Wenn Sie also in der Lage sind, den Zustand des Mikrokosmos angemessen zu analysieren, dann lernen Sie dadurch auch den Makrokosmos kennen. Durch dieses Prinzip habe ich die Veränderungen verstanden, die sich im Zuge der gesellschaftlichen Entwicklung vollziehen. Dies ist die Perspektive, auf die ich meine

Sicht dessen gründe, was in der Wirtschaftswelt verändert werden muss.

Und wenn Sie das Wirtschafts-TAO zu lesen wissen, werden Sie im selben Umfang in der Lage sein, Ihr eigenes Unternehmens-Tao zu verstehen, und Sie werden die Zuversicht, die Vision und die Aufgeschlossenheit besitzen, die anderen zu fehlen scheint. Wenn Sie verstehen, wie sich die Dinge »im Kleinen« entfalten, dann haben Sie wiederum Zugang zum großen TAO – und zu seiner transzendenten Freude.

In welchem Bereich Sie auch tätig sein mögen – in der Medizin, beim Militär, in der Wirtschaft oder in der psychologischen Unternehmensberatung –, überall gibt es ein spezifisches Tao und ein TAO, das die Entfaltung der Welt widerspiegelt. Dieses Buch wird Ihnen helfen, es zu finden.

Die Wirtschaft lässt sich wie das Leben mit einem Videospiel vergleichen. Je besser Sie werden, desto höhere Schwierigkeitsgrade erreichen Sie. Im Videospiel des Wirtschaftslebens gibt es stets zwei Ebenen, auf denen Sie gleichzeitig aktiv sein müssen. Die eine betrifft Ihre Fortschritte im Äußeren, wenn Sie Erfolge erzielen und materielle Gewinne verbuchen können. Intern spielen jedoch andere Faktoren eine Rolle, beispielsweise Zuversicht, geistige Gelassenheit, Gesundheit, erfolgreiche Beziehungen im privaten und beruflichen Umfeld sowie Ihr allgemeines Glück und Wohlbefinden. Sie können im Äußeren enorm erfolgreich, aber so sehr von Ihren Gefühlen und Ihrem Herzen abgeschnitten sein, dass Sie zu spät erkennen, wie schlecht es Ihnen im Hinblick auf Ihren persönlichen Glücksquotienten geht. Für echten und dauerhaften Erfolg ist es lebenswichtig, auf beiden Ebenen voranzukommen. Dieses Buch wird Ihnen zu solchen Fortschritten verhelfen.

Sich dem Flow überlassen schafft Erfolg

Erfolg und Glück gehören zu unserem spirituellen Erbe. Wenn wir etwas anderes als Erfolg und Glück erleben, dann sind Heilung und Veränderung erforderlich, um uns in den Flow zurückzubringen. Wenn wir uns im Flow befinden, sind wir voller Selbstvertrauen und Zuversicht, weil wir wissen, dass uns alle guten Dinge wie von selbst zufallen. Sich im Flow zu befinden, ist so, als würden wir auf einem Fluss mit der Strömung treiben, sanft und mühelos. Wir erreichen Häfen (oder besser gesagt: Die Häfen erreichen uns), die uns Gutes bringen, beispielsweise günstige Gelegenheiten, finanziellen Erfolg und rauschende Feste. Wenn wir mit der Strömung treiben, schmilzt das Ego* allmählich dahin. Dazu gehört die Auflösung seiner vielen Persönlichkeiten, von denen alle unterschiedliche Vorstellungen darüber haben, was uns glücklich machen würde.

Das Ego hält uns fern vom Flow, sorgt für seine eigene Sicherheit, fühlt sich dabei stets als etwas Besonderes und versucht, Aufmerksamkeit zu erlangen. Ob wir aus einem Wettbewerb als Sieger oder Verlierer hervorgehen, spielt für den Ego-Anteil unseres Geistes letztlich keine Rolle, solange er Aufmerksamkeit bekommt und sich selbst aufbauen kann. Das Ego setzt Befangenheit, Selbstkritik, falsche Werte, Schmerzen und Probleme, Verzögerungen und Hindernisse ein, um nach Möglichkeit dafür zu sorgen, dass unser Tao-Index nicht steigen kann. Es tut alles, was es kann, um uns aus dem Flow herauszuzerren.

* Unser Ego ist Teil unseres Geistes. Wir erschaffen es in jungen Jahren, um uns zu schützen und abzusichern. Es entspricht dem Prinzip der Trennung, Konkurrenz und Besonderheit, der Gier und der Kontrolle. Wenn wir im weiteren Verlauf unseres Lebens schwierigen Situationen und Emotionen gegenüberstehen, wird unser Ego stärker. Es fördert unsere Befangenheit und Selbstkritik sehr viel stärker als Spontaneität und Zuversicht, und es versucht, uns eher klein zu halten, als irgendwelche Risiken für sein eigenes Überleben einzugehen.

Aber uns ist Größeres zugedacht. Dieses Buch soll Ihnen dabei helfen, Ihr Ego zu überwinden. Angesichts echter Erfolge schmilzt das Ego ab bis auf unsere Essenz – den besten Teil unseres Selbst. Wenn wir uns im Flow befinden, sind wir nach innen und außen gleichermaßen erfolgreich und haben dabei gleichzeitig eine positive Wirkung auf die Menschen in unserer Umgebung. Um einen visionären Zustand erreichen zu können, müssen wir uns im Einklang mit dem TAO befinden. Dann können wir in den kreativen Flow eintauchen, und er fließt durch uns hindurch. Wir werden mit dem Strom des TAO treiben und auf unserem Weg zu erfolgreicheren, kreativen Ufern Probleme und Ego-Fallen überwinden.

In diesem Buch geht es also um die Bedeutung des TAO in der Wirtschaft. Wenn Sie lernen, den Prozess der Entfaltung des TAO und den TAO-Index zu lesen, wird das eine große Gnade für Ihr Unternehmen sein. Nutzen Sie dieses Buch, und es wird Sie in die Lage versetzen, die Dinge zum Besseren zu verändern, Ihren Erfolg zu steigern und zu einem größeren Gleichgewicht in Ihrem Leben zu finden. Viel Glück dabei!

Die Wirtschaft der Zukunft

In Zukunft wird die Wirtschaft grün sein – sie wird eher unsere Ressourcen und die Umwelt schützen, als zukünftige Generationen zu berauben und die Umwelt aus Profitgier auszubeuten. Weil das Weltbewusstsein und die öffentliche Meinung entscheidend für das Marketing sein werden und weil dieses Weltbewusstsein sich wandelt in Richtung auf ein Leben in Harmonie und die Entwicklung nachhaltiger Ressourcen, wird es für die Wirtschaft von größter Bedeutung sein, Visionen der Umweltfreundlichkeit und intelligente Wege zu ihrer Umsetzung zu entwickeln. Gier ist blind und dumm zugleich. Die Menschen werden immer weniger Geduld mit Unternehmen und Ländern haben, die die Umwelt verschmutzen und die Gesundheit der Bevölkerung gefährden.

Gegenwärtig geht es den Unternehmen prinzipiell nur darum, Umsätze und Gewinne zu machen. In Zukunft werden sie ihren Mitarbeitern mehr Aufmerksamkeit und Investitionen widmen und sie als eine ihrer wertvollsten Ressourcen zu schätzen wissen. Sie werden nicht nur herausragende Leistungen von ihnen verlangen, sondern sie auch zu solchen Leistungen inspirieren. Folglich werden die Unternehmen nach Wegen suchen, ihre Mitarbeiter zu motivieren, auszubilden und zu Arbeitsgruppen zusammenzufügen, die sich durch Kreativität, freundschaftliche Beziehungen und gegenseitige Unterstützung auszeichnen. Wenn Sie das Herz und den Geist eines Menschen öffnen, motivieren Sie ihn, und daraus entwickelt sich ganz von selbst eine Veränderung zum Besseren.

Wirtschaft und Nächstenliebe. Die Wirtschaft wird einen sehr aktiven Schritt hin zu mehr Nächstenliebe machen und eine führende Rolle bei der Förderung humanitärer Ziele übernehmen. Das motiviert die Arbeitnehmer, sorgt für ein positives öffentliches Image, das sich hervorragend auf das Marketing auswirkt und die Welt verändert. Diese Ebene des Gebens verhilft den Unternehmen zu neuen Ressourcen, weil das psychologisch-spirituelle Prinzip – in dem Maße, wie man gibt, wird man auch empfangen – Überfluss erzeugt. Wenn ein Unternehmen gleichzeitig seine personellen Kapazitäten geschickt nutzt, fördert es die Intelligenz und Synergie, die nötig sind, um die für menschenfreundliches Handeln erforderlichen Kräfte freizusetzen und sich auf seine diesbezüglichen Aufgaben in der Welt zu konzentrieren.

Unternehmen und Verantwortung. Die Unternehmen werden sich ihrer Verantwortung gegenüber den Anteilseignern, den Mitarbeitern, der Gesellschaft, der Umwelt und der eigenen Aufgabe in dieser Welt bewusst sein und sich entsprechend verhalten. Diese Aufgeschlossenheit erzeugt Flow und gegenseitige Unterstützung. Wenn ein Unternehmen sich seinen Mitarbeitern gegenüber aufgeschlossen verhält, werden sie seltener versagen und ihre Ziele leichter erreichen. In den Arbeitsgruppen wird mehr Selbstverpflichtung herrschen, und das fördert den Erfolg. Aufgeschlossenheit bedeutet, dass die Unternehmensführung, Manager, leitende Angestellte und die untergeordneten Mitarbeiter den Prozess der Entfaltung bewusster wahrnehmen und nicht so leicht in irgendwelche Fallen tappen. Sie werden die Verantwortung für das übernehmen, was geschieht, und sie werden aufgeschlossen für das sein, was nötig ist.

Psychologische Unternehmensberatung und Schulung. Psychologische Unternehmensberatung, Anleitung und Schulung werden zum Alltag in den Unternehmen gehören. Das fördert die gegenseitige Unterstützung, Ausbildung, Inspiration und Transformation aller Mitarbeiter, vom Vorstandsvorsitzenden bis zur Putzfrau. Dadurch entsteht eine Atmosphäre von Problemlösung, Teamwork, Kooperation, Wachstum und positivem Denken.

Da die Psychologie die Sprache des 21. Jahrhunderts ist, werden die Menschen durch entsprechende Erfahrungen in den Unternehmen auf natürliche Weise ihre Wahrnehmungsfähigkeit erweitern. Damit werden praktische Psychologie und psychologische Unternehmensberatung zu einem selbstverständlichen Teil der Arbeitsabläufe, der Ausbildung und der Unternehmensentwicklung.

Während es in der ersten Hälfte des Jahrhunderts überwiegend darum gehen wird, den Prozess der Entfaltung und Problemlösung zu verstehen, werden während der zweiten Hälfte Kreativität, Vision, Geisteskraft und Transzendenz im Vordergrund stehen. Da sich gegenwärtig das Bewusstsein sehr schnell entfaltet, kann es auch sein, dass diese Entwicklung früher eintritt.

Wirtschaft und Veränderung. Ausgehend von der raschen Veränderung des Bewusstseins und der Gesellschaft, ist zu erwarten, dass die Unternehmen, die erfolgreich sein wollen, die Notwendigkeit der Veränderung erkennen. Ihnen wird klar sein, dass in einem guten Unternehmen alle erfolgreich sein müssen.

Die Unternehmen werden sich aus eigenem Antrieb immer wieder aufs Neue zur Umgestaltung verpflichten. Da sie die einzigen Institutionen sind, die das können, werden sie die wichtigsten Vermittler des Wandels in der Welt sein. Die Wirtschaft wird zum Motor der Veränderung werden. Sie wird die »Zeichen der Zeit« erkennen und wissen, was für Erfolg und Transformation nötig ist. Folglich werden die Unternehmen uns auf dem Weg zur Transformation anführen, um sicherzustellen, dass wir erfolgreich ans Ziel kommen.

Unternehmen als Anführer. Die Wirtschaft hat die Motivation und die Kraft, sich selbst und die Welt zum Erfolg zu führen. Sie wird an der Spitze des Wandels stehen, richtungweisend beim Aufbau von Weltgemeinschaften, die den Frieden fördern. Die Wirtschaft wird uns auf den Weg zu Erfolg und Überfluss und zu Entdeckungen bringen, welche die Welt verbessern, wozu auch Alternativen zur heutigen Abhängigkeit vom Erdöl gehören. Diese neuen Produkte werden unsere Lebensweise verändern und uns zu mehr Harmonie mit allen Völkern und mit der Umwelt finden lassen.

Geschäfte, die sich auf Gier und Gewinnsucht gründen, werden immer mehr an den Rand gedrängt werden, weil sie dem Prinzip der Partnerschaft widersprechen, das die Basis des Erfolgs bildet.

Die Wirtschaft wird ihren Einfluss in einer Weise geltend machen, dass alle Menschen Anteil am gemeinsamen Wohlstand und Fortschritt haben können. Indem sie alle Menschen integriert, statt ärmere Länder und Völker auszubeuten, um Reichtum für einige wenige zu schaffen, wird die Wirtschaft die Wurzeln des Terrorismus und der Gier beseitigen.

In den Unternehmen werden alle Aspekte der Teamarbeit eine wichtige Rolle spielen. Das reicht von Arbeitsgruppen im Betrieb bis hin zum Weltteam. Unternehmen, die praktisch denken und aufgeschlossen sind, werden die Regierungen anfangs unterstützen, später deren Partner sein und schließlich selbst die Regierungsaufgaben übernehmen. Weite Bereiche, in denen heute noch Verschwendung und Vernachlässigung herrschen, werden dann nach guten Geschäftsprinzipien transformiert. Bürokratien und Papierkrieg werden als schädlich für die Wirtschaft gelten. Die Unternehmen werden sich in ihrer Führungsrolle dazu verpflichten, bessere Lösungen für alle Beteiligten zu finden. Hingebungsvolle, inspirierte und kreative Menschen werden aufgerufen sein, den Weg der Wirtschaft und später auch den Weg der Welt zu bestimmen.

Schließlich wird die Wirtschaft die Rolle der Regierung übernehmen. Sie wird nicht herrschen, sondern eher führen und regieren und sich dabei an den Vorstellungen von Menschen orientieren, die an gegenseitiger Unterstützung interessiert sind und nationale Prioritäten zugunsten internationaler überwinden wollen.

Die Wahrnehmungsfähigkeit der Unternehmen. Für die Unternehmen wird der TAO-Index – der Gradmesser dafür, inwieweit wir persönlich und inwieweit einzelne Firmen bzw. die Wirtschaft insgesamt dem Flow folgen – ebenso wichtig sein wie der Dow-Jones-Index. Sie werden erkennen, dass eine bewusste Wahrnehmung des Flow entscheidend für ihren Erfolg und ihre Führungsrolle ist. Sie werden geschäftliche Rückschritte erkennen und beenden. Das ist in den USA heute schon zu beobachten, wenn sich Profitzuwächse darauf gründen, dass einige wenige auf Kosten der großen Masse erfolgreich sind.

Die Unternehmen werden die Zukunft nicht mehr länger opfern, um die Gier der Gegenwart zu befriedigen. Sie werden erkennen, dass eine Einstellung des Nehmens und Gewinnens um jeden Preis und ein Mangel an Integrität zu ineffizienten und falschen Entscheidungen führt. Sie werden verstehen, dass Partnerschaft und Teilen Schlüssel zu Erfolg und Überfluss sind.

Die Integrität der Unternehmen. Die Unternehmen werden Maßstäbe setzen, indem sie Integrität lehren, um damit frühere Exzesse auszugleichen. Mit ihrer Selbstverpflichtung zu Transformation und bewusster Wahrnehmung werden sie wissen, dass ein Mangel an Integrität selbstzerstörerische Muster schafft, die Fähigkeit zu empfangen blockiert, Muster von Gewinn und Verlust prägt, die dazu führen, dass man andere besiegen will. Indem die Unternehmen Integrität lehren, helfen sie ihren Mitarbeitern aus dem Teufelskreis der Selbstzerstörung heraus, in dem sie sich bei mangelnder Fähigkeit zu empfangen immer wieder zwischen den Extremen der Genusssucht und der Aufopferung bewegen.

Wirtschaft als Ausdruck des Gleichgewichts. Die Wirtschaft wird einen Weg des Ausgleichs einschlagen, um keine Mitarbeiter durch das Burn-out-Syndrom zu verlieren. Indem sie mehr Wert auf die feminine Seite legt, wird die Wirtschaft zu ihrem Herzen zurückfinden, Emotionen als das neue Material der Transformation nutzen und uns die Fähigkeit zu empfangen zurückbringen.

Das wird dazu führen, dass Distanzierung und Unabhängigkeit als schlecht fürs Geschäft und tragisch für Familien gelten. Es wird den Weg zum Flow des Erfolgs öffnen, der aus der Partnerschaft zwischen männlichen und weiblichen Elementen hervorgeht und die Menschen wegführt von einer Haltung, bei der übertriebener Druck Stress und die Unfähigkeit zu empfangen hervorruft. Im Rahmen dieses Gleichgewichts werden kritische Situationen überwunden, indem man Beziehungsprobleme löst. Das führt letztlich dazu, dass die Menschen mehr erreichen und weniger Zeit bei der Arbeit verbringen.

Zuverlässigkeit und Verantwortung. Wenn die Unternehmen zuverlässig werden und verantwortlich handeln, werden sie mächtig, ehrlich und sauber. Aufrichtige Verantwortungsbereitschaft, die Einsichten des unbewussten und des bewussten Geistes integriert, wird es den Geschäftsleuten erlauben, mehr Verantwortung für die Ergebnisse ihres Handelns zu übernehmen, und ihnen gleichzeitig die Kraft verleihen, diese Ergebnisse mit größerer Leichtigkeit zu erzielen. In den Unternehmen wird man erkennen, welche Fähigkeit zu Transformation und Fortschritt aus der Zuverlässigkeit erwächst, besonders wenn man sich nicht mehr darauf zurückzieht, dass mangelhafter Erfolg durch die ungünstige Wirtschaftslage bedingt ist. Diese Entwicklung wird auf natürliche Weise eintreten, wenn die Geschäftsleute ihre Energie in den Tao-Index und die bewusste Wahrnehmung dessen investieren, was ihr eigener Geist zur Transformation der Welt beitragen kann.

Wirtschaft und die Kraft des Bewusstseins. Die Unternehmer werden lernen, ihr persönliches Tao und das ihres Betriebes wahrzunehmen. Sie werden sich im Hinblick auf praktische und langfristige Effekte für ein geeignetes Modell der Psychologie entscheiden. Sie werden Techniken zur Förderung der Bewusstseinskraft erforschen und erproben, die geeignet sind, die Leistungen ihrer Führungskräfte und die Erfolgsquoten zu verbessern.

Wirtschaft und Partnerschaft. Die Wirtschaft wird erkennen, dass Partnerschaft der Schlüssel zum Erfolg ist. Die Unternehmen werden ihre Mitarbeiter lehren, wie sie ihre Beziehungen zu Ehepartnern und Kindern erfolgreicher gestalten können, wenn sie erkennen, welche enormen Auswirkungen das auf Moral, Gesundheit und Vielfalt hat. Sie werden ihre Mitarbeiter beraten und schulen, damit sie die negativen Auswirkungen von Machtkämpfen, Konkurrenzverhalten, Schuldzuweisungen, Mangel an Kommunikation und »Dienst nach Vorschrift« erkennen und sich stattdessen am Arbeitsplatz lieber kreativ und authentisch verhalten. Sie werden Partnerschaft fördern, weil sie den Schlüssel zur Synergie darstellt und die Fähigkeit zu empfangen stärkt. Mit zunehmender Verbundenheit wachsen auch Motivation, Unbeschwertheit und die Fähigkeit, die eigenen Energien ökonomisch einzusetzen, sodass die Leistungen sich stetig verbessern. In den Betrieben wird man erkennen, wie wichtig es ist, Freundschaften zu stiften und für eine freundliche Unternehmenskultur zu sorgen.

Wirtschaft und Teamwork. Den Unternehmen wird klar werden, dass Teamwork zum Erfolg führt, und deshalb wird man einen beträchtlichen Teil der Schulung darauf ausrichten, den Zusammenhalt von Arbeitsgruppen zu fördern.

Man wird besonders darauf achten, wie sich die Unternehmenskultur auf Moral und Produktivität auswirkt. Die Unternehmen werden die Kraft der Verbundenheit erkennen, die selbst die hartnäckigsten Probleme überwindet. Fortschrittliche Unternehmen werden sogar firmeninterne Arbeitsgruppen haben, deren einzige Aufgabe darin besteht, ihre Verbundenheit zur Lösung von Problemen einzusetzen, die sich im Innen- oder Außenverhältnis des Betriebes ergeben, wozu auch Krankheiten von Mitarbeitern oder deren Familien gehören. Diese Gruppen werden eines Tages das Herz der Firma sein, und ihre Mitglieder werden ihr Bewusstsein gemeinsam darauf richten, einzigartige Ergebnisse zu erzielen.

Unternehmen und Unternehmenszusammenschlüsse. Firmen werden Gemeinschaften bilden – manchmal auch auf globaler Ebene – und dabei eine Atmosphäre schaffen, in der Kooperation und gegenseitige Unterstützung wachsen. Sie teilen die vorhandenen Ressourcen – Geld, Geist, Talent und praktische Fähigkeiten –, um eine solche Gemeinschaft aufzubauen, und manchmal nehmen sie andere Gemeinschaften aus aller Welt auf, weil Erfolg anziehend wirkt. Das hat einen beachtlichen positiven Effekt auf die Moral und lässt eine Kultur der Großzügigkeit und des Erfolgs in der Wirtschaft entstehen.

Unternehmen und Vision. Firmen, die sich auf das Geschäft der Transformation einlassen, werden sich darum bemühen, Visionen zu verstehen, zu integrieren und zu teilen, damit sie die Welt auf einen besseren Weg bringen, der zu einer alles umfassenden Einheit führt. Auf diese Weise entsteht eine Welle von Kreativität und Entdeckungen.

Die Unternehmen werden sich auf ihren Daseinszweck und ihre wirkliche Funktion besinnen: zu dienen, auf dem Weg voranzugehen und die praktischen Werkzeuge der Transformation zur Verfügung zu stellen, um eine bessere Welt zu schaffen. Die Wirtschaft wird begreifen, dass wir eine nichtkonfessionelle Spiritualität und den Lebenssinn brauchen, den sie schaffen und vermitteln kann. Daraus entstehen Kulturen der Kooperation und gegenseitigen Dienstleistung, die Wertschätzung von Menschen und eine zunehmende Innerlichkeit, die Effektivität und Glück zugleich gedeihen lassen.

Auf diese Weise hilft die Wirtschaft den Menschen, ihre Energie und Kreativität zu steigern. Sie wird gute Arbeitspraktiken fördern sowohl im Hinblick auf die Qualität der Produkte als auch auf die positiven Impulse, die sie ihren Mitarbeitern und Kunden gibt.

Kurzum, die Wirtschaft wird sich selbst befreien und die Welt im 21. Jahrhundert retten.

1. Wo wir jetzt stehen, und warum wir uns verändern müssen

Eine neue Perspektive

Dies ist ein Buch über die Wirtschaft, das aus einem neuen und ganz anderen Blickwinkel heraus geschrieben wurde. Es basiert auf meiner Überzeugung, dass der Zustand der Welt, in die das Wirtschaftsleben eingebettet ist, und die Art und Weise, wie sie sich entfaltet, zu den wichtigsten Themen gehört, mit denen sich die Wirtschaft von heute auseinander setzen muss. Wenn wir nicht verstehen, wo wir uns befinden, was um uns herum vor sich geht und welche Bedeutung dies hat, haben wir nicht die geringste Ahnung davon, in welche Richtung wir uns bewegen.

Das 21. Jahrhundert ist das Jahrhundert der Unternehmen. Deshalb braucht die Wirtschaft Visionen, mehr Partnerschaft, Integrität und Führungsqualitäten. Die Unternehmen beginnen gerade erst zu realisieren, was in diesem Jahrhundert möglich ist – und was nötig ist, um eine größere Vision zu entwickeln, zu einer inspirierenden Integrität und gutem Teamwork zu finden. In 45 Jahren wird die Wirtschaft die Funktion der Regierung ausüben. Diese Schätzung ist konservativ, zumindest gemessen an dem, was eine einschlägige Denkfabrik erwartet.

TEIL I

Aber damit die Wirtschaft diese Aufgabe erfüllen kann, sind außergewöhnliche Veränderungen erforderlich.

In diesem Kapitel geht es um die Frage, wo wir jetzt stehen und was wir ändern müssen, um die Voraussetzungen für eine solche Entwicklung zu schaffen. Mit der immer schnelleren Entfaltung des Bewusstseins und der Notwendigkeit zur Überwindung alter Konkurrenzmuster leben wir in beunruhigenden Zeiten – Zeiten, in denen es ganz wesentlich ist, das TAO zu kennen und zu verstehen. Wenn die Unternehmen die notwendigen Änderungen herbeiführen, werden sie eine neue Ebene der Vision, Integrität und wechselseitigen Abhängigkeit erreichen. Dieses Kapitel präsentiert eine Vorausschau auf die neuen Entfaltungsstadien, die für uns jetzt in greifbare Nähe rücken. Wenn es uns gelingt, das TAO zu meistern und uns im Einklang mit den Strömungen der Zeit zu bewegen, dann werden uns alle Voraussetzungen für große Sprünge und Transformationen zur Verfügung stehen.

Wenn Sie den Prozess der Entfaltung auf globaler Ebene verstehen, dann wird Ihnen auch klar sein, wie entscheidend die gegenwärtige Zeit ist. Sie werden erkennen, dass es nicht mehr so weitergehen kann wie bisher – dass dieser Weg einfach nicht Erfolg versprechend ist. Veränderungen sind zwingend erforderlich. Wir brauchen einen gewaltigen Umschwung. Unsere Sicht der Welt wird sich auf ähnliche Weise verändern, wie es in unserer Kindheit geschehen ist, als wir von der Grundschule auf eine weiterführende Schule wechselten. Wenn wir diesen Schritt wagen, werden wir ganz von selbst erfolgreicher und effektiver sein und gewissermaßen in einer höheren Liga spielen. Unser Reichtum und unsere Führungsqualitäten werden wachsen, aber dazu müssen wir einen großen Schritt nach vorn machen. Wir sind zu gewaltigen Veränderungen aufgerufen. Natürlich birgt ein solcher Schritt das Risiko zu versagen, so wie es auch beim Übergang auf eine weiterführende Schule war. Aber wenn wir ihn nicht wagen, dann werden wir uns selbst auf Dauer einschränken und am Ende ohnehin scheitern.

Die Probleme im heutigen Wirtschaftsleben

Wir sind zu beschäftigt, um zu sehen, was verändert werden muss. Um zu erkennen, welche Veränderungen nötig sind, und uns darauf vorzubereiten, müssen wir wach sein. Wir müssen uns stets einen klaren Blick bewahren und dürfen nicht zulassen, dass uns die Arbeit über den Kopf wächst und wir uns in der Falle der Geschäftigkeit verfangen. Natürlich kann die Führung eines Betriebes sehr zeitraubend sein und uns so sehr beschäftigen, dass wir diese Perspektive verlieren. Das kann schließlich sogar dazu führen, dass wir unseren Beruf oder unser Unternehmen völlig aus den Augen verlieren und uns nur noch in die Arbeit flüchten. Geschäftigkeit ist sicher ein Hinweis darauf, dass wir Zuflucht in der Arbeit suchen, und das führt zwangsläufig zu Stress. Geschäftigkeit ist keine Geschäftsführung.* Sie ist eher eine Strategie, mit der man effiziente Arbeit und Erfolg vermeidet. Wenn wir in dieser Falle stecken bleiben, sind wir nicht auf die Veränderungen vorbereitet, die uns erwarten.

Harte Arbeit kann zwar befriedigend sein, aber übertriebene Geschäftigkeit mündet in eine Ebene harter Arbeit, die schließlich dazu führt, dass wir uns ausgebrannt fühlen. Geschäftigkeit bedeutet einen Verlust der Perspektive. Statt mit dem Strom zu schwimmen, setzen wir uns ständig unter Druck, die Arbeit wird zum Selbstzweck und ist nicht mehr auf den Erfolg ausge-

* Wortspiel im Englischen: »Busyness is not Business«, das sich nur bedingt ins Deutsche übertragen lässt (A. d. Ü.).

richtet, und wir laden uns alles selbst auf die Schultern, statt uns auf Führungsaufgaben zu konzentrieren. Um diese neue Perspektive zu erlangen und den Prozess der Entfaltung unseres Unternehmens wirklich zu erkennen, müssen wir unbedingt unser Tempo verringern und uns die Zeit nehmen, herauszufinden, wo wir stehen. Nur dann werden wir die Probleme identifizieren und diesen Schritt nach vorn machen können.

Wir wissen nicht, worin das Problem besteht. Ein weiteres Dilemma des heutigen Geschäftslebens ist, dass wir nicht wissen, worin das Problem besteht. Bekannt sind lediglich die Symptome: Burn-out, Erschöpfung, es sind große Mengen Arbeit zu bewältigen, nur um den Status quo zu erhalten, wir sind unfähig zu empfangen, wir müssen uns selbst und andere ständig unter Druck setzen, der Erfolg fehlt – und so weiter. Wenn die Wirtschaft auf diese Symptome reagiert, bringt das zwar eine vorübergehende Erleichterung, aber die ursächlichen Probleme bleiben die gleichen. Wir können keinen Ausweg mehr finden.

Wir stecken in unseren überkommenen Verhaltensmustern fest. Die gegenwärtige festgefahrene Sicht der Dinge wird dadurch verursacht, dass wir unsere Geschäfte nach althergebrachter Weise führen. Was die Wirtschaft heute braucht, ist nicht nur eine quantitative, sondern eine qualitative Veränderung. Das ist dieselbe Art von grundlegendem Wandel, der auch beim Übergang von den 1960er zu den 1970er Jahren vollzogen wurde. Aber diesmal wird der Umschwung nur eintreten, wenn wir dafür bereit sind. Die Wirtschaft ist überwiegend noch nicht bereit, und in den USA gibt es sogar einen Trend zurück zu den »guten alten Zeiten« der 1950er Jahre und früher.

Wo die Wirtschaft nicht erfolgreich ist, bleibt sie dem Vergangenen verhaftet. Ihr fehlen Visionen, Führungsqualitäten,

Teamwork, Partnerschaft und Bindungsbereitschaft. Man versucht es mit den traditionellen Wegen, aber ohne nennenswerte Erfolge. Dabei hat man das Gefühl, sehr hart zu arbeiten, aber dennoch auf der Stelle zu treten. Und natürlich erleben wir immer wieder Misserfolge. Dieser Trend wird sich verstärken, bis wir die Situation richtig einschätzen und wissen, wie die Probleme zu überwinden sind.

Wir tappen in sämtliche Fallen. Ohne eine Vision oder das Verständnis dafür, wie sich die Wirtschaft auf natürliche Weise entwickelt, geraten wir leicht in eine der üblichen Fallen. Sie lauern in jedem Stadium der geschäftlichen und persönlichen Entwicklung. Man kann auf jeder Entwicklungsebene erfolgreich sein und dabei ziemlich reich werden. Wenn wir aber die Stadien nicht wirklich meistern und uns konsequent von einer Ebene zur nächsten bewegen, werden wir uns am Ende in unserem eigenen Mangel an Visionen und unserer fehlenden Bereitschaft zur Veränderung verheddern. Das kann dazu führen, dass wir die meiste Zeit unseres Lebens erfolgreich sind, um genau dann ins Stocken zu geraten, wenn wir eigentlich die Früchte unseres Lebenswerks ernten sollten.

Wir versäumen es, um Hilfe zu bitten. Wie wir im weiteren Verlauf des Buches noch besprechen werden, bedeuten diese Probleme, dass psychologische Unternehmensberatung, Schulung und Transformation jetzt eine entscheidende Rolle für Geschäftsleute und die Wirtschaft als Ganzes spielen. Wir müssen um Führung und Unterstützung bitten. Auch wenn es wichtig ist, dass die Wirtschaft und die Welt den Sprung auf eine neue, erfolgreichere Ebene schaffen, wird uns das ohne unseren persönlichen Fortschritt wenig bedeuten. Der Erfolg muss bei uns beginnen und uns einschließen. Wenn wir nicht selbst den

Schritt zu Fülle und Glück schaffen, dann ist uns der Rest ziemlich gleichgültig.

Psychologische Unternehmensberatung kann uns die Unterstützung, Transformation und Problemlösungen zur Verfügung stellen, die wir brauchen, um unser Ziel zu erreichen. Die psychologische Beratung, vor allem für Geschäftsleute, hat in den letzten Jahren einen erheblichen Aufschwung erlebt, weil man zunehmend erkennt, dass die Wirtschaft sich verändern muss, um mit der Zeit zu gehen. Deshalb wächst gegenwärtig die Zahl der Berater und Experten sprunghaft an, um den zunehmenden Bedarf zu decken und die Unternehmen auf ihrem Weg zu einer zeitgemäßen Entwicklung zu begleiten und zu unterstützen.

Am Scheideweg

Wir haben einen Scheideweg erreicht, der in der modernen Geschichte beispiellos ist. In allen gesellschaftlichen Bereichen kommt es zu raschen Veränderungen. In der Wirtschaft wurden bereits vor über fünfzehn Jahren Untersuchungen durchgeführt, die gezeigt haben, dass nennenswerte Neuerungen, die normalerweise innerhalb einer Generation, also in einem Zeitraum von etwa vierzig Jahren, auftreten, damals schon alle sechs Monate stattfanden. Diese Entwicklung hat sich seither noch weiter beschleunigt, und das bedeutet, dass etwas, was ein Unternehmen dieses Jahr rettet, im nächsten Jahr schon zu seinem Untergang führen kann.

Nach allem, was ich an gesellschaftlichen Mustern und evolutionären Bewusstseinsveränderungen gesehen habe, befinden wir uns jetzt am Ende eines Zyklus – sowohl in der Wirtschaft als auch in der gesamten Gesellschaft. Wir kommen nicht mehr weiter, solange wir nicht unsere Wertvorstellungen und unsere

Richtung ändern. Wenn die Wirtschaft versucht, so weiterzumachen wie bisher, dann wird sie durch eine Krise, durch ein im System angelegtes Scheitern oder durch Bankrott zu einer Neuorientierung gezwungen. Die dem alten System zugrunde liegenden Einstellungen – Wettbewerb und Gewinn um jeden Preis, viel Ertrag für möglichst wenig Aufwand, nehmen, was man bekommen kann, die Verfolgung persönlicher Interessen, Unehrlichkeit, Mangel an Integrität, Vetternwirtschaft und reaktionärer Konservatismus – bilden schon seit langem die Schattenseiten unseres Wirtschaftslebens und beschleunigen nun die gegenwärtige Krise.

Weder die Wirtschaft noch die Gesellschaft sind sich derzeit bewusst, dass wir am Ende des Zyklus angelangt sind und zwingend einen Richtungswechsel brauchen. Die Wirtschaft versucht immer noch, mit alten Lösungen weiterzukommen, beispielsweise durch Übernahmen, Personalabbau, harte Arbeit oder bestenfalls kosmetische Korrekturen am System, die jedoch nicht geeignet sind, den nötigen fundamentalen Richtungswandel und die damit verbundene ethische Neuorientierung herbeizuführen.

Der Versuch, die aktuellen Probleme auf eine Art und Weise zu lösen, die längst nicht mehr zeitgemäß ist, führt in die falsche Richtung. Arbeitsüberlastung, Erschöpfung, das Gefühl festzustecken, Stress, die Vorstellung, sich noch mehr aufladen zu müssen, Burn-out, Misserfolge und bisweilen sogar die Todessehnsucht steigen dadurch nur noch weiter. In diesem Stadium erleben wir Druck, Distanzierung, falsche Unabhängigkeit, Kontrolle, Machtkämpfe und Lethargie. Die Leute arbeiten immer härter, nur um ihre Position zu wahren. Auf diese Weise machen sie sich und andere zu Objekten der Entwicklung. Sie haben keine Freude mehr an ihrer Arbeit und sind gleichzeitig unfähig zu empfangen, obwohl sie so viel tun.

Die drei großen Trends im heutigen Geschäftsleben. Die meisten Unternehmen gehören gegenwärtig in eine der drei folgenden Kategorien, je nachdem, wie sie mit den aktuellen Problemen umgehen. Darin zeigt sich jeweils, auf welche Weise sie sich dem Scheideweg nähern.

1. Die Wegbereiter: Das Unternehmen ist Vorreiter auf dem Weg zur Innovation. Es sucht den Erfolg, weil es überleben will. Im Mittelpunkt steht demnach alles, was Erfolg bringt. Solche Betriebe helfen den Menschen, neue Wege zu finden, und führen Veränderungen herbei. Sie sind zwangsläufig dem Fortschritt verpflichtet. Konzerne sind globale Gemeinschaften, die Grenzen überschreiten. Sie überwinden Trennendes und nationalistische Interessen. Sie verhelfen der Welt zu größerer Einheit. Wo man wechselseitige Interessen erkennt, können alle Beteiligten mehr Erfolg verbuchen.

Solche Unternehmen führen die Welt ins neue Jahrhundert. Indem sie nationale und politische Interessen überwinden, rassische, religiöse und kulturelle Gräben überbrücken, werden sie zu Wegbereitern einer neuen Ära der Partnerschaft zwischen allen Völkern der Welt, wodurch mehr Wohlstand und Erfolg für alle entsteht.

Mit einer neuen Vision von Völkergemeinschaft und Wohlstand für alle, die aus der Stärke des Kapitalismus hervorgegangen ist, diesen jedoch überwunden hat, entwickelt sich die Wirtschaft zum führenden Modell wechselseitiger Abhängigkeit und zum Gemeineigentum des globalen Dorfes.

2. Furcht und Burn-out: Das Unternehmen schlägt keine neue Richtung ein und macht so weiter wie bisher. Diese Einstellung hat nur begrenzten Erfolg. Sie ist nicht kosteneffektiv, da die Führungskräfte und Mitarbeiter sich dabei zunehmend ausgelaugt und ausgebrannt fühlen. Weil das Unternehmen Profit und Geld höher bewertet als das Wohl der Mitarbeiter und den Erfolg, erzeugt es nicht nur nach außen, sondern auch auf der innerbetrieblichen Ebene Erschöpfung, Mangel an Loyalität und einen halsabschneiderischen Konkurrenzkampf. Das ist kontraproduktiv.

Es gibt viele Firmen, deren Existenz trotz ihres scheinbaren Engagements für positive gesellschaftliche Ziele und entsprechende Visionen auf Profitgier beruht. Diese Haltung ist psychologisch eine Kompensation von Furcht, Mangel und Misserfolg, die aus unserer frühesten Familiendynamik stammen. Solche kindlichen Erfahrungen lassen uns diese Elemente mit Erfolg verwechseln. Unsere Vision wird zerstört, und wir wollen dann nur noch »das Geld raffen und flüchten«. Bei allem Erfolg haben wir doch nie das Gefühl, genug zu bekommen.

Diese Einstellung führt zu feindlichen Übernahmen, Konglomeraten ohne echte Synergie, Stellenabbau, hoher Personalfluktuation, häufigen Fehlzeiten, Verzögerungen, Konkursen, ständigem Arbeitsdruck, Mangel an Vertrauen und schlechtem Teamwork. Während die Wirtschaft auf einen besseren Weg hofft, stecken die meisten Firmen noch in dieser Kategorie fest.

3. Regression: Manche Unternehmen beschneiden ihr Potenzial, um weiter einer Ethik zu folgen, von der nur wenige bzw. die so genannten »Auserwählten« profitieren. Sie versuchen, die Zeit zurückzudrehen. Ihre auf Gier basierende Ethik lässt Imperien entstehen und gründet sich auf ein Geschäftsgebaren, das am Ende des 19. Jahrhunderts üblich war. Wenn eine Firma ihr Potenzial und ihre Ressourcen nicht nutzt, könnte es sein, dass sie ihre Bilanzen fälscht. In Ländern der Dritten Welt gibt es häufiger solche Imperien. Aber auch die Gesetze zur Deregulierung der Energieindustrie haben den Weg für marktbeherrschende Konzerne freigemacht. Die Deregulierung schadet der gesamten Bevölkerung und hilft nur einigen wenigen Konzernherren.

Präsident George W. Bush ist wahrscheinlich das beste Beispiel für jemanden, der in der Wirtschaftspolitik versucht, die Uhr zurückzudrehen. Damit setzt er zwar ökonomische Anreize, doch in den meisten Fällen profitieren davon nur wenige Reiche auf Kosten der breiten Masse. Vor allem aber ist diese Politik ein Rückschritt. Statt sich den gewaltigen Herausforderungen der Wirtschaft und der Welt zu stellen, wird hier versucht, die Wirtschaft mit überholten Mitteln zum Erfolg zu führen. Damit verlieren wir Zeit und sind schlechter darauf vorbereitet, uns mit den Fragen auseinander zu setzen, die jetzt geklärt werden müssen, wenn wir einen langfristigen Erfolg anstreben.

Für welche Richtung werden Sie sich entscheiden? Die Straße gabelt sich also an genau dieser Stelle. In der einen Richtung setzen wir exakt unseren bisherigen Weg fort, in der anderen nehmen wir Kurs auf etwas völlig Neues. Wohin wollen Sie sich wenden? Der alte Weg scheint bequem und bewährt zu sein. Wie es uns auf dem neuen ergehen wird, wissen wir noch nicht, und deshalb fehlt uns das Vertrauen. Es gäbe sicher eine Menge zu lernen, wenn wir diese Richtung wählen. Aber der alte Weg verfügt über eine große Anziehungskraft. Dann halten wir einen Moment inne. Diese Weggabelung hat etwas sehr Vertrautes, aber wir lassen den Gedanken wieder fallen und trotten weiter auf dem alten, ausgetretenen Pfad. Wir legen uns aufs Neue ins Geschirr, begeben uns zurück in die Tretmühle und rennen wieder unserem wahnsinnigen Zeitplan hinterher. Und binnen weniger Monate oder auch Jahre stellen wir fest, dass wir uns einmal mehr derselben Weggabelung nähern.

Schließlich erkennen wir, dass immer derselbe alte Weg uns in eine stets enger werdende Spirale führt. Aus der Schleife wird eine Schlinge. Wir erreichen das Ende der unabhängigen Ebene, die tote Zone, wo wir uns ausgebrannt, demotiviert und als Versager fühlen. Wir können nicht weiter in dieselbe Richtung gehen, weil wir in einer Sackgasse gelandet sind. In der Generation unserer Eltern sind nur wenige darüber hinausgelangt. Für unsere Generation können wir das ändern, wenn wir am Scheideweg die richtige Wahl treffen.

Unsere heutige Situation unterscheidet sich von der unserer Eltern dadurch, dass wir gar nicht weiter in dieselbe Richtung gehen können. Wir brauchen einen Kurswechsel, weil wir auf der alten Straße immer schneller werden und schließlich mit hoher Geschwindigkeit gegen die Mauer am Ende der Sackgasse prallen, ein Zusammenstoß, der für uns und unsere Wirtschaft tödliche Folgen haben könnte. Ganz offensichtlich ist der Kurswechsel nötig. Je eher wir die neue Richtung einschlagen, desto leichter werden wir den Weg bewältigen, vor allem wenn wir nicht so lange warten, bis uns eine Krise zu Veränderungen zwingt.

Die Beschleunigung

Die raschen gesellschaftlichen Umwälzungen sind die Folge eines beschleunigten Bewusstseinswandels. In der Wirtschaft wie auch in allen anderen Lebensbereichen gibt es viele Menschen mit guten Absichten, die nach besseren Lösungen suchen. Die Wirtschaft verfügt über gewaltige Ressourcen im Hinblick auf Führungsqualitäten, Effektivität, Management, Effizienz, organisatorische Fähigkeiten, Vernetzung, technologisches Wissen, finanzielle Mittel und einen angemessenen Einsatz ihres unternehmerischen und menschlichen Potenzials. Sie hat damit begonnen, nationale Interessen zu überwinden, und ist gegenwärtig als einzige Institution fähig, die Welt auf einen Weg zu führen, der allen Menschen ein besseres Leben ermöglicht.

Ich habe bereits auf den beschleunigten Bewusstseinswandel hingewiesen, der weltweit zu beobachten ist. Diese Entwicklung hat ungefähr mit der Jahrtausendwende begonnen. Dabei handelt es sich um eine Erweiterung des Wachstums, das in den 1960er Jahren eingesetzt hat und sich seither mit jedem Jahrzehnt verstärkt. Die Beschleunigung nimmt weiter zu, und daraus ergeben sich enorme Chancen für Visionen und Veränderungen. Nach meinen Beobachtungen werden sich diese Chancen in den nächsten sechs Jahren noch deutlich erweitern. Das bedeutet: Wie gut oder schlecht wir diesen günstigen Zeitraum nutzen, entscheidet über den weiteren Verlauf des Jahrhunderts, der seinerseits über den Verlauf des gesamten Jahrtausends entscheidet.

Als ich mich 1984 mit der Frage beschäftigt habe, wie wahrscheinlich es sein würde, dass wir die Ebene des Erfolgs erreichen, die wir heute auf globaler Ebene realisiert haben – gesellschaftlich und hinsichtlich der Entfaltung des Bewusstseins –, habe ich erklärt, die Chancen stünden tausend zu eins, dass wir es schaffen würden. Heute sind unsere Ziele sehr viel höher gesteckt.

Unseren Fortschritt verdanken wir in beachtlichem Umfang auch neuen technischen Entwicklungen. Im gegenwärtigen Stadium beobachten wir eine enorme Beschleunigung bei neuen Informationen und Erfindungen. Die Technologie lässt unsere Effizienz riesige Sprünge nach vorn machen. Effizienz gehört zu den wichtigsten Kennzeichen einer gut funktionierenden Wirtschaft. Die Entwicklung immer besserer technologischer Produkte steht deshalb im Mittelpunkt des Interesses.

Enorme Fortschritte gibt es auch bei der Informationsverbreitung, wobei besonders das Internet als Katalysator des Fortschritts wirkt. Die Wirtschaft ist eine Triebkraft für Optimismus, Wachstum und Erneuerung. Sie ist dynamisch und muss vorwärts denken, um ihr Überleben zu sichern.

Anfang der 1990er Jahre hat eine führende futuristische Denkfabrik drei Szenarios für die Entfaltung der Welt präsentiert: Das erste war sehr düster, das zweite war düster, und das dritte war ein ziemlich genaues Abbild des gegenwärtigen Zustands der Welt. Vor sechs Jahren haben sich dieselben Leute wieder zusammengesetzt und ihre Prognose vollständig geändert. Auch diesmal gab es drei Szenarios: Das erste entsprach ziemlich genau dem Status quo, das zweite sah schon freundlicher aus, und das dritte war extrem günstig. Alle drei Szenarios enthielten die Aussage, die Wirtschaft würde die Aufgaben übernehmen, die heute von den Regierungen erfüllt werden. Aber es wurde nicht mehr angenommen, dass bis zu diesem Zeitpunkt noch fünfzig Jahre vergehen würden, sondern die Experten erklärten, wenn die notwendigen Umstrukturierungen nicht in spätestens dreißig Jahren abgeschlossen sein würden, müssten wir alle mit erheblichen Problemen rechnen.

Die beschleunigte Entfaltung des Bewusstseins bedeutet, dass es für uns lebenswichtig ist, mehr Visionen zu entwickeln, damit wir alle erkennbaren Möglichkeiten umsetzen können. Investieren Sie in sich selbst. Suchen Sie sich einen guten Coach. Nehmen Sie an möglichst vielen Schulungen teil. Bringen Sie sich selbst total ein. Wenn Sie das tun, sogar dann, wenn die Schulung hinter Ihren Erwartungen zurückbleibt, werden Sie eine transzendente Ebene der Veränderung erreichen und mit großer Geschwindigkeit vorankommen.

Von der Konkurrenz zur Partnerschaft

Damit der Umschwung angemessen vollzogen werden kann, muss die Wirtschaft das Stadium des Wettbewerbs überwinden und sich wieder auf ihren Daseinszweck besinnen, der darin besteht zu dienen. Wenn sie diese Lektion gelernt hat, stellen sich Erfolg und Reichtum von selbst ein. Der erste Schritt dazu führt von der Konkurrenz zur Partnerschaft.

Wenn dieser Schritt von einer auf Wettbewerb ausgerichteten Unabhängigkeit hin zu einer kooperativen wechselseitigen Abhängigkeit nicht vollzogen wird, bleibt die starke Tendenz bestehen, sich in der Gier zu verfangen. Denn auf der Ebene der wettbewerbsorientierten Unabhängigkeit sind die Menschen nicht fähig zu empfangen und zu genießen, was zwangsläufig zu dem Verlangen führt, möglichst viel Geld anzuhäufen. Ohne Partnerschaft gerät man in einen Teufelskreis von Aufopferung und Habgier, der so stark werden kann, dass man leicht versucht ist, einen Mangel an Integrität zu rationalisieren. Mehr Partnerschaft stärkt die Integrität, die ihrerseits den Erfolg fördert.

Die Wirtschaft hat eine Schattenseite und einen schlechten Ruf, der sich in zahlreichen Filmen und Büchern spiegelt, in denen habgierige Konzerne und Geschäftsleute die Rolle des Bösen spielen. Gegenwärtig basiert die Wirtschaft noch stark auf Konkurrenz, aber sie kann diesen Zustand überwinden. Den Entfaltungsstadien jenseits des Wettbewerbs wohnt eine stärkere kooperative Einstellung inne, bei der alle Beteiligten durch Loyalität, Partnerschaft und Führung gewinnen, und daraus erwächst mehr Erfolg und Überfluss für alle. Wenn die Wirtschaft sich selbst neu strukturiert, wird sie automatisch auch ihre Führungsrolle akzeptieren und der gesamten Welt zu positiven Veränderungen und besseren Strukturen verhelfen.

Wer den Erfolg kennt, weiß, dass er ein Kontinuum darstellt. Egal, wie erfolgreich wir sind, wir können immer noch erfolgreicher werden. Veränderungen halten uns jung, flexibel, offen und ansprechbar. Sie bewahren uns davor, zu rein reaktiven Unternehmens-Dinosauriern zu werden (wir alle wissen, was mit ihnen passiert ist). Veränderungen lassen uns Probleme überwinden und Fallen umgehen; sie sorgen dafür, dass wir im Flow bleiben. Wenn wir so weitermachen wie bisher – vor allem auch mit dem Konkurrenzdenken –, werden wir lediglich mehr von dem bekommen, was wir jetzt haben. Wenn wir es besser machen, zu mehr Erfolg, Unbeschwertheit und Gleichgewicht finden wollen, dann führt kein Weg an der Veränderung – vor allem auch von der Konkurrenz zur Partnerschaft – vorbei. Wir brauchen sie, damit wir effizienter und effektiver werden, empfangen und das Leben genießen können.

Veränderung lässt uns rasch und schmerzlos lernen, was wir im Rahmen der »harten Schule« durch Erfahrungen nur im Laufe vieler Jahre lernen könnten. Bedenken Sie, wie viele schmerzliche Rückschläge, Demütigungen und Misserfolge wir vermeiden könnten, wenn wir dem Ruf nach Veränderung folgen, statt uns dagegen zu wehren.

Geld und Profit können nicht länger das Maß aller Dinge sein. Im 21. Jahrhundert werden wir eine neue, ganzheitliche Ökonomie entwickeln, zu deren Zielen nicht nur Geld und Wohlstand gehören, sondern auch Partnerschaft, wechselseitige Abhängigkeit, Kooperation und Führerschaft. Diese neuen Elemente werden die Wirtschaft in ihrem kontinuierlichen Wandel stärken und ihr zu mehr Weitsichtigkeit verhelfen, sodass sie ihren Blick nicht mehr ausschließlich auf das »schnelle Geld« richtet. Während sich dieser Wandel entfaltet, wird der Reichtum wachsen, nicht nur für die Unternehmen und ihre Partner, sondern für alle Menschen weltweit. Im weiteren Verlauf der

Entwicklung werden sich die Unternehmen stärker an Gemeinschaftsinteressen orientieren und dabei noch höhere Ebenen der wechselseitigen Abhängigkeit erreichen. Der Ruf nach Zusammenhalt und Teamwork wird immer lauter werden, und man wird viele neue Unternehmensmodelle entwickeln und erproben.

Das Problem besteht darin, dass die Wirtschaft in ihrem gegenwärtigen Zustand auf solche Veränderungen nicht vorbereitet ist. Deshalb sind Schulungen und psychologische Beratungen so wichtig für die Zukunft der Wirtschaft. Noch scheinen die Unternehmen nicht bereit zu sein, ihre Lektionen für mehr Partnerschaft zu lernen, sondern sie wollen lieber so weitermachen wie bisher. Das führt zu noch größerem Druck auf die Betriebe und die Mitarbeiter. Früher oder später kommt der Zusammenbruch. Die meisten Unternehmen stellen neue Mitarbeiter ein, um verlorene zu ersetzen, aber diese Praxis ist reine Verschwendung, denn die Erfahrungen der langjährigen Mitarbeiter gehören zu den wichtigsten Ressourcen eines Unternehmens. Zudem ist es höchst unwirtschaftlich, wenn man ständig neue Mitarbeiter einarbeiten muss oder bewährte wegen Krankheit verliert. Partnerschaft ist wirtschaftlicher und erfolgreicher.

Die Lösung: Vision und Integrität

Die Unternehmen brauchen Visionen, und damit sie diese entwickeln können, müssen sie den TAO-Index und den Prozess der wirtschaftlichen Entfaltung bewusst wahrnehmen. Dazu gehört zwangsläufig auch das Erkennen des persönlichen Tao-Index, damit das eigene Unternehmen Erfolg haben kann. Wenn wir uns einfach klar machen, wie unser Geist funktioniert und was uns daran hindert, erfolgreich zu sein, werden wir die Kraft unseres Geistes auch nutzen können, um Veränderungen herbeizuführen. Wir werden erkennen, was sich im Bio-Computer unseres Geistes befindet und unsere Erfahrungen und unsere Wirklichkeit bestimmt. Wir werden realisieren, wie wichtig unsere Gedanken, Worte und Taten – vergangene wie gegenwärtige – für den Erfolg sind. Wir werden lernen, uns geistig zu verändern, damit wir unser berufliches und privates Leben optimieren können. Wir werden die entscheidende Bedeutung von Beziehungen erkennen und ihre Energie einsetzen, um den Erfolg zu beschleunigen. Wir werden verstehen, dass Integrität absolut notwendig ist, um den geschäftlichen Erfolg auf Dauer zu sichern.

Schon in den ältesten Schriften heißt es, dass die Menschen ohne Visionen nicht überleben können. Der einfachste Weg, eine neue Welt, eine neue Ethik und eine neue Ordnung herbeizuführen, wird für die Wirtschaft darin bestehen, die notwendige Vision und Integrität zu entwickeln, mit deren Hilfe sie ihren natürlichen Platz als führende Kraft der Welt im 21. Jahrhundert übernehmen kann. Zu diesem Zweck müssen die Unternehmen ihr Selbstbild, ihren Daseinszweck, ihre Möglichkeiten und ihren Führungsstil überdenken. Nur so können sie sich als treibende Kraft in dieser Zeit des Übergangs bewähren. Die Wirtschaft muss ihre mehr oder weniger heimliche Ethik des Nehmens in eine der echten Beziehungsfähigkeit, Dienstbereitschaft und Fülle verwandeln, die den Reichtum und die Qualität eines ganzheitlichen Lebens umfasst, statt sich nur auf finanzielle Vorteile zu konzentrieren.

Meine Vision für die Welt der Wirtschaft ist die, dass sie erfolgreich zu ihrem Herzen und zu ihrer Vision findet, um uns alle in eine Weltgemeinschaft einzubinden, die ungeahnte Möglichkeiten für gegenseitiges Verständnis und gemeinsamen Erfolg birgt.

Das Ergebnis wird eine andere Unternehmenskultur sein – sie wird auf Beziehungsfähigkeit basieren und ihr Herz zurückgewinnen, was in Unbeschwertheit und neue Ebenen des Wohlstands mündet. Verbundenheit und Kooperation werden einen neuen Lebensstil hervorbringen, der die Welt verändert, wobei die Wirtschaft uns den Weg weist. Der Lebensstandard sowie der persönliche und gesellschaftliche Reichtum werden enorm wachsen. Das ist eine natürliche Folge von Effizienz und Synergie, die aus Partnerschaft und Teamwork hervorgehen.

Wenn wir das Tao oder den Prozess der Entfaltung nicht bewusst wahrnehmen und den Zeitgeist nicht erkennen, verhalten wir uns wie eine Kuh auf dem Weg zum Schlachthof. Mit dem Tao nehmen die Menschen sich selbst bewusst wahr und erkennen, was sich in ihrem näheren und weiteren Umfeld entfaltet. Das ist angesichts der vielen Veränderungen und der zunehmend schneller wachsenden Bewusstheit besonders wichtig. Wenn wir uns nicht darüber klar sind, wie sich das Tao in unserem eigenen Leben, in unserem Unternehmen und in der Wirtschaft insgesamt entfaltet, werden wir vom Zeitgeist überwältigt und verlieren uns darin. Wir haben dann kaum eine Chance, die Führung auf dem weiteren Weg zu übernehmen. Wer das Tao kennt, kann sich niemals verirren. Er lebt im Flow und weiß, wie er sich selbst und andere befreien kann, wenn dieser Flow scheinbar ins Stocken gerät.

Abgesehen von Visionen, die ganz entscheidende Wegweiser sind, ist die bewusste Wahrnehmung des Tao und des Tao-Index das wichtigste Werkzeug für einen Unternehmer von heute. Erfolgreiche Geschäftsleute haben ein instinktives Gespür für das, was funktioniert oder nicht funktioniert. Aber in der heutigen

Zeit mit ihren vielen Veränderungen und Unwägbarkeiten brauchen wir mehr. Vor zwanzig Jahren kam der Wandel in der Wirtschaft dadurch zustande, dass die »alte Garde« sich zur Ruhe setzte. Dieser Vorgang wiederholte sich früher etwa alle vierzig Jahre. Heute kommt es mindestens alle sechs Monate zu entscheidenden Veränderungen.

Die Welt steht an der Schwelle zu einer Renaissance, die sich daraus ergibt, dass sich unser Bewusstsein von der distanzierten Unabhängigkeit zum Reichtum und zur Unbeschwertheit der wechselseitigen Abhängigkeit weiterentwickelt. Um diese Transformation zu bewerkstelligen, müssen die Unternehmen sich auf ihre Wurzeln besinnen und ihre ursprüngliche Funktion wieder entdecken. Während sie das tun, wird die Wirtschaft die radikalen Veränderungen vollziehen, die nötig sind, um uns mühelos und elegant auf dem Weg nach vorn zu leiten. Sie muss zu einem Faktor werden, der die Menschen inspiriert und die Welt zur Einheit führt. Widerstand und der Versuch, die notwendigen Veränderungen zu vermeiden, steuern uns in den Bankrott, das Burn-out, in Arbeitsüberlastung und Erschöpfung bei dem verzweifelten Versuch, ein veraltetes System am Leben zu erhalten. Über kurz oder lang kommt es dabei zum Zusammenbruch der Unternehmen oder ihrer leitenden Angestellten.

Ohne die bewusste Wahrnehmung des TAO fehlt uns die Motivation, uns für eine Wiedergeburt der Wirtschaft und unserer eigenen Unternehmen oder für unsere eigenen Bedürfnisse und die anderer Menschen zu engagieren. Sobald wir das Prinzip des Wandels angenommen haben, werden wir nicht mehr übersehen können, dass es hier nicht nur um quantitative, sondern auch um qualitative Veränderungen geht.

2. Es muss einen besseren Weg geben

In diesem Kapitel beschreibe ich, wie wir die Dinge auf eine bessere Weise vollbringen können – wie wir den Weg finden, auf dem wir den nötigen Wandel erfolgreich herbeiführen, und wie sich die Veränderungen mühelos und elegant einstellen.

Die Überschrift »Es muss einen besseren Weg geben« ist ein Schlüsselprinzip der Psychologie der Vision (auf die ich in Kapitel 4 näher eingehen werde). Es stammt aus dem Buch *Ein Kurs in Wundern.* Dieses Prinzip ist ein fundamentaler Bestandteil meiner Erfahrungen als Coach. Coaching funktioniert, weil sich alles zum Besseren wenden kann und wir nicht in den Fallen stecken bleiben müssen. Probleme und Schmerzen sind Formen von Illusionen und können transformiert werden. Diese Erfahrung bildet die Grundlage des Kapitels.

Wir müssen nicht stecken bleiben

Schmerz ist nicht die Wahrheit. Zwar stimmt es, dass wir alle Schmerz empfinden, aber es stimmt nicht, dass wir darin verharren müssen. Schmerz weist darauf hin, dass wir einen Fehler gemacht haben, und Fehler kann man korrigieren. Wenn wir uns als Kinder die Finger am Feuer verbrannt haben, dann haben wir sehr schnell gelernt, das nicht noch einmal zu tun. Aber im Geschäftsleben und in unseren Beziehungen stecken wir alle unsere Gliedmaßen ins sprichwörtliche Feuer und sind nicht vernünftig genug, sie wieder herauszuziehen. Wir halten Probleme und Rückschläge einfach für den Lauf der Dinge. Das ist ein klarer Hinweis darauf, dass wir nicht aus unseren Erfahrungen lernen und dass unsere unangemessenen Reaktionen, die zu den Schmerzen führen, problematische Verhaltensmuster hervorrufen. Aber weder für die Wirtschaft noch für irgendwelche anderen Bereiche unseres Lebens trifft es zu, dass wir auf Dauer Schmerz empfinden müssen oder nicht fähig wären, ein Problem zu überwinden. Schmerz ist das Gegenteil von Effizienz und Effektivität; genauso ist er das Gegenteil von wirtschaftlichem Erfolg.

Wir kämen nie auf die Idee, mit einem Auto weiterzufahren, dessen Motor ständig überhitzt ist. Wenn wir es täten, müssten wir bald einen neuen Motor einbauen lassen. Aber Geschäftsleute laufen häufig mit überhitztem Motor auf Hochtouren weiter, verbrauchen sich selbst, als seien sie eine Ware, die ersetzt werden kann, und schaffen dabei gleichzeitig jede Menge Probleme für die Zukunft. Sie opfern sich auf, degradieren sich selbst zu Objekten und setzen sich unter Druck, weil sie nicht verstehen, dass alles, was durch Opfer erreicht wird (geben, aber nicht empfangen), genauso gut ohne Opfer erreicht werden könnte. Wenn wir uns selbst zu Objekten machen, tun wir das zwangsläufig auch mit den Menschen in unserer Umgebung. Das demotiviert Mitarbeiter und Angestellte, lässt sie ausbrennen, und es zerstört ihre Familien und Liebesbeziehungen, die doch die größte menschliche Quelle sind, aus der wir unsere Energien wieder auffüllen.

Wenn wir uns in irgendeiner Situation befinden, die nicht durch dauerhaften Erfolg gekennzeichnet ist, dann sind wir aufgerufen, die Verantwortung für unser Leben zu übernehmen: Es ist Zeit für Veränderungen. In unserem Leben wird sich aber nichts verändern, solange wir nicht selbst etwas dafür tun, egal, wie sehr wir uns beklagen.

Dieses Kapitel ist in fünf große Abschnitte unterteilt, von denen jeder einen besseren Weg anbietet. Der erste Abschnitt konzentriert sich auf den Wert und die transformierende *Kraft von Beziehungen* in allen Bereichen unseres Lebens. Im zweiten geht es um die Bedeutung von *psychologischer Beratung und Schulung*. Im dritten schauen wir uns an, wie wir eine *neue Einstellung* zu unseren Emotionen, unserem Herzen und unserer weiblichen Seite finden können, die es uns erlauben würde, mehr zu empfangen. Der vierte beschreibt die Bedeutsamkeit der *Vision*, ohne die wir keinen besseren Weg für unser Unternehmen oder uns selbst finden können. Im letzten Abschnitt gehe ich schließlich darauf ein, wie wichtig *Teamwork und Verbundenheit* sind – entscheidende Voraussetzungen für echten Erfolg und die Rückgewinnung unserer Herzen. Ich beende das Kapitel mit den *elf Schlüsseln*, die uns einen besseren Weg für die Wirtschaft eröffnen. Und hier beginnt nun unsere Reise zu einem besseren Weg für uns selbst und unsere Unternehmen.

Die Kraft der Beziehungen

Nachdem ich unseren unterbewussten Geist seit über 35 Jahren erkundet habe, weiß ich, dass jedes Problem ein Beziehungsproblem ist. Das ist eine gute Nachricht, denn wir können Beziehungen transformieren, und wenn wir das tun, ist der Effekt auf unsere Umgebung bemerkenswert. Als ich Anfang der 1980er Jahre in Südkalifornien lebte, gab ich zwei Kurse am Tubb Holistic Health Institute. Da ich wusste, dass Workshops einen ausgezeichneten Rahmen für das Lernen durch Erfahrungen schaffen, hielt ich die Kurse als Schulungsseminare ab. Die Titel lauteten: »Die Psychodynamik tödlicher Krankheiten« und »Heilende Beziehungen«. Im Kurs über heilende Beziehungen erklärte ich, dass alle Probleme einschließlich der gesundheitlichen sich aus Beziehungsschwierigkeiten ergeben. Bei der Schulung arbeiteten wir auf verschiedene Weise daran, die Gesundheit durch die Transformation von Beziehungen zu verbessern.

Beziehungen sind der wichtigste Faktor beim wirtschaftlichen Erfolg. Ich meine damit nicht nur Geschäftsbeziehungen, sondern auch Freundschaften und Liebesbeziehungen. Letztlich spiegeln alle anderen wichtigen Beziehungen bei der Arbeit die Beziehung wider, die wir zu unserem Lebenspartner haben. Wenn wir uns intensiv mit unserem Lebenspartner verbinden, kann uns das viele Jahre harter Arbeit im Geschäftsleben ersparen.

Es gibt kein Problem, das kein Beziehungsproblem wäre, und es gibt keinen Erfolg, der kein Beziehungserfolg wäre. Zwar reflektiert nicht jede Schwierigkeit in unserer Umgebung direkt ein Problem in unserer wichtigsten Beziehung, aber jede Schwierigkeit in unserer Umgebung birgt die Gelegenheit, uns enger mit unserem Partner zu verbinden. Indem wir Trennendes überwinden und eine innige Verbindung schaffen, können wir die Probleme in unserer Umgebung transformieren. Wir können die Kraft unserer Beziehung nutzen, um jedes beliebige Problem zu lösen. Die enge Verbindung, die als Ergebnis dieser Problemlösung geschaffen wird, kann eine Grundlage für unseren zukünftigen Erfolg darstellen.

Beziehungen und das Tao. In gewisser Hinsicht kann man das Tao als den Flow von Beziehungen interpretieren. Wenn sich in Ihrem Leben ein negatives Ereignis zeigt, beispielsweise ein geschäftlicher Misserfolg, dann spiegelt sich darin ein früherer oder aktueller Rückschlag in Ihren Beziehungen. Als ich mit meiner Arbeit an Fragen der holistischen Gesundheit begann, gehörte zu meinen Klienten eine enge Freundin, Katie, die etwa vierzig Jahre älter war als ich und einen Tumor von der Größe eines Fußballs hatte, der um eine ihrer Arterien herumwuchs. Sie praktizierte Ernährungstherapie und Energieheilung und bat mich, ihr bei der Heilung ihrer psychologischen Wurzeln zu helfen. Abgesehen davon, dass sie in ihrem Leben vor der Entscheidung stand, entweder zu sterben oder auf die nächste Ebene als spirituelle Lehrerin zu wechseln, arbeitete sie an der Bereinigung früherer Beziehungen. Sie begann, sich mit der quälenden Beziehung zu ihrem Ehemann auseinander zu setzen, der zwölf Jahre zuvor an Krebs gestorben war. Gleichzeitig begann sie, sich Situationen aus ihrer Kindheit in Erinnerung zu rufen und zu heilen, in denen ihre Mutter sie körperlich gequält hatte. Hintergrund für dieses Verhalten war die Eifersucht der Mutter gewesen, wenn der Vater sich auf Dienstreisen befand.

Als ich Kalifornien sieben Jahre später verließ und nach Hawaii zog, ging es meiner Freundin weiterhin gut. Sechs Monate nach ihrer ursprünglichen Diagnose war sie zufällig dem Arzt begegnet, der sie an den Krebsspezialisten überwiesen hatte und nun nicht glauben konnte, dass sie immer noch lebte. Nach der Bereinigung ihrer früheren Beziehungen hatte Katie den Mut, in ihrem Leben weiter voranzugehen.

Das Tao spiegelt unsere Beziehung zur Welt, zu anderen Menschen, besonders solchen, die wichtig für uns sind, und zu uns selbst, vor allem auf der Seelenebene. Und schließlich repräsentiert das Tao auch unsere Beziehung zur geistigen Welt und zu Gott. Wenn ich mit jemandem an einem bedeutsamen Problem arbeite, dann sehe ich mir die bedeutsamen Beziehungen dieser Person an. In dem Maße, wie diese sich durch Heilung in gute Beziehungen verwandeln, löst sich das Problem von selbst auf.

Das wurde mir klar, als ich später begann, auch Geschäftsleuten meine Hilfe anzubieten, obwohl ich über keine besonderen Erfahrungen in der Unternehmensberatung verfügte. Aber ich hatte schon oft gegen starke Widerstände gearbeitet, die ihnen zugrunde liegenden Themen gefunden, Gruppenprozesse gestärkt und Problemlösungen entwickelt. Weil jedes Thema, sei es geschäftlicher oder anderer Natur, einen Bezug zum Tao hat, stellte ich fest, dass ich die Symptome des Wirtschaftslebens mühelos in die darunter liegenden Themen des Tao übersetzen konnte. Aus der Perspektive der Transformation führt die Heilung eines tiefer liegenden Problems automatisch in ein Stadium größeren Erfolgs. Aber dieses neue Stadium birgt seine eigenen Schwierigkeiten und tiefer liegenden Probleme, mit denen wir uns ebenfalls auseinander setzen müssen. Sind diese gelöst, stellen sich mit weiterem Erfolg und Reichtum auch weitere Schwierigkeiten ein. Der Kreislauf von Lernen und Wachsen setzt sich fort, und wir stecken nicht mehr in einem bestimmten Stadium fest.

Wirtschaft als Beziehungsgeflecht. Der nächste Schritt besteht darin, dass die Wirtschaft das Geschäftsleben als Beziehungsgeflecht erkennt. Das ist ein Eckpfeiler für die Wirtschaft im 21. Jahrhundert. Seit mehreren Jahren gibt es jetzt schon Lippenbekenntnisse darüber, dass es in der Wirtschaft um Beziehungen geht, aber das ist auch schon alles. Zwar sind einige wenige Beziehungsoasen entstanden, aber die totale Wüste ist nur einen Sandsturm entfernt. Zu oft herrscht in der Wirtschaft eine subtile oder auch gar nicht so subtile Atmosphäre des Nehmens, des Raffens und der Konkurrenz. Wenn wir den bestmöglichen Deal anstreben und alles zum Supersonderpreis bekommen wollen, oft auf Kosten anderer, dann schaden wir unserem eigenen Wertempfinden. Der Wert richtet sich nach dem, was wir geben, nicht nach dem, was wir bekommen. Wenn jeder meint, er habe den bestmöglichen Deal gemacht, dann bedeutet das für beide Seiten Befriedigung und Erfolg, und darauf gründen sich die zukünftigen Geschäftsbeziehungen. Nehmen, raffen und Konkurrenzdenken entstehen aus zerbrochenen Verbindungen. Wenn wir diese Verbindungen nicht wieder aufbauen, sind wir trotz unserer harten Arbeit unfähig zu empfangen. Verbundenheit impliziert automatisch Teamwork und Kooperation; deshalb erleichtern sie jede Arbeit und verhelfen uns zu erfreulichen Erfahrungen. Wettbewerb entspringt dagegen aus Furcht und Autoritätskonflikten, welche die Schlüsseldynamik und Wurzel aller Schwierigkeiten, harter Arbeit und unerfreulicher Erfahrungen bilden.

Um der Konkurrenz zu entkommen, auf der Gesellschaft und Wirtschaft gegenwärtig basieren, wäre es vor allem nötig, eine neue Ethik anzunehmen, in deren Mittelpunkt Partnerschaft, Freundschaft, Gleichberechtigung und Kooperation stünden. Auf diese Weise würden verlorene Bindungen in unseren gegenwärtigen Beziehungen wieder neu aufgebaut. Gleichberechtigung erkennt an, dass in einem Unternehmen jeder Mitarbeiter wichtig ist, egal, in welcher Position oder Funktion. Wenn Gleichberechtigung herrscht, gibt es zwar auch einen Chef, aber er würde die anderen Mitarbeiter nicht als austauschbare Objekte, sondern als geschätzte Mitglieder des Teams behandeln.

Wirtschaft als Beziehungsgeflecht ist an inspirierten und effektiven Teams interessiert, die Freude an der Arbeit haben. Spaß und gute Laune sind wichtige Elemente in einem Unternehmen, die einem Team erlauben, frische Kraft zu schöpfen und sich immer wieder zu erneuern. Wenn außerdem eine gute Partnerschaft im Team herrscht, ist die Gefahr des Ausbrennens gering.

Wenn man die Wirtschaft als Beziehungsgeflecht behandelt,

wird man rasch erkennen, dass persönliche und familiäre Bindungen dazu beitragen, die Moral der Belegschaft und die Produktivität des Unternehmens zu steigern. Folglich werden sich die Betriebe bemühen, die geschäftlichen und familiären Beziehungen durch psychologische Beratung und entsprechende Schulungen zu fördern, weil sie erkennen, dass Privatleben und Arbeit nicht zu trennen sind. Man wird sich darüber klar sein, dass Coaching und Schulung nicht nur für die leitenden Angestellten, sondern für alle Mitarbeiter von enormer Bedeutung sind.

Es kommt entscheidend darauf an, dass nicht nur innerhalb der einzelnen Arbeitsgruppen, sondern auch zwischen den verschiedenen Abteilungen der Firma eine neue Ethik der Kooperation herrscht. Wenn wir das nicht erreichen, wird es uns nicht gelingen, die Verschwendung und Selbstzerstörung zu überwinden, die durch innerbetriebliche Konkurrenz entsteht. Ebenso wichtig ist es, ein Umfeld zu schaffen, in dem eine Kooperation zwischen den Unternehmen gedeihen kann. Falls wir diesen Prozess verhindern, werden die einzelnen Firmen nicht den Zusammenhalt gewährleisten können, der notwendig ist, um unter dem gegenwärtigen Druck zu überleben.

Wenn wir immer klarer erkennen, dass sich in der Wirtschaft alles um Beziehungen dreht, werden wir auch ganz von selbst zu der Einschätzung kommen, dass die Arbeitsgruppe eine zweite Familie ist, mit der wir manchmal mehr Zeit verbringen als mit unserer eigentlichen Familie. Aber nicht nur die Wirtschaft ist ein Beziehungsgeflecht, sondern unser gesamtes Lebensumfeld. Was immer unseren Beziehungen schadet, wirkt sich auch negativ auf unsere geschäftlichen Interessen aus. Die Wirtschaft wird die Kraft der Beziehungen wieder stärken, wenn sie erst erkannt hat, dass wechselseitige Bindungen zu mehr Unbeschwertheit, Erfolg und Zusammenhalt führen.

Wenn die Unternehmen erst die Beziehungsperspektive der Partnerschaft übernommen haben, werden sie ganz automatisch auch den nächsten Schritt zur Führerschaft tun. Wenn die Wirtschaft sich zur Partnerschaft bekennt, beginnt sie, über den eigenen Tellerrand zu blicken. Sie wird feststellen, wie viel sie zum Gemeinwohl beizutragen hat, und sie wird beginnen, die zahllosen Hilferufe zu beantworten. Sie wird gemeinschaftsorientiert und philanthropisch werden und ihre personellen und finanziellen Kapazitäten einsetzen, um bestimmte Probleme im privaten Sektor zu lösen. Die Wirtschaft wird immer stärker dienstleistungsorientiert werden, sogar über ihr eigentliches Betätigungsfeld hinaus. Die Unternehmen werden expandieren, sich stärker auf die Qualität von Produkten und Dienstleistungen konzentrieren und eine Arbeitsumgebung schaffen, in der nicht nur emotionale Harmonie, sondern auch Einheit herrscht, weil die wachsende Lebensqualität jedes Einzelnen ein wichtiger Wert ist. Diese Einstellung wird sich inspirierend auf das Teamwork und die Loyalität der Mitarbeiter zum Unternehmen auswirken. Neue Grundsatzüberlegungen werden zu der Erkenntnis führen, dass nicht nur der finanzielle Erfolg des Unternehmens wichtig ist, sondern genauso das Glück und der Erfolg aller Mitarbeiter sowie der Beitrag, den die Firma für die Welt leistet. Wenn ein Unternehmen in Schulung und psychologische Beratung investiert, wird es feststellen, dass sich diese Investitionen auszahlen, weil die Mitarbeiter sich mehr engagieren, kreativer, produktiver und besonnener werden. Die Fehlzeiten werden deutlich geringer sein. Wenn ein Unternehmen sich dem Erfolg seiner Mitarbeiter verpflichtet fühlt, dann werden diese Mitarbeiter sich genauso dem Erfolg ihrer Firma verpflichtet fühlen.

Die folgenden drei Fallstudien stammen aus meiner psychologischen Arbeit mit Klienten, bei der es darum ging, Beziehungsprobleme zu transformieren, die ihren geschäftlichen und beruflichen Schwierigkeiten zugrunde lagen. Es handelt sich dabei um typische Szenarios – ausnahmslos habe ich festgestellt, dass alle oberflächlichen Schwierigkeiten ihre Wurzel in Beziehungsproblemen hatten. Wie bei allen Fallstudien, die Sie in diesem Buch finden, habe ich die Identität meiner Klienten durch Namensänderungen geschützt. Abgesehen davon wird jeder Fall so geschildert, wie er sich abgespielt hat.

Der Kampf

Während eines Workshops für Geschäftsleute in der Schweiz arbeitete ich mit einem Paar, die beide erfolgreiche Geschäftsleute waren. Aber sie trugen einen Machtkampf aus, der ihren Erfolg minderte und sie davon abhielt, Fortschritte zu machen. Ihr Kampf gegeneinander führte dazu, dass sie für viele andere Dinge blind waren.

Ich erklärte ihnen und dem Rest der Gruppe, dass in ihrer Beziehung das Potenzial steckte, sie beide auf noch höhere Ebenen des Erfolgs zu befördern. Das könnte mit Leichtigkeit geschehen, wenn sie beide bereit wären, konstruktiv mit ihren Differenzen umzugehen und zu einer neuen Ebene der Partnerschaft zu finden. Wir versuchten, sie in dieses neue Stadium von Erfolg und Intimität zu bringen, und diskutierten dabei viele Aspekte ihres Kampfes.

Ich erläuterte, dass es bei allen Kämpfen darum ging, Bedürfnisse erfüllt zu bekommen. Die Frau forderte mehr Aufmerksamkeit, Anerkennung und Aufgeschlossenheit. Der Mann wollte mehr »Freiräume« haben. Er hatte das Gefühl, dass es nie genug war, ganz gleich, wie viel er seiner Frau gab. Während der Mann über seine Gefühle sprach, erkannte die Frau, wie überzogen ihre emotionalen Ansprüche waren. Ihr wurde klar, dass sie versuchte, von ihrem Mann genau das zu bekommen, was sie ihrerseits nicht zu geben bereit war. Sie liebte weder sich selbst noch ihren Mann, erwartete aber von ihm, dass er sie liebte und ihre Bedürfnisse erfüllte.

Andererseits erkannte der Mann, dass er seiner Frau mehr hätte helfen können, wenn er nicht so entschlossen gewesen wäre, vor ihrer Bedürftigkeit zu fliehen, die er durch seinen Rückzug noch weiter angeheizt hatte. Ihm wurde klar, dass er sich die ganze Zeit entzog, statt zu geben, was ihm paradoxerweise ein Gefühl der Freiheit hätte vermitteln können.

Dann untersuchten wir für beide Partner, woher diese Muster aus ihrer Vergangenheit stammten. Die Frau erkannte, dass ihr Verhalten gegenüber ihrem Mann genauso war wie früher gegenüber ihrem Vater, der sich emotional entzogen hatte. Der Mann wiederum erkannte, dass seine Mutter ihn in ihrer Bedürftigkeit seinerzeit ständig emotional unter Druck setzte. Als Reaktion darauf versuchte er stets, ein energetisches »Vakuum« zwischen sich und seiner Mutter zu errichten, in dem es nichts gab, was sie hätte nehmen können. Beide Ehepartner entdeckten, dass sie mit Seelengaben ausgestattet waren, die sie in dieses Leben mitgebracht hatten, um ihren Eltern zu helfen: die Frau mit der Liebe zu ihrem Vater, der Mann mit der Gabe der Verbindung zu seiner Mutter. Indem sie sich vorstellten, wie sie diese Gaben mit ihren Eltern teilten, befreiten sie sich von ihren lebenslangen Mustern. Indem sie ihren Eltern diese Gaben zum Geschenk machten, stellten sie fest, dass sie sich auch gegenseitig zum Geschenk machen konnten, was zur Auflösung ihres aktuellen Konflikts führte.

In einem nächsten Schritt untersuchten wir drei Eigenschaften, die jeder beim anderen am wenigsten leiden konnte. Binnen fünfzehn Minuten hatten beide, unter einigem Gelächter, erkannt, dass sie genau diese Eigenschaften gegenseitig aufeinander projizierten. Sie beschlossen, die Selbstkritik, die mit den projizierten Eigenschaften verbunden war, aufzugeben und einander stattdessen zu unterstützen. Dadurch lösten sich die Projektionen so weit auf, dass sich die Partner anders und frei von den negativen Eigenschaften wahrnehmen konnten.

Schließlich zeigte ich ihnen noch, wie sie ihren Kampf dazu benutzten, ihre Furcht vor dem Aufstieg zur nächsten Ebene von Erfolg und Intimität zu verbergen. Ich wies darauf hin, dass ihre Zuversicht wachsen würde, wenn es ihnen gelänge, eine echte Verbindung zueinander aufzunehmen. Mit diesem Vertrauen in den gemeinsamen Weg würden sie ganz automatisch auf die nächste Ebene von Erfolg und Intimität gelangen.

Sie brauchten eine Weile, um durch den Raum aufeinander zuzugehen, aber während sie das taten, schlossen sie symbolisch den trennenden Graben zwischen sich. In kurzer Zeit hatte sich eine beträchtliche Blockade für ihren Erfolg aufgelöst und in eine neue Ebene von Partnerschaft verwandelt.

Jenseits des Machtkampfs

Vor einigen Jahren arbeitete ich mit einem britischen Geschäftsmann, dessen Einkommen drastisch gesunken war. Obwohl sie seit neun Jahren verheiratet waren, hatten er und seine »zukünftige Exfrau« es nie geschafft, in ihrer Beziehung über das Stadium des Machtkampfes hinauszugelangen. Er war so wütend auf sie, dass er sie nicht mehr unterstützen wollte. Er wollte um jeden Preis dafür sorgen, dass sie auf ihren bisherigen Lebensstandard verzichten musste. Er hatte sie zu hassen begonnen und wollte es ihr heimzahlen. Seine Einkommensverluste waren seine Art und Weise, dieses Ziel zu erreichen.

Ich wies ihn darauf hin, dass er damit nicht nur seiner Frau, sondern auch seinen Kindern schadete. Ich machte ihm klar, dass die Vernachlässigung und das Desinteresse, das seine Frau ihm gegenüber an den Tag legte, Teil eines Kampfes zwischen ihnen war und einem Muster entsprach, das er aus seiner Kindheit mitschleppte.

Die mangelnde Zuwendung seiner Frau diente ihm als Entschuldigung für sein Bedürfnis, einen Teil seiner übermäßigen Arbeitslast abzuwerfen. Das entsprach einem Muster der Aufopferung, dessen Wurzeln in seiner Kindheit lagen. Diese Opferhaltung gestattete ihm, einer heimlichen Leidenschaft zu frönen, der Pornographie. Auf diese Weise versuchte er, sich für das zu entschädigen, was ihm fehlte. Mangel an Zuwendung, Opferhaltung und das Schwelgen in pornographischen Magazinen und Filmen waren für ihn zu einem Teufelskreis geworden. Sex war das Schlachtfeld zwischen seiner Frau und ihm und hatte zu ihrem Rückzug geführt. Um sich selbst zu schützen, hatte er mehr Zeit bei der Arbeit verbracht, was dazu führte, dass seine Frau sich noch weiter zurückzog. Sie hatte sich ihrerseits als Selbstschutz ein von ihm getrenntes Leben aufgebaut. Alle diese Verhaltensweisen ließen sich auf Kindheitsmuster zurückführen.

Da ich auf Reisen war, blieb mir nur Zeit für zwei Coaching-Sitzungen mit ihm. Das reichte, um ihm zu mehr Ehrlichkeit sich selbst gegenüber zu verhelfen. Mit seiner übermäßigen Arbeitsbelastung kompensierte er die Gefühle der Zurückweisung und Wertlosigkeit, die er als Kind empfunden hatte. Ich half ihm, dieses Muster der Zurückweisung durch Frauen aufzulösen, das mit einem Missverständnis zwischen ihm und seiner Mutter begonnen hatte. Im Grunde war dieses Muster in seiner Familie über Generationen weitergegeben worden. Mit ihm drückte es die vierte Generation aus, und er konnte schon sehen, dass seine Kinder es ebenfalls geerbt hatten.

Nachdem wir die Situation geklärt hatten, in der bei ihm der Eindruck entstanden war, seine Mutter würde ihn ablehnen, untersuchten wir dieses Muster als Familienerbe. Zwar konnten wir seinen aktuellen Hass gegenüber seiner Frau auflösen, aber der Machtkampf ging so tief und dauerte schon so lange, dass wir uns nur durch einige seiner Schichten arbeiten konnten. Das reichte immerhin für eine freundlichere Scheidungsvereinbarung und erleichterte es den Eheleuten, sich auf ein gemeinsames Sorgerecht für die Kinder zu einigen.

Ich traf den Mann bei meinem nächsten Aufenthalt in Großbritannien wieder. Er hatte einen Coach engagiert, verdiente gutes Geld und arbeitete nur ein Drittel der Zeit, die er früher in seinem Unternehmen verbracht hatte. Er wirkte nicht mehr ausgelaugt und müde, sondern strahlte stattdessen eine natürliche, jungenhafte Begeisterung aus.

Freunde

Vor einigen Monaten bat mich Spencer, einer unserer Freunde, der Autor und Bildhauer ist, um Hilfe für sich und seine Frau Annie. Wir beschlossen, zweimal pro Woche an ihren Problemen zu arbeiten, wenn ich nicht gerade auf Reisen war. Während ich unterwegs war, übernahm meine Frau es manchmal, tief wirkende emotionale Heilungssitzungen mit den beiden durchzuführen.

Die Beziehung unserer Freunde steckte in einem Machtkampf fest. Sie empfanden tiefe Liebe füreinander, stritten sich jedoch wie Katz und Hund. Sie hatten sehr verschiedene Ansichten über alles, von der Hausarbeit bis zum Sex, und beide setzten Emotionen und Sex als Waffen gegeneinander ein.

Beide hatten in ihren Familien eine entsetzliche Kindheit erlebt und viele selbstzerstörerische Muster entwickelt. Spencer war von seinem Vater verbal schwer missbraucht worden. Annie hatte dasselbe von ihrer Mutter erduldet. Sie saßen auf einem riesigen Schuldenberg, und die Gläubiger riefen jeden Tag zu Hause an.

Nach vier Sitzungen mit ihnen musste ich zu einer Europareise aufbrechen. Als ich zurück war, setzten wir unsere Arbeit fort. Im zweiten Monat trafen wir uns zu weiteren drei Sitzungen. Zu diesem Zeitpunkt begann sich ihre Beziehung deutlich zu verbessern. Sie hatten sehr viel mehr Verständnis füreinander und empfanden mehr Befriedigung beim Sex. Er bekam 25 000 Dollar Vorauszahlung für ein Buch, und einer ihrer Gläubiger erklärte sich bereit, auf die Rückzahlung von 17 500 Dollar zu verzichten, wenn sie ihm sofort 2500 Dollar zahlten.

Im nächsten Monat kamen sie nach Hawaii, um an einem zehntägigen Workshop teilzunehmen, den meine Frau und ich veranstalteten. Danach blieben sie noch drei Wochen und nahmen an der Intensivschulung »Heilung durch Liebe« teil, die meine Frau durchführte. Während dieser Zeit bekam er 75 000 Dollar für eine seiner Skulpturen. Er traf sich auch mit dem für die Anschaffung von Kunstwerken zuständigen Direktor der Luxury Hotels Collection zu Verhandlungen über die Ausstattung ihrer Hotels in Hawaii mit Skulpturen.

Jetzt ist das Leben für unsere Freunde und ihren Sohn Sean sehr viel leichter. Während der nächsten Monate nahmen sie an einer zehntägigen Schulung teil, die meine Frau und ich in Kanada durchführten, und nun sind sie gerade dabei, nach Hawaii umzuziehen. Ihre wunderbare Ausstrahlung als Paar und ihre Liebe zueinander beginnt schon, die Menschen in ihrer Umgebung zu inspirieren.

Psychologische Beratung

Psychologische Beratung und Schulung (Coaching) können bei der Lösung von Problemen außerordentlich hilfreich sein. Mit dem nötigen Engagement und der Verpflichtung zur Veränderung können wir unsere Lektionen mühelos lernen. Natürlich gibt es auch immer wieder Lektionen, die besonders schwierig und komplex sind. Wenn wir nicht die innere Fähigkeit zum Zuhören entwickelt haben oder uns ein gutes Team fehlt, das uns hilft, mit neuen kreativen Ideen auf ein Problem zu reagieren, dann brauchen wir einen psychologischen Berater oder ein Seminar. Coachs können uns beibringen zu wachsen und uns zu verändern, und sie können uns helfen, zurück in den Flow zu finden. Indem sie Veränderungen herbeiführen, helfen sie uns, die Antworten zu finden, die wir schon in uns tragen. Dadurch steigt unser Tao-Index auf natürliche Weise.

Psychologische Berater und Seminarleiter können uns neue Kreativität und Findigkeit vermitteln. Sie verfügen über die verschiedensten Ausbildungen und Erfahrungen. Wenn wir absolut entschlossen sind, einen Weg zur Veränderung zu entdecken, dann finden Sie auch den richtigen Berater oder Seminarleiter zu Ihrer Unterstützung. Und selbst wenn er nicht perfekt ist, kann unsere Absicht so stark sein, dass es uns gemeinsam mit ihm gelingt, unseren Tao-Index zu erhöhen. Wir selbst können die Strömungen der Veränderung in jede Beratungssituation und jedes Seminar einbringen, an dem wir teilnehmen.

Vor einigen Jahren unterbrach ein Freund von mir, Robert Holden, Psychologe, Autor und Unternehmensberater, einen Vortrag, den er vor 500 führenden Managern in Großbritannien hielt, beugte sich über das Rednerpult und fragte: »Weiß irgendjemand da draußen eigentlich, was sich wirklich in der heutigen Wirtschaft abspielt?« Einer der Manager hob die Hand und sagte: »Wir stellen im Vorbeigehen eine Liste zusammen.« Er bekam anhaltenden Beifall …

Im Laufe meiner Arbeit habe ich viele Wunder erlebt. Krankheiten und Probleme, zu deren Überwindung eigentlich viele Jahre der Beratung erforderlich gewesen wären, konnten innerhalb von ein oder zwei Stunden geheilt werden. Psychologische

Beratung und Schulung sind einfach Katalysatoren. Sie erzeugen Flow, wo es vorher Blockaden gab, und verstärken ihn, sodass Lernschritte, für die man eigentlich Wochen, Monate oder sogar ein ganzes Leben brauchen würde, sehr schnell und einfach vollzogen werden können. Während das Coaching in der Wirtschaft erst in den letzten zehn Jahren exponentiell zugenommen hat, gibt es die individuelle psychologische Beratung und entsprechende Seminare schon sehr viel länger. Wir brauchen alle Unterstützung, die wir bekommen können, wenn wir die Wende zu einem Bewusstsein der Partnerschaft vollziehen wollen, die sich schon vor uns abzeichnet. Wenn wir es schaffen, dann deshalb, weil wir die Geburt durchgemacht haben, die für einen so radikalen Umschwung von Ziel und Richtung notwendig ist. Und während dieser Geburt ist es gut, einen Berater zur Seite zu haben, der versteht, was vor sich geht, die Fallen kennt und uns voll und ganz unterstützt.

Eine neue Einstellung finden

Damit wir wieder fähig werden zu empfangen, müssen wir zurück zu unserem Herzen finden. Ohne Herz gibt es keine Partnerschaft, keine echte Freude und keinen Reichtum. Wir müssen eine andere Sicht unserer Gefühle und unserer weiblichen Seite entwickeln. Wir müssen bereit sein, uns mit schmerzhaften Emotionen auseinander zu setzen, denn sie kommen aus gutem Grund an die Oberfläche. Als unsere Lehrer helfen sie uns, verlorene Teile unseres Herzens und unseres Geistes wiederzufinden, von denen wir uns losgesagt haben in dem Versuch, unsere Sicherheit zu gewährleisten, während wir vorwärts drängten. Das ist paradox. Je weiter wir uns aufspalten, desto größer wird das Risiko, dass wir am Ende ausgelaugt, verbraucht, ausgebrannt und erstarrt irgendwo stecken bleiben und auf unserem Lebensweg nicht mehr vorwärts kommen. Ohne unser Herz gibt es für uns keine echte Partnerschaft, Führerschaft oder Vision.

Es ist diese neue Einstellung – die Hingabe an unser Herz, unsere Emotionen und alles, was wir abgespalten haben –, die uns den Weg durch die Ebene der wechselseitigen Abhängigkeit weist. Niemand möchte Bedürftigkeit und Schmerz empfinden oder sich mit Niederlagen quälen – am allerwenigsten die Wirtschaft –, aber langfristig werden uns diese Gefühle eine Menge Zeit auf der Straße zur Partnerschaft sparen. Sie sind in uns, und wir müssen uns ihnen stellen, sonst werden sie sich auf eine destruktive Weise äußern. Auch wenn wir uns in der Wirtschaft zur Partnerschaft verpflichten, werden Themen an die Oberfläche kommen, die unsere Aufmerksamkeit verlangen. Wenn wir nicht bereit sind, uns mit Themen zu beschäftigen, die Emotionen auftauchen lassen, dann werden wir nie über das Anfangsstadium unserer geschäftlichen Partnerschaften hinausgelangen. Natürlich können wir den Kontakt mit bestimmten Leuten auf ein Minimum beschränken, andere völlig meiden und einige sogar feuern, aber es gibt andere Beziehungen, die zu unserem geschäftlichen Leben zwingend dazugehören, beispielsweise die zu unseren Kunden, Lieferanten und Kollegen. Wenn wir uns auf diese und andere Geschäftsbeziehungen verpflichtend einlassen, dann führt kein Weg an der engagierten Auseinandersetzung mit emotionalen Themen vorbei.

Es ist keine Lösung, uns von unseren Emotionen abzuspalten, denn dadurch verdammen wir uns zu harter Arbeit ohne Belohnung. Im Zustand der Abspaltung können wir den Erfolg, wenn er sich überhaupt einstellt, weder empfinden noch genießen. Beurteilungen bringen uns ebenfalls nicht weiter, denn sie erzeugen immer mehr Selbstgerechtigkeit und Abspaltung, die ihrerseits den Erfolg immer weiter schmälern. Folglich müssen wir eine neue Einstellung im Hinblick auf Schmerz, Rückschläge und Niederlagen entwickeln, denn sie bilden nur die Spitze des Eisbergs und sind typische Hinweise auf schon lange bestehende ineffektive Verhaltensmuster.

Wir brauchen eine neue Einstellung im Hinblick auf unser Herz, unsere Gefühle und unsere weibliche Seite. Ohne sie werden wir uns nie vollständig einbringen können, was dazu führt, dass unsere Arbeit und unsere Träume uns entgleiten. Ohne sie finden wir in unserem Leben nicht zum Gleichgewicht, weder bei der Arbeit noch in der Familie. Wir können zu Hause und am Arbeitsplatz keine gesunden Beziehungen aufbauen, weil wir keine gesunde Beziehung zu uns selbst haben. Uns fehlt die Fähigkeit, etwas zu genießen oder zu empfangen; es gibt weder Inspiration noch Vision oder Kreativität. Ohne diese Elemente breitet sich in unserem Leben, unserer Arbeit und unseren Beziehungen immer mehr Lethargie aus. Ohne Zugang zu unserem Herzen gibt es keine echte Leidenschaft. Erst wenn wir uns unserem Herzen und uns selbst wieder verbunden fühlen, werden wir ganz automatisch die nächste Ebene der Partnerschaft erreichen. Sie bringt uns zur wechselseitigen Abhängigkeit, die unweigerlich zu größerer Effizienz und Effektivität führt.

Die Vision zeigt uns einen neuen Weg

Was wir in der Wirtschaft heute brauchen, ist nicht nur eine neue Vision für unsere Unternehmen, sondern wir alle müssen im geschäftlichen Bereich zu Visionären werden. Die Vision befreit uns von den Fesseln der Vergangenheit und zeigt uns, dass eine positive Zukunft möglich ist – sie führt uns hin zu einem neuen und besseren Weg. Die Vision, unser Lebenssinn, der ungehinderte Zugang zu unserem Herzen und die Gesundheit unserer Beziehungen sind untrennbar miteinander verbunden. Unseren Lebenssinn zu verwirklichen, ist der visionäre Weg, um unsere großen Seelengaben der Welt, unserem Unternehmen und der Wirtschaft insgesamt bestimmungsgemäß zum Geschenk machen zu können. Geschenke, die der visionären Ebene entstammen, sind kreative Gaben der Liebe, Heilung, Kraft, Kunst, Geburt, Vorausschau, Sexualität, Genialität, Originalität und Transzendenz. Egal, für welche dieser Gaben wir uns entscheiden, selbst wenn sie nicht direkt auf die Wirtschaft bezogen sind, sie werden stets dafür sorgen, dass wir in unserem Leben zu mehr Flow und Unbeschwertheit gelangen. Das wiederum hat Auswirkungen auf unsere geschäftlichen Aktivitäten.

Die Vision zeigt uns den Weg nach vorn, während wir unsere Lebensaufgabe erfüllen, was dadurch möglich wird, dass wir unsere Gaben nutzen. Weil aber in der Wirtschaft jetzt so viel in Bewegung geraten ist, brauchen wir heute mehr als nur eine Vision. Die Vision mag ein Unternehmen zwar vorübergehend retten, aber um dem allgemeinen ökonomischen Abwärtstrend und der schlechten Stimmung in der Wirtschaft zu entkommen, müssen wir zu visionären Persönlichkeiten werden, vor allem zu visionären Unternehmern. Das ist nur möglich, wenn wir vollständig zu unserem Herzen zurückfinden und ein kreatives Leben führen, indem wir unsere psychologischen Beschränkungen und selbst geschaffenen Verschwörungen gegen unsere eigene Größe und Bestimmung überwinden. Das läuft darauf hinaus, dass wir uns jenseits der in den Unternehmen und in der Gesellschaft üblichen Verhaltensweisen in einen Zustand der Kreativität und uneingeschränkten Offenheit versetzen müssen, der weit über traditionelle Standards und die normalen Ebenen der Vortrefflichkeit und Inspiration hinausgeht. Eine Vision zu haben, bedeutet, einen Berggipfel zu erreichen; ein Visionär zu werden, bedeutet jedoch, von einem Gipfel zum nächsten zu springen.

Der Schlüssel zur Partnerschaft: Gutes Teamwork

Zu den wichtigsten Aspekten beim Vermitteln der Psychologie der Vision gehört, dass sie, wie die Gruppentherapie, in den Prozess eingebunden ist, der sich in Gruppen entfaltet. Die meisten Schulungen im Unternehmensbereich folgen einem festgesetzten Programm. Die Psychologie der Vision übernimmt das Beste aus den Therapiegruppen – die bewusste Wahrnehmung und den Flow des Prozesses der Entfaltung – und verbindet es mit Lehren und transformierenden Übungen, die in einem Schulungsprogramm eingesetzt werden. Dadurch entsteht das Gemeinschaftsgefühl, das eine Gruppe in ein Team verwandelt. Als Dr. Irving Yalom den wichtigsten Heilungsfaktor in einer Gruppe untersuchte, stellte er fest, dass es sich dabei um die Qualität des Zusammenhalts handelte, also um Freundschaft, Teamwork, Bindung, Liebe und Kooperation. Wenn diese Faktoren vorhanden sind, dann kommt man ans Ziel, das Team schöpft neue Kraft, und die Transformation findet statt. Eine Gruppe, deren Mitglieder sich einander verbunden fühlen, kommt leichter und effizienter zum Erfolg als eine andere, in der das nicht der Fall ist.

Lassen Sie mich von einem Beispiel für Zusammenhalt berichten, das mir gerade in den Sinn kommt. Als ich am Navy Rehab Center arbeitete, stellte ich fest, dass der Marine Track, eine der Gruppen im Center, jeden Nachmittag draußen American

Football spielte. Die Leute wurden von einem meiner besten Freunde betreut, einem Sergeant, der einige Jahre lang mein Mitarbeiter und Zimmergenosse gewesen war. Er war ein halbprofessioneller Footballspieler. Nachdem sie eine Woche gespielt hatten, konnte ich deutlich sehen, dass ein gutes, solides Team entstanden war. Eines Tages forderten sie unsere Segler-Etage zum Wettkampf heraus. Wir lagen weit zurück und hatten nur eine Woche Zeit zum Training. Die Hälfte der jungen Männer, die daran interessiert waren, in unserer Mannschaft mitzumachen, hatte noch nie im Leben Football gespielt. Die Marines waren uns im Hinblick auf Talent, Geschicklichkeit und Teamwork um Klassen voraus, aber wir nahmen die Herausforderung an.

Ich brachte den Seglern bei, worum es beim Football wirklich geht: Herz und Verbundenheit. Ich hatte früher im College Football gespielt und dort auch die Mannschaft trainiert. Unter uns waren einige recht gute Spieler, aber die meisten sehr unerfahren. Ich hatte ihnen die Grundlagen des Blocking beigebracht, indem ich ihnen vermittelte, dass sie ihre Freunde schützen müssten und niemanden zu ihnen durchlassen dürften. Ich schweißte das Team mit dem Herzen zusammen. Ich half ihnen, ihren Mangel an Talent und Geschicklichkeit auf vielfältige Weise auszugleichen, wozu auch gehörte, dass die Segler, die ja noch nie gespielt hatten, ihre Grenzen nicht kannten. Ich inspirierte sie auf jede nur erdenkliche Weise. Wir bereiteten uns seelisch genauso auf das Spiel vor wie körperlich. Eine Stunde vor dem Anpfiff ließ ich sie ihre Geschicklichkeit dadurch verbessern, dass sie visualisierten, wie sie ihre jeweiligen Aufgaben perfekt erfüllten. Als es schließlich so weit war, hatten wir eine Mannschaft, die durch Stärke und Loyalität zusammengeschweißt war. Mein Team spielte mit grenzenloser Hingabe und so gekonnt, dass niemand auf die Idee gekommen wäre, dass die Hälfte der Spieler bis vor einer Woche noch nie auf einem Footballfeld gewesen waren. Als das besser miteinander verbundene Team gewannen wir unser Spiel, und ich lernte eine wichtige Lektion über Teamwork. Es war eine Lektion darüber, was Herz und Inspiration leisten können, um das Beste aus einem Team herauszuholen.

Wenn eine Gruppe mit einer gemeinsamen Einstellung von Geist und Herz arbeitet, dann kann sie die Grenzen von Zeit und Raum transzendieren. Wenn im alten Hawaii jemand in der Familie schwer verwundet oder sterbenskrank war, dann wurde ein Ho'oponopono abgehalten. Das war eine heilende Familienversammlung – ein uraltes Ritual. Geleitet wurde es vom Kahuna oder Familienältesten. Während der Versammlung sprachen die Leute über ihre Gefühle. Sie teilten ihre Beschwerden mit und ließen sie los. Tränen wurden vergossen, und die Familie konnte zu neuer Einheit finden. Meist hatte das zur Folge, dass es der schwer verletzten oder tödlich erkrankten Person rasch wieder besser ging.

Das mag für uns fast unglaublich klingen, aber ich habe ähnliche außergewöhnliche Erfahrungen selbst immer wieder in Rahmen von Schulungen oder psychologischen Beratungen gemacht. Wenn sich auf der geistigen Ebene ein Knoten löst, dann hat das entsprechende Auswirkungen auf die materielle Welt.

Wenn wir dieses Prinzip der gegenseitigen Verbundenheit und Teambildung in der Wirtschaft einführen könnten, würde es viel Konkurrenzverhalten und die Empfindung, ausgebrannt zu sein, transformieren. Die Partnerschaft mit Kollegen, anderen Unternehmen und örtlichen Gemeinschaften ist der Weg, um Veränderungen herbeizuführen und wieder zu unserem Herzen zu finden.

Die Zukunft der Wirtschaft: Elf Schlüssel zur Transformation

1. Bewusstsein. Die Zukunft der Wirtschaft liegt im Bewusstsein. Wir werden erkennen, dass eine höhere Wahrnehmung nötig ist, um die Wirtschaft auf einen erfolgreicheren Weg zu führen. Die wichtigste Erkenntnis wird die sein, dass wir ein neues Bewusstsein der Partnerschaft brauchen. Psychologische Unternehmensberatung und Schulung werden darauf ausgerichtet sein. Das wird der Wirtschaft erlauben, die Prämisse des »Nie genug« zu überwinden, die jetzt noch die entscheidende Rolle in der Werbung spielt. Sie schafft falsche Bedürfnisse, um Produkte zu verkaufen, damit das gegenwärtige Hauptziel der Profitmaximierung erfüllt werden kann. Das verursacht eine Menge Verschwendung, weil die darin angelegte Einstellung, zu »raffen« und zu »nehmen«, uns unfähig macht zu »empfangen«.

Das höher entwickelte Bewusstsein in der Wirtschaft wird an die Öffentlichkeit weitergegeben, und die Unternehmen werden nicht mehr darauf aus sein, den Käufer zu verdummen. Dadurch wächst das Vertrauen und mit ihm die Kaufbereitschaft. Intelligente Produkte und Dienstleistungen werden die Lebensqualität aller Menschen verbessern. Die reife Einstellung der Partnerschaft wird sich in der Wirtschaft ebenso wie in der Öffentlichkeit durchsetzen.

2. Partnerschaft. Die partnerschaftliche Haltung wird sowohl die Unternehmen als auch die Geschäftsleute revitalisieren. Sobald wir das Konkurrenzverhalten und die Fixierung auf Gewinn und Verlust überwunden haben, werden die Leute sich nicht mehr selbst zu Objekten degradieren, nur um Geld zu verdienen und bestimmte Ziele zu erreichen. Damit werden Elemente der Unbeschwertheit, des Vergnügens und der

Freundschaft am Arbeitsplatz Einzug halten, und die Menschen werden sich selbst stärker einbringen.

Das wird die Produktivität erhöhen, statt dass – wie sonst üblich – Krankheitstage und Fehlzeiten steigen. Es wird für mehr Befriedigung am Arbeitsplatz sorgen, weil die Leute versuchen werden, Teams zu bilden, die Flow erzeugen und verstärken, sodass jeder gern zur Arbeit kommt. Dem Trend zu hoher Personalfluktuation wird auf diese Weise entgegengewirkt.

Die partnerschaftliche Haltung gegenüber Arbeitnehmern und Kollegen wird zu einer Abkehr vom Konkurrenzverhalten beitragen, das sich jetzt noch so nachteilig auf unsere Unternehmen und Beziehungen auswirkt.

3. Wertschätzung des Weiblichen. Wir werden zu der Erkenntnis gelangen, dass wir ohne das weibliche Element, das jede Partnerschaft zusammenhält, nicht fähig sind, zu empfangen oder unserem Herzen zu folgen. Ohne diese weiblichen Anteile gibt es kein Gleichgewicht im Leben, sondern wir fühlen uns stets nur überarbeitet und ausgebrannt. Allein die Gleichberechtigung zwischen dem Männlichen und dem Weiblichen verhilft uns zu Erfolg, Partnerschaft und der Intimität, die unserer Arbeit einen Sinn gibt. Das Weibliche befreit uns aus der Tretmühle, lässt uns gesündere und erfolgreichere Prioritäten setzen, erlaubt uns dabei gleichzeitig, mehr zu empfangen, und genügt paradoxerweise zur Befriedigung unserer intellektuellen, emotionalen und moralischen Quotienten.

4. Der moralische Quotient. Wenn sich unser Bewusstsein erweitert, erkennen wir, wie wichtig Ethik und Integrität sind. Edelmut und Ehre werden wieder Ziele werden, und wir werden uns darüber klar sein, dass es ohne Integrität nicht möglich ist, zu empfangen oder sich partnerschaftlich zu verhalten –

stattdessen gibt es nur Selbstsucht und Bereicherung auf Kosten des Teams. Das führt letztlich zur Niederlage und zerstört unsere Beziehungen.

5. Veränderung ohne die Notwendigkeit des Todes. In meinem ersten Soziologiekurs zu Beginn meines Studiums habe ich zu meiner Verblüffung gelernt, dass Veränderungen meist eine Folge des Todes sind. Neue Ideen kommen mit jeder neuen Generation auf, wenn die alte Garde sich zur Ruhe setzt oder stirbt. Wir können es uns aber nicht leisten, ein Leben zu führen, das auf alterhergebrachten Mustern basiert. In jedem Jahrzehnt verfügen die Kinder, die neu geboren werden, über mehr Intelligenz und Mitgefühl. »Es gibt einen besseren Weg« wird zu einem Schlachtruf werden, sogar in Situationen, die schon ausgezeichnet sind. Das wird stetige Verbesserungen und Fortschritte fördern, die Menschen werden stärker aufeinander bezogen sein und mehr Erfolg haben.

6. Evolution in der Wirtschaft. Partnerschaft in der Wirtschaft wird den Unternehmen eine Führungsrolle bescheren, die sie für mehr Inspiration und ökonomische Anreize sorgen lässt, damit die Welt sich weiterentwickeln kann. Wenn sich das Bewusstsein erweitert, werden sich immer mehr Unternehmen darum bemühen, sich in der Gemeinschaft zu verankern. Große Firmen werden zu internationalen Gemeinschaften werden, die nationale, rassische und religiöse Grenzen überwinden, um das Team und seine Vielfalt zu feiern.

Die dem Gemeinschaftsgedanken verpflichteten Unternehmen werden anders als die bisherigen am Aufbau eines Bewusstseins arbeiten, das Partnerschaft und Gleichberechtigung voraussetzt. Zwar erfüllt jeder eine andere Funktion im Betrieb, und es gibt zwangsläufig weiter Hierarchien, aber die Leute werden um ihrer selbst willen geschätzt. Das bestimmt die Perspektive des Teams.

Einer der großen Fehler des Kommunismus lag darin, dass er nicht wirklich dem Gemeinschaftsgedanken verpflichtet war. Er gründete sich auf eine Idee, die visionär gewesen sein mag oder auch nicht, aber weil das Bewusstsein nicht weit genug entwickelt war, entstand daraus ein repressives, totalitäres Regime, dessen Perspektive hierarchisch und fundamentalistisch (»Nur auf meine Weise«) war. Der Beweis dafür war das Ausmaß der Gewalt und die Zahl der Menschenleben, die bei der Verbreitung der Doktrin geopfert wurden. Eine dem Gemeinschaftsgedanken verpflichtete Wirtschaft ist eher ein Modell, das als Ergebnis eines fortgeschrittenen Bewusstseins auf Prinzipien basiert, die zu einer natürlichen Lebensweise werden. Die praktische Umsetzung dieses Modells mag noch weit entfernt sein, aber wenn wir erfolgreich sind, werden wir in den nächsten zwanzig oder dreißig Jahren die Beweise dafür sehen, dass es eines Tages die Norm sein könnte. Eine dem Gemeinschaftsgedanken verpflichtete Wirtschaft kann nur von innen nach außen wachsen und wird nicht mit Gewalt durchgesetzt.

7. Vision in der Wirtschaft. Vision wird der Weg werden, auf dem ein Unternehmen vorwärts schreitet. Visionäre werden als das wichtigste Kapital einer Firma gelten, hoch geschätzt wegen ihrer Originalität und Fähigkeit, einen besseren Weg zu finden. Und während unsere Wertschätzung für solche Visionäre wächst, werden sich viele Widerstände und starre Verhaltensmuster in Wirtschaft und Gesellschaft auflösen, sodass in der Folge Veränderungen entstehen können.

8. Schulung wird zu einer wichtigen Grundlage in den Betrieben. Um den Wandel und die Hinwendung zur Partnerschaft herbeizuführen, werden die Unternehmen ihren Mitarbeitern ständig Seminare zur Förderung der Motivation, zur Entwicklung von Problemlösungen, Stärkung des Flow und Verbesserung der Teamarbeit anbieten. Psychologische Berater werden ebenfalls von Nutzen sein und den Angestellten bei privaten und beruflichen Problemen helfen. Das fördert nicht nur die Loyalität und Flexibilität, sondern gibt den Menschen auch mehr Zuversicht, mindert das Konkurrenzverhalten und macht sie generell hilfsbereiter, weil sie selbst Unterstützung empfangen.

9. Freude an der Vielfalt. Mit zunehmender Ausbildung und Schulung werden Differenzen abgebaut, und die Freude der Menschen an ihrer kulturellen, rassischen und religiösen Vielfalt nimmt zu. Daraus entstehen tiefere Freundschaften, das Verständnis füreinander wächst, Vorurteile lösen sich auf, und das Team entwickelt mehr Stärke und Scharfsinn.

10. Wirtschaft auf freundschaftlicher Basis. Freundschaft wird als Schlüsselelement bei der Teamarbeit betrachtet werden, und man wird sich darüber im Klaren sein, dass sie ein wichtiger Motor der Entfaltung ist. Sie sorgt für Flow, eine unbeschwerte Arbeitsatmosphäre, Genialität, Teamwork, Spaß und Abenteuerlust.

11. Wirtschaft und Forschung. Die Wirtschaft wird mehr finanzielle Mittel bereitstellen, um neue Produkte zu entwickeln, welche die Lebensqualität verbessern. Das wird als ein selbstverständlicher Beitrag der Wirtschaft für die Gesellschaft gelten. Sie wird auch Seminare zur Förderung der Kreativität und Beziehungsfähigkeit der Forscher finanzieren, wenn man erst einmal erkannt hat, dass es eine Korrelation zwischen Schulungen und kreativen Visionen gibt.

3. Wirtschaft und der Prozess der Entfaltung

Im letzten Kapitel habe ich dargestellt, wie wichtig es ist, eine neue Einstellung zu übernehmen. Darauf konzentriere ich mich auch in diesem Kapitel. Es geht darum, Probleme und schwierige Situationen als Chancen zu Veränderung und Heilung wahrzunehmen, die sich vollziehen können, wenn uns klar wird, dass wir unseren eigenen Prozess der Entfaltung, frühere Beziehungen, Enttäuschungen und schmerzliche Erfahrungen nicht von unserem alltäglichen Leben abspalten können.

In diesem Kapitel geht es um die Wechselwirkungen zwischen der Wirtschaft und dem Prozess der Entfaltung in unserem kollektiven und individuellen Leben. Dieser Prozess ist ebenso psychologisch wie spirituell. Wie wir im letzten Kapitel im Hinblick auf Beziehungen festgestellt haben, können wir unseren persönlichen – psychologischen – Entfaltungsprozess nicht von unserer Arbeit oder unserem Unternehmen trennen, denn beide spiegeln einander. Unser bewusster Geist ist nur ein sehr kleiner Ausschnitt unseres gesamten Geistes. Die unterbewussten und unbewussten Teile des Geistes zu ignorieren, bedeutet, uns nicht darüber klar zu sein, was uns und unser Unternehmen wirklich daran hindert, erfolgreicher zu sein. Im ersten Abschnitt werden wir uns diese Überlegung genauer ansehen.

Unsere Psychologie wirkt sich auf unser Geschäftsleben aus

Hier geht es nun um die Frage, wie sich unser persönlicher Entfaltungsprozess auf unser Unternehmen und die Arbeitswelt auswirkt. Die Wirtschaft konzentriert sich auf Erfolg und die Mittel, ihn zu erreichen. In dem Versuch, zielbewusst zu bleiben, versucht sie bisweilen, zu leugnen, dass dieser Erfolg auch durch andere Faktoren außerhalb der Ökonomie, des Unternehmens und der hergestellten Produkte bestimmt wird. Mit anderen Worten: Unternehmen versuchen, sich nur mit Fragen zu beschäftigen, die dem bewussten Geist zugänglich sind.

Zugegeben: Wenn man sich mit dieser Ebene nicht angemessen auseinander setzt, braucht man sich die anderen gar nicht vorzunehmen. Aber in unserem Leben und in der Welt geht es um sehr viel mehr, und das meiste davon nehmen wir überhaupt nicht wahr. Die bewusste Ebene ist zwar die Grundvoraussetzung für den Erfolg, aber sie kann zu Einäugigkeit und Verleugnung führen, die uns zwangsläufig in Schwierigkeiten bringen. Wo immer wir uns von uns selbst abgespalten und uns zu Objekten gemacht haben, denken wir vielleicht, dass unsere Verhaltensmuster keine Rolle spielen. Aber um zur vollen Integrität zu kommen, müssen wir uns mit sämtlichen Ebenen auseinander setzen, denn nur so können wir auch vollen Erfolg haben. Erfolg ist nicht nur eine Frage des Handelns. Erfolg ist nicht unabhängig von unserem Geist und seinen Auswirkungen auf unser Leben. Wir wissen, wie stark Motivation und Begeisterung zum Erfolg beitragen können. Wenn wir geistig nicht auf Erfolg eingestellt sind, ist es nur eine Frage der Zeit, bis er sich aus unserem Leben verabschiedet.

Unser bewusster Geist ist nur ein kleiner Ausschnitt unseres gesamten Geistes. Was wir bewusst wahrnehmen, ist nur ein

Bruchteil der Wirklichkeit. Wenn wir versagen oder einfach keinen Erfolg haben, dann stecken psychologische Muster in unserem Geist dahinter. Sie können Ihre bewusste Wahrnehmung des Tao, des geistigen Flow einsetzen, dann sehen Sie, was um Sie herum geschieht, erkennen das Problem und wissen, was Sie dagegen tun müssen. Sie können Ihren bewussten Geist einsetzen und sich dafür entscheiden, sich selbst zu befreien, aber bei schweren Blockaden kommen Sie meist viel schneller ans Ziel, wenn Sie Ihre unbewussten Muster heilen.

Ein sehr effektiver Weg besteht darin, diese Muster an ihrer Wurzel zu heilen, wo die Missverständnisse begonnen haben. Es gibt viele effektive Möglichkeiten zur Heilung und Transformation. Wenn Sie den Willen dazu haben, werden Sie den Weg finden, der richtig für Sie ist.

Ihre Lebensmuster von Erfolg oder Misserfolg durchdringen jeden Bereich Ihres Lebens einschließlich Ihres Selbstwertgefühls, Ihres Selbstvertrauens, Gesundheit, Familie, Beziehungen, Geld und Reichtum. Ihr Lebensmuster hat einen direkten Bezug zu Ihrem Beziehungsmuster. Dieses wiederum hat einen direkten Bezug zu Ihrer Beziehung zu sich selbst und Ihrer Lebensaufgabe, die ihrerseits einen direkten Bezug zu Ihrer Beziehung zu Gott und Ihrer Bestimmung hat.

Unsere emotionale Gesundheit und Kreativität sind wichtige Faktoren für Erfolg oder Misserfolg. Wenn Sie meinen, das wäre bei Ihnen anders, dann denken Sie daran, dass Verleugnung eins der größten Probleme in der heutigen Wirtschaft darstellt. In den meisten Fällen führt sie zu Niederlagen. Die Kraft Ihres Geistes und die Fähigkeit zur Selbsttransformation sind zwei effektive Werkzeuge, die in der Wirtschaft heute nur selten eingesetzt werden. In diesem Jahrhundert wird die Wirtschaft alle verfügbare Hilfe brauchen, um sich auf der Spirale des Erfolgs und der Evolution nach oben zu bewegen.

Ihr Tao ist eine direkte Auswirkung des Wechselspiels von Yin und Yang in Ihrem Leben. Darin drückt sich das Zusammenwirken von weiblichen und männlichen Prinzipien aus. Wenn sie sich im Gleichgewicht befinden, ist der Flow des Tao stark. Je stärker der Flow ist, desto stärker ist die Partnerschaft von Yin und Yang. Wir haben dann Zugang zu höheren Ebenen des Erfolgs. Je stärker Yin und Yang miteinander verbunden sind, desto intensiver können Kreativität und Erfolg wirken. Dies ist der Moment, wo wir zur Vision finden können. In dem Maße, wie Yin und Yang zu einer Einheit werden, können wir unsere Bestimmung verwirklichen und uns für die Gnade, die Führung und das Dasein öffnen. Unsere Wahrnehmung des Tao umfasst dann auch das TAO, und wir werden zu Meistern oder Mystikern.

Transferenz: Die Welt mit neuen Augen sehen

Wir können keinen Bereich unseres Lebens vom psychologischen Prozess unserer Entfaltung trennen. Problematische geschäftliche Situationen spiegeln problematische Beziehungen wider. Diese problematischen Beziehungen sind eine Mischung aus aktuellen Beziehungsschwierigkeiten und unerledigten zwischenmenschlichen Krisen der Vergangenheit. Wenn eine Situation oder Person aus der Gegenwart eine negative Reaktion in uns auslöst, dann bezeichnet man das als »Transferenz« (Übertragung) – wir übertragen frühere Schmerzen und Erfahrungen auf einen Menschen oder eine Situation in der Gegenwart. Das ist natürlich ein Schlüssel zur Heilung. Zusammen mit den Lasten aus der Vergangenheit können diese Probleme durch Partnerschaft und Teamwork auf einer Alltagsebene transformiert werden. Sie können auch durch einen anderen

Menschen in der Gruppe überwunden werden, wenn dieser sich auf so grundlegende Weise verändert, dass die Beziehungskrise und das Problem selbst sich dadurch auflösen. Transferenz bedeutet, dass jedes Problem ein vergangenes Problem ist.

Wenn unser gegenwärtiger Prozess der Entfaltung nicht erfolgreich oder erfreulich ist, dann reflektiert sich darin ein Teil unseres früheren Entfaltungsprozesses, der jetzt bereit für die Heilung ist. Jede Situation, wie schwierig sie auch sein mag, gibt uns die Chance, Verletzungen zu heilen, die wir seit Jahren mit uns herumtragen. Dies ist eine neue Perspektive für unser Leben und unsere Welt. Negative Ereignisse können hilfreich sein, weil sie uns alte Muster bewusst machen können, die immer noch auf ihre Transformation warten. Sie können uns zeigen, dass wir negative Überzeugungen und Programmierungen haben, die zu negativen Wahrnehmungen und Erfahrungen führen. Wenn wir richtig auf die Probleme reagieren, können sie uns motivieren, einen besseren Weg zu finden, nicht nur für uns selbst und die Menschen in unserer Umgebung, sondern auch für die Menschen aus unserer Vergangenheit, mit denen die Probleme begonnen haben.

Wenn Sie also Schwierigkeiten mit einem Arbeitskollegen haben, dann ist das weder Ihr Fehler noch der Ihres Kollegen. Schuldzuweisungen machen eine Situation nur noch schlimmer. Probleme werden nie dadurch gelöst, dass man andere beschuldigt. Wenn Sie die Schwierigkeiten, die der aktuellen Situation zugrunde liegen, nicht in Angriff nehmen und transformieren, dann werden Sie immer wieder in ähnliche Situationen geraten, bis Sie schließlich Ihre Lektion lernen. Wenn Sie zornig reagieren oder anderen die Schuld geben, säen Sie selbst die Saat, aus der solche Situationen für Sie wieder erwachsen werden. Sobald Sie die Verletzung geheilt und Ihre Lektion gelernt haben, werden derartige Situationen in Ihrem Leben nicht mehr auftreten. Oder falls das doch geschieht, dann kennen Sie den Weg zu Ihrer Überwindung und wiederholen einfach die Lektion.

Wenn Sie negativ reagieren, haben Sie einen Machtkampf begonnen oder fortgesetzt. Ein innerer Konflikt hat sich in einen äußeren verwandelt und wird in Form eines Kampfes weiter ausgetragen. Wenn Sie zornig reagieren, dann greifen Sie Ihren Körper an, während Sie aggressive Gedanken aussenden. Im Laufe der Jahre schwächt das Ihre körperliche Gesundheit, und wenn es dann Zeit ist, die Früchte Ihrer Arbeit zu genießen, sind Sie körperlich nicht mehr in der Verfassung dazu. Solche negativen Urteile und Zornesausbrüche schädigen direkt unseren Körper und unsere Gesundheit.

Wenn Sie alles, was auf Sie zukommt, dankbar willkommen heißen, gibt Ihnen das die Gelegenheit zu positiven Reaktionen, welche die Saat für zukünftigen Erfolg darstellen. Sie betrachten dann alles, was geschieht, aus der Perspektive der Heilung, transformieren die darunter liegenden Verletzungen und befreien sich selbst, bevor der Schmerz noch schlimmer wird und auf noch drastischere Weise Ihre Aufmerksamkeit verlangt. Wenn Sie aggressiv reagieren – und sei es auch nur in Gedanken –, dann engen Sie Ihr Tao ein. Ich habe die Erfahrung gemacht, dass negative Urteile die Entfaltung des Tao buchstäblich blockieren können, was bisweilen damit endet, dass Sie im Krankenhaus landen oder ein gravierendes Problem in Ihrem Unternehmen auftritt.

Synchronizität und Gruppenprozesse

Synchronizität drückt aus, dass alles mit allem zusammenhängt. Das lässt sich am einfachsten beschreiben, wenn ich erkläre, wie ich diese Erfahrung zum ersten Mal gemacht habe. Es war 1975, und ich hatte den Entfaltungsprozess in Gruppen und Einzelsitzungen seit etwa einem Jahr beobachtet. Ich arbeitete gerade mit einer Gruppe, in der ein neues Mitglied alles daransetzte, die Aufmerksamkeit der älteren Mitglieder zu erlangen. Der Neue wurde vollständig ignoriert. Bei einem Blick aus dem Fenster des Gruppenraums im zweiten Stock bemerkte ich draußen im Baum ein Nest mit kleinen Vögeln. Eins der Vogelbabys angelte nach einem Wurm in Mutters Schnabel, aber die Mutter drehte jedes Mal ihren Kopf zur Seite. Ich schaute wieder ins Zimmer und stellte fest, dass in der Gruppe dasselbe geschah. Es war derselbe Vorgang. Ich war von dieser Synchronizität fasziniert.

Nachdem die Gruppensitzung beendet war, dachte ich auf dem Weg zum Auto über meine Beobachtung nach und fuhr zum Strand hinunter, der etwa zwanzig Minuten entfernt war. Ich parkte meinen Wagen in der Bucht von La Jolla, um aufs Meer hinauszuschauen. Es war ein typischer bedeckter Tag im Mai. Über dem Meer und meilenweit landeinwärts türmten sich schwere Wolken am Himmel. Tief in Gedanken versunken, kam ich zu dem Schluss, dass alles mit allem verbunden war und der Mikrokosmos den Makrokosmos spiegelt. In genau diesem Augenblick brach die Sonne durch die Wolken, die nun vollständig verschwanden und einem wunderschönen blauen Himmel Platz machten. Einmal mehr sah ich, wie alles synchron ineinander greift. Alles ist in allem enthalten, und wir müssen nur unsere Augen öffnen, um es zu sehen. Das TAO ist ein Prozess, der sich auf allen Ebenen gleichzeitig entfaltet.

Wie lässt sich diese Erkenntnis nun auf die Wirtschaft übertragen? Welchen Nutzen hat die Wahrnehmung der Synchronizität und des TAO? Ich habe sehr erfolgreiche Geschäftsleute erlebt, die demonstrieren konnten, wie wertvoll das Wissen um diese Zusammenhänge ist. Wenn sie über ein instinktives Verständnis für den TAO-Index verfügen, können sie Trends beobachten, sehen, wie sich die Dinge entwickeln, und entsprechend handeln. Das ist ein unschätzbarer Vorteil, vor allem wenn sich die Trends und Muster so schnell verändern wie in der heutigen Zeit. Auf der Führungsebene erhöht das den Flow. Abgesehen davon gelangen wir so zu Vision und Meisterschaft, wo wir die Macht und Gnade erleben, selbst einen transzendenten Effekt auf das TAO zu haben. Auf der Ebene der Meisterschaft werden wir selbst zum Kanal für das TAO.

Ihr Wunsch, dieses Potenzial zu entwickeln, ist der Schlüssel zum Gelingen. Dann können Sie lernen, die Zeichen und Signale zu lesen und nicht nur die Bedeutung dieser Zeichen immer tiefer zu verstehen, sondern auch die Entwicklungen, auf die sie hinweisen. Im *I Ging* heißt es, dass ein kluges Pferd im Windschatten läuft. Wenn wir sehen können, wie sich die Dinge entfalten, erkennen wir auch, wohin sie uns führen.

Was bedeutet es Ihrer Meinung nach, dass im Jahr 2001 das größte Symbol der Wirtschaft, das World Trade Center, von Terroristen dem Erdboden gleichgemacht wurde? Inwiefern spiegeln die Zwillingstürme und die Terroristen nicht nur unseren persönlichen, sondern auch den kollektiven Geist – das kollektive Bewusstsein? Die Welt spiegelt uns unseren eigenen Geist zurück. Unsere Blockaden und blinden Flecken werden uns von den Menschen und Ereignissen in unserer Umgebung gezeigt. Nach diesem Prinzip konnte ich immer mehr Menschen dabei helfen, das zu verändern, was um sie herum vorgeht.*

Wir haben nun also festgestellt, dass der Tao-Index die Art und Weise ausdrückt, wie sich Ihr Unternehmen entfaltet: seinen gegenwärtigen und zukünftigen Flow. Weiterhin haben wir uns angesehen, wie Ihr Tao-Index von Ihrem persönlichen Tao be-

* Dies ist das Thema meines Buches *50 Wege, deinen Geist und die Welt zu verändern*, Petersberg 2002.

stimmt wird, davon abhängig ist, wie der Flow durch Ihr Leben strömt und wie Sie durch die Beobachtung dieses Flow erkennen, ob Ihr Unternehmen in Schwierigkeiten steckt oder dabei ist, in Schwierigkeiten zu geraten. Wenn Sie bewusst wahrnehmen, wie sich die Dinge entfalten, können Sie in der Regel etwas tun, um in den Prozess einzugreifen und die Situation zu verbessern. Ein Problem bewusst wahrzunehmen und zu verstehen, was gerade vor sich geht, ist ein wichtiger Schritt auf dem Weg zur Transformation. Wir alle sind Teil des Flow. Es gibt viele Dinge, die Sie tun können, um in Ihrem Privatleben oder bei Ihrer Arbeit Flow zu erzeugen oder ihn zu verstärken.

Mein Verständnis des persönlichen Tao und seiner Verbindung zum großen TAO begann, als ich vor 31 Jahren eine Supervision von zwei Psychiatern am Naval Drug Rehab Center erhielt. Von ihnen lernte ich den Unterschied zwischen Prozess und Inhalt. Der Inhalt ist das Problem, über das jemand klagt. Der Prozess ist die Art und Weise, wie jemand sich zu sich selbst und anderen in Beziehung setzt. Hier geht es im Wesentlichen um die Entfaltung des Problems, wie sie sich in den persönlichen Beziehungen eines Menschen widerspiegelt. Der Prozess macht 85 Prozent jedes Falls aus. Er ist sehr viel wichtiger als das Problem selbst. Sobald wir das Tao und den Tao-Index bewusst wahrnehmen, erkennen wir zunehmend die wechselseitige Verbundenheit aller Dinge. Als Leonardo da Vinci sie erkannt hatte, wurde sie zu einem seiner Schlüsselprinzipien. Die bewusste Wahrnehmung des Tao und des Tao-Index kann in vieler Hinsicht eine große Hilfe sein:

- Wenn man ein Problem wahrnimmt, kann man eingreifen, um die Dinge zu verändern.

- Wenn man den Flow wahrnimmt, kann man lernen, ihn zu verstärken.

- Je deutlicher man den Flow wahrnimmt, desto sicherer ist man vor bösen Überraschungen.

- Mit unserer Wahrnehmungsfähigkeit wachsen unsere Kraft, unsere Lebensfreude und unser gesamter Wohlstand.

Mein erster Chef im Rehab Center war früher Kapitän eines U-Boots gewesen. Er sagte mir, er habe die Unterwasserströmungen erkennen können, indem er einfach das Treibgut und das Strandgut beobachtete. Besonders erfolgreiche Geschäftsleute haben diese Fähigkeit ebenfalls. Sie betrachten die Signale und Zeichen, die im TAO-Index und in ihrem eigenen Leben sichtbar werden, und interpretieren davon ausgehend nicht nur die aktuellen, sondern auch die zukünftigen Ereignisse. Auf diese Weise erhöhen sie ihren eigenen Tao-Index.

Als ich 1975 als Lehrer und Seminarleiter an der Naval Drug Counseling School tätig war, hatte ich einen Marine-Sergeant als studentische Hilfskraft. Er war gut zwei Meter groß und damit größer, als Marines eigentlich sein durften. Er trug im Karate den schwarzen Gürtel. Er war dreimal als Freiwilliger in Vietnam gewesen. Als Sergeant und wegen seiner großen Erfahrung war er der wertvollste Mann in seiner Einheit. Trotzdem ließ er nie einen anderen an der Spitze marschieren, obwohl dies die gefährlichste Position war, in der Soldaten besonders häufig ums Leben kamen. Er sagte mir, seine Wahrnehmungsfähigkeit sei so stark ausgeprägt, dass er Minenfelder, Fallen und Hinterhalte rechtzeitig spüren konnte.

Er erzählte mir Geschichten über seinen Karatelehrer und Meister in Okinawa. Wann immer er dort hinkam, versuchte er, sich an seinen Meister heranzuschleichen. Er kam zu den unterschiedlichsten Tages- und Nachtzeiten in den Dojo, schlich sich heimlich durch Fenster und Türen, ließ sich von der Decke herab oder kroch über den Boden. Aber sobald er einen Fuß in den

Dojo setzte, begrüßte ihn sein Meister, der stets am selben Platz saß.

Sein Lehrer sagte ihm, eine Aufgabe habe er noch zu meistern: Wenn du kämpfst, nimmst du wahr, was mit dir und deinem Gegner geschieht, aber du nimmst noch nicht wahr, welche Auswirkungen das auf die Welt hat.

Stellen Sie sich vor, wie erfolgreich Sie wären, wenn Sie wahrnehmen könnten, wie sich Ihre geschäftlichen Aktivitäten auf die Welt auswirken!

Jedes Problem und Lebensthema, ganz gleich, welchem Bereich es entstammt, spiegelt sich also in unserem Tao. Das Tao ist unser psychologisch-spiritueller Entfaltungsprozess, der darüber entscheidet, mit welchen Lebensthemen wir uns auseinander setzen müssen. Diesen Prozess – unser Tao – können wir nicht von unserer Familie, unseren Beziehungen, von Gesundheit, Geld, Erfolg oder unseren geschäftlichen Aktivitäten abkoppeln. In unserem Geist ist alles miteinander verbunden, und die darunter liegenden Lebensthemen und Konflikte manifestieren sich als Symptome in verschiedenen Bereichen, wobei jedoch alle Muster ihren Ursprung in einem Fehler der Vergangenheit haben.

Denken Sie daran, Ihrem kreativen Geist zu vertrauen. Bei allen Entfaltungsprozessen ist unsere ursprünglichste Beziehung spiritueller Natur. Machen Sie sich keine Sorgen, wenn Sie nicht religiös sind oder nicht an Gott glauben. Es reicht, wenn Sie diesen Ideen gegenüber einfach aufgeschlossen bleiben. An dieser Stelle sind unser Wille und Gottes Wille identisch, aber unser Ego hat seine eigene Tagesordnung und seinen eigenen Willen. Zum Erfolg gehört, dass wir lernen, mehr auf unser kreatives Selbst als auf unser Ego zu hören, das als falscher Teil unseres Geistes alles für sich selbst haben will. In der Geschäftswelt ist das nicht anders. Wir können kreativ sein oder weiter an unserem Ego bauen. Das Ego benutzt den Erfolg lediglich zum Beweis, dass es besser ist als alle anderen. Unser kreatives Selbst nutzt den Erfolg, um uns und die Menschen in unserer Umgebung zu stärken, wodurch letztlich alle mehr Erfolg haben. Jedes Mal, wenn wir erfolglos sind, ist das ein Erfolg für unser Ego. Durch unsere Misserfolge und Rückschläge stärkt es sich auf unsere Kosten. Wir sind wie ein Haus, dessen Bewohner gegeneinander Krieg führen: das Ego auf der einen Seite und unser kreativer Geist auf der anderen. Das Endergebnis einer jeden Situation sagt Ihnen, auf welche Seite Sie gehört haben.

Wenn wir uns für unseren kreativen Geist statt für unser Ego entscheiden, unser persönliches Tao und das große TAO erfolgreich lesen und alle Probleme und Lebensthemen als Gelegenheiten zur Heilung und Transformation betrachten, können wir mehr Erfolg und Unbeschwertheit in unser Arbeitsleben bringen. Unser Verständnis für den Prozess der Entfaltung und das TAO erlaubt uns zudem, den Ereignissen immer einen Schritt voraus zu sein – ihnen zuvorzukommen und uns im Windschatten zu bewegen. Das zu können, ist für jedes Unternehmen ungeheuer wertvoll.

4. Die Psychologie der Vision und die Wirtschaft

Während der letzten 35 Jahre hat das Transformationsmodell der Psychologie der Vision Tausenden von Menschen in aller Welt über Probleme und Blockaden in allen Bereichen ihres Lebens hinweggeholfen. Deshalb freue ich mich sehr, seine Prinzipien und Methoden jetzt in die Welt der Wirtschaft einzuführen.

In den ersten drei Kapiteln dieses Buches ging es darum, den Kontext für die Themen und Herausforderungen darzustellen, mit denen sich die Wirtschaft heute auseinander setzen muss. In den folgenden Kapiteln werden wir uns darauf konzentrieren, die Prinzipien und Methoden der Psychologie der Vision auf Probleme und Blockaden anzuwenden. Das ist meines Erachtens der schnellste und effektivste Weg, die notwendigen Veränderungen und Fortschritte herbeizuführen, von denen im ersten Teil des Buches die Rede war.

Das wichtigste Prinzip besteht zunächst darin, festzustellen, in welchem Stadium Sie sich gegenwärtig befinden. Es ist durchaus möglich, dass Sie sich persönlich in einem anderen Stadium befinden als Ihr Unternehmen oder Ihre Beziehung. In diesem Kapitel mache ich Sie mit dem *Triangle*- oder Dreiecksmodell der Psychologie der Vision vertraut, mit dessen Hilfe Sie

Ihren jeweiligen Standort in allen Bereichen des Lebens feststellen können. Diese evolutionäre Landkarte von der Entfaltung unseres Bewusstseins ist das Ergebnis von Jahrzehnten der Forschung und der Suche nach einem Weg durch die Fallen, denen wir uns alle immer wieder gegenübersehen. Die gute Nachricht lautet: Wenn Sie erst einmal wissen, wo Sie im Hinblick auf Ihre Evolution bzw. Entwicklung stehen, können Sie durch dieses Stadium hindurch zu höheren und erfolgreicheren aufsteigen.

Ein Gebiet dieser evolutionären Landkarte, auf das ich mich besonders konzentrieren werde, ist die »tote Zone«, denn in diesem Stadium stecken die meisten von uns gegenwärtig fest. Es ist charakterisiert durch ein bestimmtes Maß an Erfolg, mit dem jedoch Burn-out, Konkurrenzdenken, Gefühle des Versagens und die Unfähigkeit, den Erfolg als solchen zu spüren, einhergehen. Bisweilen kommen auch ein starker Hang zur Selbstbestrafung und eine gewisse Todessehnsucht hinzu. Ich konnte im Laufe der Jahre vielen Menschen dabei helfen, dieses Stadium zu überwinden. Hier werde ich erklären, wie man dabei am besten vorgeht.

Jenseits der toten Zone erwarten uns großartige Erfahrungen. Wenn wir den Durchbruch schaffen, bewegen wir uns hin auf echte Führerschaft, Zustände der Vision und das Meistern des TAO. In Kapitel 5 gehe ich genauer darauf ein, wie wir zur Vision gelangen und auf welche Weise die Wirtschaft eine Schlüsselrolle dabei spielen wird, die gesamte Welt voranzubringen.

Konzept und Prinzipien der Psychologie der Vision

Das Modell umfasst drei grundlegende Konzepte: Beziehungen, die Entwicklung von Führungsqualitäten und die nichtkonfessionelle Spiritualität.

Beziehungen gelten als gewaltige Chancen zur Transformation – sowohl für uns selbst als auch für die Welt. Sie können der schnellste Weg zum Wachstum sein, und das Modell zeigt uns, wie wir die Fallen umgehen und die Klippen überwinden können, die uns im zwischenmenschlichen Bereich immer wieder begegnen, sodass wir maximale Lernerfolge und höchstes Wachstum erzielen. In der Wirtschaft haben Beziehungen nachhaltigen Einfluss auf ein Unternehmen. Beziehungen innerhalb der Firma – zwischen verschiedenen Abteilungen, zwischen Management und Belegschaft, zu Kunden und Lieferanten und schließlich zu unseren Partnern – haben erhebliche Auswirkungen auf die Qualität unseres Arbeitslebens und den Erfolg unseres Unternehmens. Wenn wir das Modell der Psychologie der Vision auf diese Beziehungen anwenden können, lassen sie sich transformieren und werden zur Grundlage für Lernprozesse.

In der Wirtschaft spielen visionäre *Führungsqualitäten* eine entscheidende Rolle, besonders angesichts der vielen Herausforderungen und Möglichkeiten, die dieses Jahrhundert mit sich bringt. Davon war schon in früheren Kapiteln die Rede. Wer über gute Führungsqualitäten verfügt, kann Menschen zusammenbringen, inspirieren, motivieren, lenken und Veränderungen herbeiführen. Das Modell der Psychologie der Vision kann uns helfen, die Fallen zu umgehen, in denen wir uns sonst leicht verfangen, und ein Stadium zu erreichen, in dem wir beruflich und privat eine Führungsposition übernehmen, die uns und andere vorwärts bringt.

In der Wirtschaft reflektiert *Spiritualität* Aspekte der Evolution, des Friedens, der Liebe, des Glücks, der Hilfsbereitschaft, Kreativität und Fülle. Spiritualität ist ein evolutionärer Weg, auf dem wir uns selbst als geistige Wesen erkennen. Spirituelle Essenz ist der Pfad zum Erfolg und die einzige Möglichkeit, Erfolg wirklich zu messen. Indem wir diesen Aspekt in das Leben der Menschen einbeziehen und fördern, finden wir zum wahren Glück und erreichen Ebenen des Erfolgs, die weit über finanzielle und materielle Gewinne hinausgehen.

Einführung in die Prinzipien. Die folgenden zehn Geschäftsprinzipien vermitteln einen guten Überblick darüber, was es bedeutet, das Modell der Psychologie der Vision auf die Wirtschaft anzuwenden.

1. Es muss einen besseren Weg geben. Wenn wir diese Einstellung übernehmen (siehe Kapitel 2), werden wir offen für Visionen, Entscheidungsfreude, Veränderung, Kreativität und Scharfsinn. Egal, wie gut eine Situation ist, sie kann stets noch besser werden. Wir können mehr Freude, Kreativität und Fülle erlangen. Wenn andererseits etwas nicht funktioniert, wird uns das Wissen, dass es einen besseren Weg gibt – eine effektivere Lösung –, motivieren, über kreativere Möglichkeiten nachzudenken. Die bloße Erkenntnis, dass es einen besseren Weg geben muss, gestattet unserem kreativen Geist, auf Veränderungen zum Besseren hinzuarbeiten.

2. Jeder kann gewinnen. Wenn wir uns nicht dafür einsetzen, dass jeder gewinnt, wird es zu Kämpfen, Groll, Entmutigung, Sabotage und Konkurrenzverhalten kommen. Gegenseitigkeit ist einer der Schlüssel zum Erfolg. Sie ist der eigentliche Kern dessen, was die Wirtschaft sein sollte. Sich von einem Standpunkt der Unabhängigkeit und des Wettbewerbs fortzubewegen, hin zu einer integrativen und kooperativen Form des Geschäftslebens, ist der einzige Weg, der vorwärts führt.

3. Wirtschaft als Beziehungsgeflecht. Die Wirtschaft setzt sich aus den verschiedensten Beziehungen zusammen. Wenn sie gut funktionieren, gibt es wenige Hindernisse, eine höhere Produktivität und mehr Unbeschwertheit. Das Ausmaß der Verbundenheit bestimmt darüber, inwieweit wir bei unseren geschäftlichen Aktivitäten Erfolg haben und Freundschaft finden. Die günstigen Gelegenheiten für Veränderung und Transformation zu erkennen, die uns Beziehungsthemen und Beziehungsprobleme bieten, ist für jedes Unternehmen ungeheuer wichtig. Es kommt darauf an, dass wir an problematischen Beziehungen arbeiten und die Lektionen lernen, die uns dabei angeboten werden.

4. Die Wirtschaft ist evolutionär. Die Wirtschaft muss sich verändern dürfen, wenn sie Fortschritte machen soll. Die Wirtschaft soll zum Motor des Wandels in der Welt werden. Indem sie anderen hilft, transformiert sie sich selbst. Die Wirtschaft kann uns auf dem Weg in eine neue globale Gesellschaft anführen – ein Weg, der auf Partnerschaft, Frieden und Wohlstand basiert. Was in diesem Sinne gut für die Wirtschaft ist, das ist auch gut für die Welt.

5. Kommunikation ist das Mittel zur Evolution. Wenn wir uns verändern und Fortschritte machen wollen, dann müssen wir damit beginnen, effektiver zu kommunizieren. Sich anderen mitzuteilen, überbrückt Differenzen, und dabei lösen sich Grenzen auf. Wir werden fähig, das Beste in den Menschen unserer Umgebung zu sehen, was neue Ebenen der Partnerschaft entstehen lässt. Kommunikation vereint die Menschen zu Teams, in denen man zusammenhält und füreinander Verständnis hat. Das erzeugt Verbundenheit und Flow, die Trennendes überbrücken und Erfolgsblockaden überwinden.

6. Teamwork und Kooperation sind die Schlüssel. Teamwork und Kooperation fördern das Bewusstsein der Gemeinsamkeit, wo der Beitrag eines jeden Gruppenmitglieds Erfolg und Flow erzeugt. Eine Ethik der Kooperation und Hilfsbereitschaft macht aus Gruppenmitgliedern Freunde. Nicht Wettbewerb und Trennung, sondern Freundschaft und Verbundenheit erfrischen und verjüngen uns und sorgen dafür, dass wir gern und mit Vergnügen arbeiten.

7. Der Daseinszweck der Wirtschaft und der individuelle Lebenssinn sind eins. Wenn wir unseren Lebenssinn verwirklichen, hat das Auswirkungen auf alle Bereiche unseres Daseins. Dadurch lösen sich begrenzende Muster auf. Wir bekommen mehr Energie, werden kreativer und intuitiver und überwinden Grenzen. Die Wirtschaft hat ihren eigenen Daseinszweck: Erfolg und Überfluss zu bringen. Wenn sie diese Aufgabe nicht erfüllt, besteht ihr Daseinszweck darin, sich zu verändern. Abgesehen davon hat jedes einzelne Unternehmen entsprechend seiner eigenen Bestimmung einen Beitrag für die Welt zu leisten. In dem Ausmaß, wie ein Unternehmen seine Mission erfüllt, wird es auch erfolgreich sein, und die Mitarbeiter werden Sinn und Erfüllung finden. Unser persönlicher Lebenssinn – Glück, Selbstheilung, wenn wir nicht glücklich sind, Hilfe für die Welt und unser eigener einzigartiger Beitrag zum Leben – ist eng mit unserer Arbeit verbunden. Wenn ein Unternehmen oder ein Mensch seinen Daseinszweck und Lebenssinn verwirklicht, dann wachsen Motivation, Erfüllung und Erfolg exponentiell.

8. Die Wahrheit lässt uns den Sinn klar erkennen. Die Wahrheit erzeugt Unbeschwertheit und Freiheit. Die Wahrheit lässt uns Grenzen und Urteile überwinden. Die Wahrheit und sämtliche Antworten liegen in uns. Wenn wir die Wahrheit lieben, finden wir die Lösungen für unsere Konflikte und Probleme. Die Wahrheit hebt unsere Abwehr und Isolation auf, zeigt uns den Weg nach vorn und belohnt uns für unseren Beitrag.

9. Integrität. Das Ausmaß unserer Integrität ist das Ausmaß, in dem wir Selbstvertrauen empfinden und uns erlauben zu empfangen. Integrität bedeutet nicht nur Ehrlichkeit und eine ethische Haltung, sondern sie ist stets auf dem Weg zu mehr Ganzheitlichkeit. Je mehr Integrität Personen oder Unternehmen haben, desto stärker sind sie. Der höchste Zustand der Integrität ist der, wo Mittel und Ziel identisch sind. Unsere Integrität verleiht uns Energie. Sie steigert unser Vertrauen in unseren Flow und unterstützt die Menschen in unserem Umfeld, sodass sie ihr Bestes geben. Unsere Integrität stärkt die natürliche Kraft unseres Geistes. Sie inspiriert unsere eigene Loyalität ebenso wie die Treue anderer. Integrität heilt alle Konflikte. Sie ist ein natürlicher Teil jedes Heilungsprozesses.

10. Wirtschaft ist Dienstleistung. Die Wirtschaft versorgt uns mit Dienstleistungen. Das Ausmaß unserer Dienstleistungen entspricht dem Ausmaß, in dem wir uns im Flow befinden. Im Dienst zu sein, macht es uns leicht, Hindernisse zu überwinden. In einem Unternehmen gehen aus einer Einstellung der gegenseitigen Dienstleistung großartige Teams hervor. Wenn das Unternehmen insgesamt gegenüber seinen Kunden eine Dienstleistungsmentalität entwickelt, dann wird es attraktiv, und alle Mitarbeiter profitieren davon. Guter Service ist die beste langfristige Marketingstrategie, die es gibt.

Unsere größte Blockade im Hinblick auf Veränderungen: das Ego. Diese zehn Prinzipien geben Ihnen eine gute Vorstellung davon, wie die Methoden und Praktiken der Psychologie der Vision sich mit unternehmerischen Prinzipien verknüpfen lassen. Bevor wir uns im zweiten Abschnitt eingehender mit den Ebenen der Evolution und des Wachstums beschäftigen, will ich Ihnen noch einmal erklären, was ich mit dem Ego meine. Wir alle haben eins, und bevor wir uns genauer mit den Methoden der Psychologie der Vision beschäftigen, ist es unerlässlich, zu definieren, was es mit diesem Teil unseres Geistes auf sich hat.

Das Ego ist der Teil unseres Geistes, den wir in der Kindheit erschaffen, um uns zu schützen und für unsere Sicherheit zu sorgen. Wir haben ein Ego aufgebaut, als wir beschlossen, uns von unseren Eltern und den Menschen in unserer Umgebung abzusondern, um unser Leben selbst zu kontrollieren. Das Ego ist das Gegenteil unseres höheren – oder kreativen – Geistes, der in anderen und in uns selbst nur Unschuld sieht. Unser Ego steckt voller Befangenheit und autoaggressiver Gedanken. Es hindert uns daran, wir selbst zu sein.

Wir müssen unbedingt zur Kenntnis nehmen, dass dieser Teil unseres Geistes existiert, damit wir beginnen können, ihn allmählich abzubauen, indem wir uns der höheren und ausgewogeneren Wahlmöglichkeiten bewusst werden, die unserem höheren Geist offen stehen. Um in dieser Welt existieren zu können, brauchten wir zunächst ein Ego, aber jetzt haben wir die Möglichkeit, seine Auswirkungen auf unser Dasein zu erkennen und es zu überwinden.

Dieser als »Ego« bezeichnete Teil unseres Geistes ist erfüllt von negativen Selbstbildern oder »Schatten«, die wir unwissentlich im Laufe der Jahre aufgebaut haben. Oft sind sie tief in unserem Inneren vergraben, und wenn wir uns ihrer bewusst werden, erkennen wir in ihnen die Wurzeln vieler unglücklicher

Geschichten in unserer Biographie. Vom Ego zu wissen und wahrzunehmen, wie es uns im Griff hat, bedeutet den ersten Schritt hin zu einer engeren Verbindung mit unserem höheren Geist und unserem Tao. Wenn wir diesen Schritt vollziehen, können wir unsere Selbstbilder verändern und alle unsere Geschichten in glückliche verwandeln. Unsere Persönlichkeit, zu der positive und negative Selbstbilder gehören, ist eine Mauer, die uns von anderen Menschen trennt und daran hindert, Fortschritte zu machen.

Das Ego wird Widerstand leisten, wenn sich unsere Einstellung zu ihm wandelt. Es will nicht, dass wir Fortschritte machen und erfolgreich sind, denn wenn wir wachsen, verliert es mehr und mehr von seiner Macht über uns, schmilzt dahin und überlässt uns mehr von unserem eigentlichen Selbst und unserem Tao. Wo unser Ego nicht im Weg steht, fließt unser Tao. Wenn der Flow zunimmt, finden wir zur Inspiration, die uns für das Tao öffnet. Während Sie diese Kapitel lesen, sollten Sie sich bewusst machen, dass Ihr Ego sich dagegen wehren wird, wenn Sie es zurücklassen und Ihren Geist für neue Wege öffnen wollen.

Stadien des Wachstums und der Entwicklung

Meine Perspektive. Erst heute weiß ich die zehn Jahre, die ich an der Universität verbracht habe, allmählich wirklich zu schätzen. Vor allem haben mir meine Studienfächer eine Perspektive und die Grundlagen vermittelt, die mich befähigen, in diesen Bereichen klar zu denken. Ich habe mein Studium als Bachelor in Philosophie und Psychologie sowie anschließend als Master in Soziologie abgeschlossen. Die Soziologie war ein innovatives, interdisziplinäres, empirisches Fach, das die Gesellschaft aus einer ökologischen und ganzheitlichen Perspektive untersuchte.

Nach dem Examen arbeitete ich in der beratenden Psychologie und habe dort auch promoviert. Meine formale Ausbildung beendete ich vor fast dreißig Jahren, aber erst jetzt beginne ich in vollem Umfang zu erkennen, wie sich diese Disziplinen für mich effektiv zu einer Gesamtheit verbunden haben.

Vor allem hat mir das Studium der Philosophie, Psychologie und Soziologie eine bestimmte Weltsicht und ein Verständnis für die Zusammenhänge vermittelt. Aus dieser Perspektive und in diesem Geist schreibe ich hier den Abschnitt über die Evolution. Ich bin viel gereist und hatte Gelegenheit, mit Menschen aus den verschiedensten Kulturen an den tiefer liegenden Mustern des Geistes zu arbeiten, um so meinen ursprünglichen Forschungsansatz zu erweitern. Dadurch ist es mir heute möglich, zu sehen, wie das Tao des Geistes sich im Sinne des sozialen Wandels und der Evolution ausgedrückt hat. Zu den ersten Dingen, die mir aufgefallen sind, gehört die Tatsache, dass die evolutionäre Entwicklung auf der individuellen und gesellschaftlichen Ebene parallel verläuft. Die Stadien, durch die jeder einzelne Mensch hindurchgeht, gleichen den Stadien des Wachstums, die wir als Paare, Gruppen, Unternehmen, Nationen und gesamte Welt absolvieren.

Der Bezug zu psychologischer Unternehmensberatung und Transformation. Zu verstehen, wie wir uns als Individuen entwickeln, kann von größter Bedeutung für die psychologische Beratung sowie persönliches und professionelles Wachstum sein. Es spart eine Menge Zeit, wenn wir uns darüber klar sind, in welchem Stadium sich eine Person befindet und mit welchen Themen sie sich gerade vorzugsweise auseinander setzt. Wer sich als psychologischer Berater die Dreieckskarte mit den verschiedenen Stadien ansieht, wird erkennen, dass der Klient seinen Weg schneller bewältigen kann, wenn wir wissen, in welchem Stadium er sich gerade befindet. Hat man sich erst einmal an die Sprache gewöhnt, die Menschen im jeweiligen Stadium benutzen, dann ist es einfach, ihren Standort zu bestimmen. Im Stadium der Erwartungen sagen wir beispielsweise oft: »Ich muss …« Und: »Ich sollte …«

Unser Prozess der Entfaltung führt uns zwar durch mehrere Stadien, aber in der Regel arbeiten wir zu einer bestimmten Zeit nur an den Problemen eines einzigen Stadiums. Dieses Entwicklungsmodell zu verstehen, kann sehr wertvoll sein, wenn unsere Beziehung oder unser Unternehmen in einer problematischen Phase steckt, denn es gibt immer ein bestimmtes Gegenmittel, das im jeweiligen Stadium besonders hilfreich ist.

Den Kern des ersten der vier Stadien dieses Modells habe ich während meiner Arbeit bei der Navy kennen gelernt. Das Navy Rehab Center hat dieses Modell 1976 von der California Youth Authority übernommen. Wir haben die jungen Männer nach den Stadien ihrer Bewusstseinsentfaltung in Gruppen eingeteilt. Die Ähnlichkeit der Themen, mit denen sie sich auseinander setzten, hat ihnen geholfen, sich nicht nur auf ihr Problem zu konzentrieren, sondern auch auf den Prozess der Entfaltung, mit dem sie es in einem bestimmten Stadium zu tun hatten. Diese Methode erleichterte die Therapie enorm. Von der Basis ausgehend, habe ich dann jedes der vier Stadien genauer untersucht und erforscht, was sich jenseits der vier grundlegenden Zustände abspielt.

Im Laufe der Jahre hat sich dieses Verständnis für mich als überaus wertvoll erwiesen; es war mir eine große Hilfe bei der Erforschung und Kartierung der unterbewussten und unbewussten Bereiche des Geistes. Wenn ich jetzt jemandem zuhöre, der über seine Probleme spricht, kann ich nach weniger als zehn Minuten sagen, aus welchem Stadium die betreffenden Themen stammen.

Wenn wir also wissen, in welchem Stadium wir selbst stecken, in welchem Stadium sich unser Unternehmen oder unsere Beziehung befindet, dann können wir einen Weg finden, der uns hinausführt. Der folgende Abschnitt führt Sie durch die verschiedenen Stadien des Dreiecksmodells, die wesentlich für eine Landkarte des sich entfaltenden Bewusstseins sind.

Das Dreieck der Evolution

Dieses Modell der Evolution wird gewöhnlich wegen seiner Form als Dreieck bezeichnet. In Wirklichkeit handelt es sich dabei aber um eine Aufwärtsspirale.

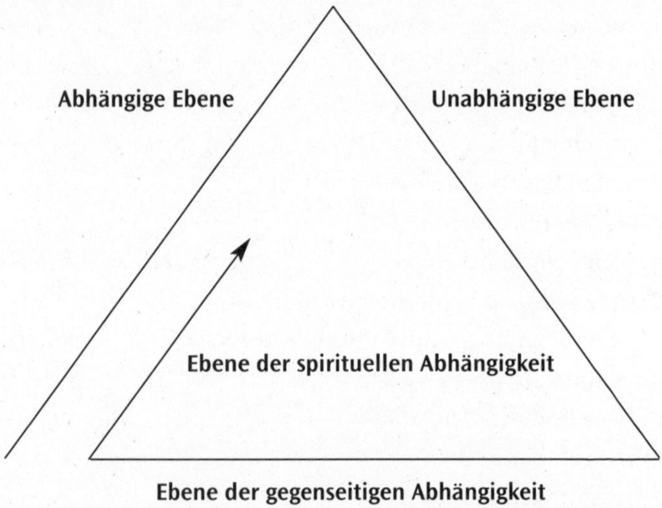

Die Bedeutsamkeit des Dreiecks. Das Dreieck ist eine evolutionäre Landkarte. Es kartiert die Stadien des Wachstums, die wir auf unserem Weg zum Erfolg durchlaufen. Dies ist der Pfad, den unser Tao im Allgemeinen einschlägt. Wenn wir diese

Schritte bewusst wahrnehmen, wird uns klar, was in unserem Unternehmen, unserem Leben und unseren Beziehungen geschieht – und warum es geschieht. Wenn wir das Stadium, in dem wir uns befinden, auf der Landkarte sehen, dann wissen wir, dass schon andere Menschen vor uns dort waren, und wir vertrauen darauf, dass wir es schaffen können, höhere Stadien zu erreichen.

Typischerweise befindet sich eine Person simultan in drei verschiedenen evolutionären Dreiecksstadien; manchmal sind es sogar vier, wenn jemand gerade dabei ist, das unterste Stadium zu verlassen. In unserem individuellen Wachstum sind wir meist dem Wachstum unseres Unternehmens oder unserer Beziehungen voraus. Während wir Fortschritte machen, kehren wir zu den grundlegenderen Stadien zurück, um Themen zu transformieren, die wir bisher noch nicht vollständig abgeschlossen hatten. Während des Prozesses der Heilung und Transformation wachsen wir über bestimmte Themen hinaus, bis wir schließlich zum nächsten Stadium fortschreiten können. Damit haben wir eine neue Ebene des Erfolgs erreicht, und nun beginnen wir damit, die Lektionen dieses Stadiums zu lernen. Wenn wir dabei einen Coach haben, der die Wege zur Veränderung wirklich kennt, dann kann er uns sehr dabei helfen, ein Problem zu überwinden und bestimmte Zusammenhänge zu verstehen. In diesem Abschnitt mache ich Sie mit den auf jeder Ebene und in jedem Stadium am weitesten verbreiteten Fallen vertraut, damit Sie Ihren eigenen Weg zur Transformation möglichst ungehindert fortsetzen können.

Die Ebenen. Wie Sie aus dem Diagramm ersehen, gibt es vier Hauptbereiche: die abhängige Ebene, die unabhängige Ebene, die Ebene der gegenseitigen Abhängigkeit und die Ebene der spirituellen Abhängigkeit. In diesem Abschnitt konzentrieren wir uns vor allem auf die verschiedenen Aspekte und Schritte der ersten drei Ebenen. Diese Einführung beschreibt Ihre persönliche Reise durch das Dreieck. Außerdem wird jedes Stadium im Hinblick auf seinen Bezug zur Wirtschaft genauer erklärt, damit Sie die Theorie auf Ihr Unternehmen anwenden können.

Während wir auf unserem Lebensweg lernen, wachsen und heilen, bewegen wir uns Schritt für Schritt von einem Stadium ins nächste und schließlich von einer Ebene zur nächsten. In den Stadien der *abhängigen Ebene* sind wir bei der Erfüllung unserer Bedürfnisse von anderen abhängig und identifizieren uns selbst über Menschen und Dinge, die sich außerhalb von uns befinden. Auf dieser Ebene leiden wir oft unter Kränkungen, Schuldzuweisungen oder Entbehrungen. Wir fühlen uns als Opfer und agieren unsere Emotionen aus. Wenn das zu schmerzhaft wird und wir beschließen, unabhängig zu werden, steigen wir zur zweiten Ebene auf.

Wenn wir die zweite, die *unabhängige Ebene* erreichen, erleben wir unsere Gefühle und Emotionen sehr viel weniger. Wir verhalten uns stärker wettbewerbsorientiert und sind weniger abhängig von anderen. In vieler Hinsicht ist dieses Stadium besser und erfolgreicher als das vorherige, aber es hat doch seine Fallen, in denen sich die meisten Menschen verfangen, ohne einen Ausweg zu sehen. Typischerweise geraten wir hier auch in Machtkämpfe und müssen uns anstrengen, die Kontrolle über unser Leben zu behalten. Der Weg durch diese Ebene besteht darin, loszulassen, zu integrieren und Gegensätze zu überbrücken, statt uns an Kontrolle und Kampf zu klammern. Am häufigsten bleiben die Menschen in der toten Zone am Ende dieses Stadiums stecken, wo sie sich durch den Erfolg nicht mehr ermutigt fühlen, sondern nur noch ausgebrannt und von anderen abgeschnitten. Um aus der toten Zone herauszukommen, engagieren wir uns besser für Partnerschaft und Freiheit, statt uns weiterhin selbst unter Druck zu setzen und alles auf die eigenen Schultern zu laden. In den Stadien der unabhängigen Ebene leisten wir viel, aber wir empfangen sehr wenig.

Von der unabhängigen Ebene, die zum Teil eine Distanzierung von den Schmerzen darstellt, die wir auf der abhängigen Ebene empfunden haben, bewegen wir uns weiter zur Partnerschaft und zur *Ebene der gegen- bzw. wechselseitigen Abhängigkeit.* Hier finden wir zu einem immer größeren Gleichgewicht zwischen unseren männlichen und weiblichen Anteilen, und als Folge davon beginnen wir, mehr zu empfangen, und wir können unseren Erfolg wieder stärker spüren. Wir sind enger mit den Menschen um uns herum verbunden und bewegen uns ganz von selbst in allen Bereichen unseres Lebens auf eine echte Führungsposition zu.

Unsere Evolution beginnt also auf der abhängigen Ebene, schreitet fort zur Unabhängigkeit und dann zur Ebene der wechselseitigen Abhängigkeit. Wenn wir weiter wachsen, gelangen wir schließlich auf die Ebene der spirituellen Abhängigkeit. Dies ist eine radikale Abhängigkeit, die auf Gnade und Führung beruht. Es ist eine Ebene großen Glücks und spiritueller Vision.

Jede Ebene liegt über der vorherigen, und während wir uns von einer zur nächsten bewegen, gibt es eine Phase des Übergangs und dann einen Wendepunkt. Während die Ebenen aufeinander folgen, bewegt sich die Spirale aufwärts. In der folgenden Beschreibung jedes Stadiums finden Sie einen Abschnitt, der Ihnen helfen soll, zu erkennen, ob Sie in irgendeinem Bereich Ihres Lebens feststecken. In jedem Stadium gibt es eine Falle und einen Ausweg. Dieses Kapitel ist so angelegt, dass es Ihnen auch als Orientierung für die Zukunft dienen kann, wenn Sie auf Ihrem weiteren Weg durch die verschiedenen Stadien hindurchgehen.

Bevor ich mit den Erklärungen beginne, präsentiere ich Ihnen hier ein Diagramm der verschiedenen Stadien des Dreiecks, die wir genauer betrachten wollen. Das soll Ihnen einen Überblick verschaffen, auf den Sie im weiteren Verlauf immer wieder zurückgreifen können.

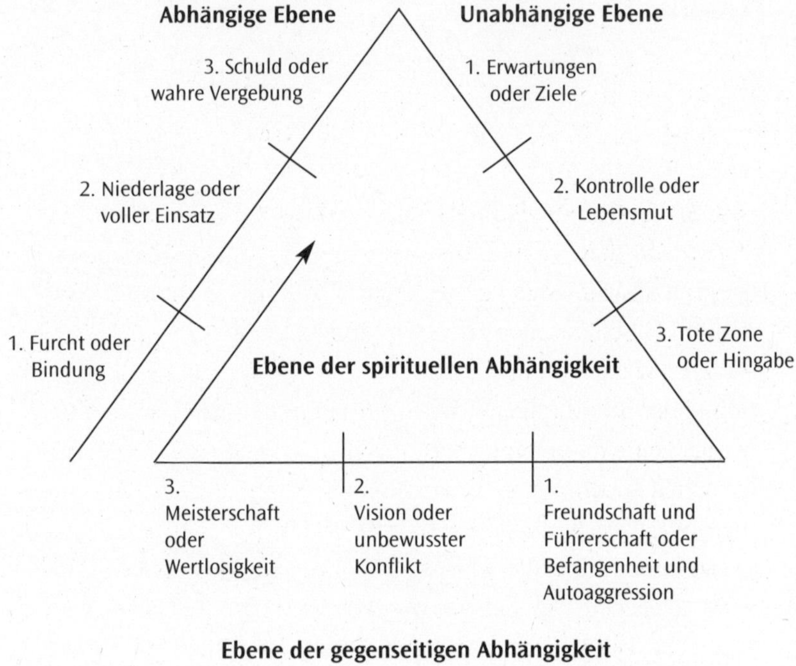

Die Stadien der abhängigen Ebene

Auf der abhängigen Ebene gibt es drei Hauptstadien: »Furcht oder Bindung«, »Niederlage oder voller Einsatz« sowie » Schuld oder wahre Güte«. Jedes dieser Stadien repräsentiert eine Entscheidung, die wir auf einer bestimmten Stufe unserer Evolution oder unseres Wachstums treffen können.

1. Die abhängige Ebene: Furcht oder Bindung. Das Stadium von Furcht oder Bindung ist der erste Schritt auf der abhängigen Ebene.

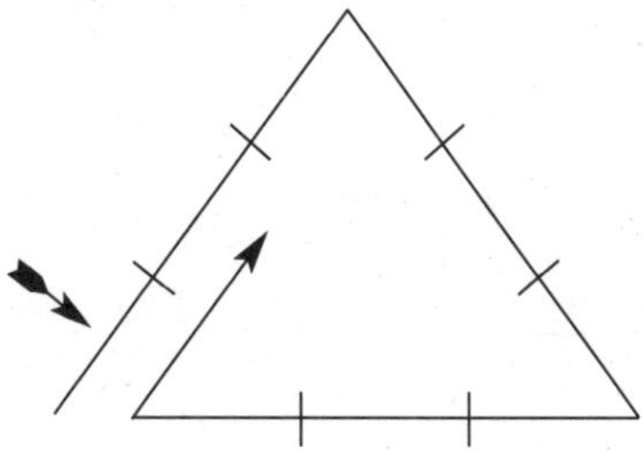

Wie Sie feststellen können, ob Sie sich in diesem Stadium befinden. In diesem Stadium sind die Menschen typischerweise so jung und abhängig, dass sie sich noch nicht in der Lage fühlen, im Geschäftsleben Verantwortung zu übernehmen. Sie erfüllen höchstens untergeordnete Aufgaben wie die Postverteilung oder Besorgungen für eine Firma. In dieses Stadium fallen einige Leute manchmal auch zurück, nachdem sie große Erfolge erzielt haben. Wenn Sie entweder gerade erst am Anfang stehen oder durch einen Fehler Ihrer unterbewussten Tagesordnung in ein reines Verliererstadium des Lebens zurückgefallen sind, dann befinden Sie sich wahrscheinlich an dieser Stelle des Dreiecks. Nach einem schweren Unfall oder einer schlimmen Krankheit, einem unternehmerischen Missgeschick oder gar Bankrott sind Sie wahrscheinlich genau hier gelandet. Unbewusst sind Sie an diesen Punkt zurückgekehrt in dem Versuch, alte Bedürfnisse erfüllt zu bekommen, Ihre Familie zu retten, indem Sie sich aufopfern, oder jemanden zurückzugewinnen, den Sie durch eine zerbrochene Beziehung verloren haben.

In dem Umfang, wie es Ihnen an Bindungen fehlt, empfinden Sie Furcht, Bedürftigkeit, Verlust, Verlassenheitsgefühle und einen allgemeinen Mangel an Aufmerksamkeit und Verständnis. In diesem Stadium zeigen uns andere den Weg, und sofern unsere Entwicklung nicht durch ein gravierendes Trauma blockiert ist, lernen wir dabei eine Menge. Wenn wir in diesem Stadium stecken bleiben, sind wir auf der ganzen Linie Verlierer, was bei einem schweren Misserfolg in unserem Leben gelegentlich vorkommen kann. In diesem Stadium neigen wir dazu, uns über die Zugehörigkeit zu Gruppen zu definieren, beispielsweise unsere Familie, Schule, Nationalität oder Religionszugehörigkeit.

Der Ausweg. Liebe, Verbundenheit und Verständnis wirken in diesem Stadium heilend. Bei diesem Schritt geht es darum, dass wir etwas über das Tao lernen und erkennen, wie sich die Dinge entfalten. Liebe und Verbundenheit bringen uns in Kontakt mit anderen Menschen und sorgen für unsere Integration. Verständnis fördert ebenfalls die Zugehörigkeit und den Flow, befreit uns von Ängsten und Verlustgefühlen und verhindert, dass wir uns auf der Suche nach einer Kompensation dafür an dieses Stadium klammern. Guter Wille und die Bereitschaft zu lernen sind die positiven Aspekte dieses Stadiums. Wer hier stecken bleibt, braucht andere, die ihn führen, weil er typischerweise vollkommen abhängig ist.

2. Die abhängige Ebene: Niederlage oder voller Einsatz. Wenn wir reifer werden, gelangen wir ins nächste Stadium, wo es um Konkurrenz, Gewinner und Verlierer geht. Das Sieg-Niederlage-Stadium ist der Punkt, an den wir gelangen, wenn wir weiterhin versuchen, unsere Bedürfnisse erfüllt zu bekommen.

Wie Sie feststellen können, ob Sie sich in diesem Stadium befinden. Sie erkennen, dass Sie sich in diesem Stadium befinden, wenn Sie einfach versuchen, sich an alle anderen anzupassen

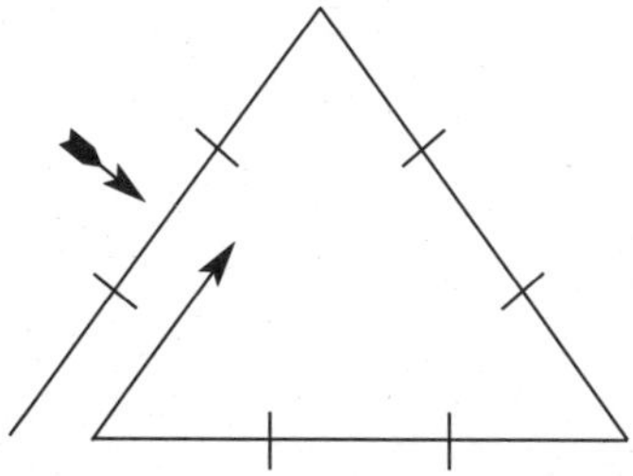

oder heroisch alles daransetzen, Erfolg zu haben und das Richtige zu tun, oder – aufgrund der vielen Niederlagen, die Sie seit Ihrer Kindheit erlebt haben – rücksichtslos auch unfaire Mittel einsetzen, um im Konkurrenzkampf zu gewinnen.

Vielleicht gibt es ein erhebliches Maß an Verleugnung und Naivität, die oft zu Kränkungen führen. Im Geschäftsleben folgen wir an diesem Punkt typischerweise blind dem akzeptierten Weg, sei es nun eine bestimmte Unternehmenspolitik oder eine allgemeine Geschäftspraktik. In diesem Stadium versuchen wir, Teil der Herde zu bleiben, damit wir nicht so leicht einem Raubtier zum Opfer fallen können. Aber dieses Stadium kann auch von großer Konkurrenz bestimmt sein, denn immerhin geht es hier um Sieg oder Niederlage. Das Ausmaß dieser Konkurrenz ist uns aber nicht klar; wir wollen nur gewinnen, Erfolg haben und unsere Wünsche erfüllt bekommen. Wenn wir in diesem Stadium offen sind und nicht mit anderen konkurrieren, können wir auch solche Eigenschaften wie Großzügigkeit, Fleiß und Heldentum an den Tag legen. Auf der negativen Seite zeigen sich Tendenzen zu Manipulation, Rücksichtslosigkeit, Nationalismus und Faschismus. Je mehr es in unserer Ursprungsfamilie an Verbundenheit fehlt, desto wahrscheinlicher ist es, dass wir uns in großem Kummer, Niederlagen, Missbrauch anderer oder einer Opferhaltung verfangen.

Dieses Sieg-Niederlage-Stadium kann zu geschäftlichen Flops oder Zurückweisung mit großem Kummer in familiären oder frühen Kindheitsbeziehungen führen. Wir denken, unsere Eltern, unser Partner oder unser Chef sollten uns so behandeln, wie wir es uns wünschen. Wir versuchen, so zu tun, als würden wir alles geben. Oft ist uns nicht einmal klar, dass darin die Ursache des Problems liegt. Wenn wir uns auf ein Spiel einlassen, bei dem wir gewinnen oder verlieren können, müssen wir manchmal verlieren, damit das Spiel fortgesetzt werden kann. Das kann eine atemberaubende Phase sein, weil Sie entweder selbst wirklich alles geben oder weil es für Sie so ungemein wichtig ist, ob jemand anders Ihre Bedürfnisse erfüllt oder nicht. Aus Niederlagen entstehen jedoch Opferhaltungen und Rachegefühle, die beide sehr schlecht fürs Geschäft sind. Wer auf Rache aus ist, beginnt vielleicht zu manipulieren und wird raffgierig. Dieses Verhalten wird zu einer aggressiveren Form des Gewinnens, und es kann zu dramatischen Niederlagen führen. Wenn man diesen Weg fortsetzt, kann man durchaus gewalttätig oder kriminell werden und dadurch schließlich im Gefängnis landen.

Ich habe einmal an der Beratung eines extrem reichen Mannes aus Malaysia mitgewirkt, der ein Wirtschaftsimperium aufgebaut hatte. Als Unternehmer war er ein Halsabschneider, ja sogar ein Pirat. Er hielt alles für akzeptabel, solange er nicht dabei erwischt wurde. Er konnte nicht verstehen, warum seine Frau getrennt von ihm leben wollte und seine Kinder lieber mit ihr zusammenwohnten. Sie hörten schon lange nicht mehr auf ihn. Während unserer Sitzung versuchte er, mich davon zu überzeugen, dass sie ihm Respekt erweisen und immer gehorchen sollten. Seine Verleugnung war so stark, dass er die Dinge ausschließlich auf seine Weise sehen konnte und sich weigerte, eigene Fehler auch nur in Betracht zu ziehen. Gewöhnlich wird man in diesem Stadium für andere Argumente erst zugänglich, wenn man großen persönlichen Kummer oder eine gravierende Niederlage erlitten hat. Und sogar dann sind wir immer noch eher geneigt, uns selbst im Recht zu sehen und uns für unschuldige Opfer zu halten. Wenn wir nicht lernen, wachsen und uns verändern, bleiben wir Opfer oder machen andere zu Opfern.

Dieses Stadium kann jedoch auch Helden hervorbringen und Menschen beflügeln, große Imperien zu errichten, indem sie sich selbst einer Sache so vollkommen verschreiben, dass sie innovative Geschäftsideen entwickeln und große Erfolge verbuchen können. Dieses Stadium kann eine expansive Zeit sein, in der wir uns stark nach außen orientieren. Dabei wachsen wir, machen geschäftliche Fortschritte und erzielen Erfolge. Es herrscht eine starke nach außen gerichtete Energie, und wir haben das Gefühl, dass wir die Welt im Sturm erobern. Wir können in diesem Stadium erfolgreich sein, weil wir heroisch und fleißig waren und uns selbst vollkommen für ein Ziel eingesetzt haben.

Der Ausweg. Das grundlegende Heilungsprinzip in diesem Stadium ist Akzeptanz, sodass wir Verletzungen und Niederlagen annehmen, indem wir aus ihnen lernen. Akzeptanz beseitigt die Widerstände und Zurückweisungen, die uns so viel Schmerz verursachen. Akzeptanz verbreitet Flow und hilft uns, auf natürliche Weise loszulassen, was unsere gegenwärtige Situation in die richtige Perspektive rückt. Wenn wir selbst geben, erzeugt das Flow und lindert Probleme, die dadurch entstehen, dass wir selbst nur nehmen oder geben, um etwas zu bekommen, was früher oder später zu Kummer und Niederlagen führt. Heilende Prinzipien früherer Stadien wirken auch auf allen höheren, sodass Verbundenheit, Verständnis und Bereitwilligkeit in diesen Situationen sehr positive Effekte zeigen.

3. Die abhängige Ebene: Schuld oder wahre Vergebung. Während wir weiter wachsen und uns einer neuen Ebene der Reife nähern, bringt uns der nächste Fortschritt in eine Situation, in der sich die Verhältnisse umkehren: Aus Sieg/Niederlage wird Niederlage/Sieg. Wir fühlen uns schuldig wegen der Fehler, die wir gemacht haben, und wegen der Art und Weise, wie wir uns im Sieg-Niederlage-Stadium verhalten haben. Aber wir empfinden auch eine Art moralischer Arroganz, weil wir denken, wir hätten »die Antwort« gefunden. Das dient natürlich der Kompensation unserer starken Schuldgefühle. Wenn das Sieg-Niederlage-Stadium durch kulturelle Konformisten, manipulierendes Verhalten und Charakterstörungen gekennzeichnet ist, dann zeichnet sich das Niederlage-Sieg-Stadium durch Menschen aus, die entweder neurotisch sind oder sich schuldig fühlen, weil sie im letzten Stadium Sieger waren. Sie sind jetzt bereit, zu verlieren, damit andere gewinnen können.

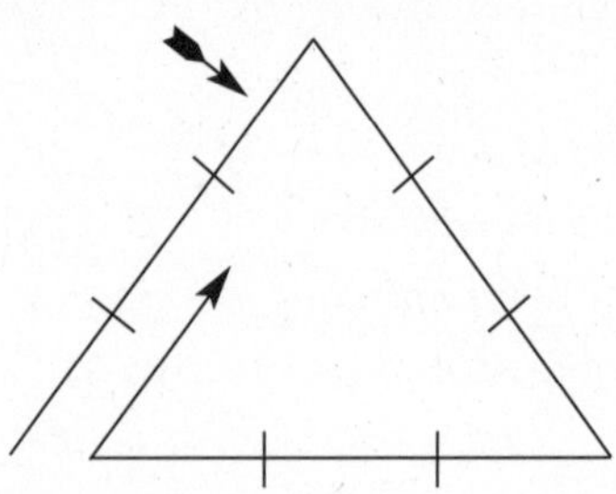

Wie Sie feststellen können, ob Sie sich in diesem Stadium befinden. Gewöhnlich geht es den Menschen in diesem Stadium um eine Kompensation von Schuldgefühlen und Misserfolgen, vor allem im Hinblick auf familiäre und persönliche Beziehungen. Zu diesem Zweck übernehmen sie »Opferrollen«. In diesem Stadium arbeiten wir sehr hart und verhalten uns tendenziell mehr introvertiert, analytisch und idealistisch. Wir fühlen uns schuldig wegen all der Fehler, die wir gemacht haben, und wir fühlen uns schlecht angesichts all unserer Niederlagen. Das kann gelegentlich sogar depressive Phasen zur Folge haben. Wenn unsere Schuldgefühle sehr groß sind, halten wir uns streng an Regeln und verurteilen jeden, der nicht nach unseren eigenen Idealen lebt, die lediglich eine Kompensation darstellen. Wir versuchen auch, unsere geschäftlichen Aktivitäten an bestimmten Ideen und Idealen auszurichten.

Zu diesem Stadium gehört ein hohes Maß an Beurteilungen und Verurteilungen, die einen Versuch darstellen, uns von den Menschen abzugrenzen, denen unsere Urteile gelten. Vielleicht versuchen wir, uns und anderen unser selbst konstruiertes System rücksichtslos aufzuzwingen. Wenn jemand als Politiker in diesem Stadium stecken bleibt, zeigt sich das als Totalitarismus; im religiösen Bereich kann daraus ein verurteilender, moralistischer Fundamentalismus werden.

Im Schuldstadium sind wir davon abhängig, dass ein Unternehmen, eine Kirche oder Nation unsere Werte definiert. Unsere Haltung ist zwar nicht faschistisch wie im Sieg-Niederlage-Stadium, kann aber gleichwohl destruktiv sein. Die meisten Geschäftsleute, die in einer Niederlage-Sieg-Haltung feststecken, fühlen sich denen überlegen, die sich im Sieg-Niederlage-Stadium befinden. Meist haben wir inzwischen einige Lektionen über das Wirtschaftsleben und über Beziehungen auf die harte Weise gelernt. Wir sind idealistisch, versuchen, alles richtig zu machen, orientieren uns an Rollen und Regeln, fühlen uns aber vielleicht schuldig oder unwürdig, wenn wir Erfolg haben. Menschen, die in diesem Stadium feststecken, können ein neurotisches Verhalten zeigen und alles überanalysieren. Die Falle ist gekennzeichnet durch Gefühle der Wertlosigkeit, Opferbereitschaft und manchmal auch durch Depressionen wegen früherer Verluste statt durch echte Hingabe. Das ist weder effizient noch effektiv. Es kann dazu führen, dass man sich ausgebrannt fühlt und sich von seiner Firma, Kirche, Familie oder Beziehung zurückzieht. Dieser Schritt führt in die distanzierte Unabhängigkeit. Wenn wir mit anderen verbunden sind, können wir aber auch wahre Güte und Großzügigkeit demonstrieren und werden ganz automatisch zur unabhängigen Ebene aufsteigen, die uns einen gesünderen Weg zu mehr Erfolg bietet.

Der Ausweg. In diesem Stadium befreien uns Vergebung und der Verzicht auf Klagen von den selbstzerstörerischen Schuldgefühlen und den Rollen, mit deren Hilfe wir uns von anderen distanzieren. So können wir den Rückzug aufgeben, in den unsere Schuldgefühle uns getrieben haben. Wenn wir aus wahrer Güte handeln und nicht, um etwas zu kompensieren, dann wirkt das befreiend. Der Verzicht auf Beurteilungen befreit uns, andere und das Tao.

Die Stadien der unabhängigen Ebene

Mit der Befreiung aus dem Stadium der Schuld bewegen wir uns von der abhängigen zur unabhängigen Ebene. Dieser Schritt markiert einen kompletten Richtungswechsel. Die unabhängige Ebene besteht aus drei Stadien, die alle Sieg-Sieg-(Win-Win-)Situationen entsprechen, aber immer noch durch hohe Konkurrenz gekennzeichnet sind. Wo es auf der unabhängigen Ebene keinen Erfolg gibt, ist sie durch Distanzierung charakterisiert – Situationen, in denen wir uns von Bedürfnissen, Schmerzen, Niederlagen, Burn-out, Schuldgefühlen, Misserfolgen und unserer Aufopferung abgeschnitten haben. Wenn wir das tun, können wir aber auch nicht mehr empfangen und diese Emotionen in Selbstvertrauen transformieren. Die Herausforderung der Unabhängigkeitsebene besteht darin, unser Herz zurückzugewinnen und auf die andere Seite der Karte ins Partnerschaftsstadium zu gelangen. Jene letzte Strecke im dritten Stadium dieser Ebene wird als »tote Zone« bezeichnet. Wirtschaft und Gesellschaft müssen ihren Ausweg aus diesem Stadium noch finden. Deshalb gehe ich besonders ausführlich auf die Frage ein, wie man aus der toten Zone herausfinden kann.

1. Die unabhängige Ebene: Erwartungen oder Ziele. Das Stadium der Erwartungen auf der unabhängigen Ebene ist durch Erfolge und unternehmerisches Engagement gekennzeichnet, aber wir versuchen vielleicht, zu viele Dinge gleichzeitig zu tun, sind zu geschäftig, streben in zu viele Richtungen, haben zu viele Ideen, und weil wir uns im Stadium der Erwartungen befinden, können wir die Früchte unserer Arbeit nicht empfangen oder genießen.

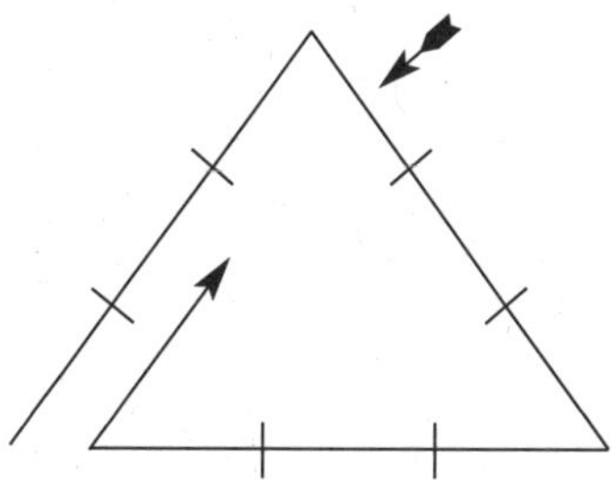

Wie Sie feststellen können, ob Sie sich in diesem Stadium befinden. Sie wissen, dass Sie sich in diesem Stadium befinden, wenn Sie sich gestresst, frustriert und überlastet fühlen, sich zu viel abverlangen und sich mit anderen vergleichen. Typisch für dieses Stadium ist, dass wir Erfolg haben, ihn aber nicht empfinden können. Wir kompensieren unsere Furcht und Bedürfnisse und treiben uns deshalb unablässig an. Wir kompensieren unsere Gefühle der Unzulänglichkeit und werden deshalb zu Perfektionisten. Ungefähr 15 Prozent der Geschäftsleute haben zu diesem Zeitpunkt schon aufgegeben, weil sie erkannt haben, dass sie niemals perfekt sein werden. Die anderen treiben sich selbst an. Wenn wir so intensiv arbeiten und versuchen, in so viele Richtungen zu gehen, bedeutet das in diesem Stadium, dass es zu Ungleichgewichten kommt, die ein Problem in unseren Beziehungen und unserem Familienleben darstellen.

Entweder wir haben gar keine Beziehung, oder sie spielt eine völlig untergeordnete Rolle, weil die Forderungen oder Erwartungen, die wir daran knüpfen, uns davon abhalten, etwas von unserem Partner zu empfangen oder die Beziehung zu genießen. Ein anderes Symptom dieses Stadiums besteht darin, dass wir sehr viele Beziehungen haben, die wir aber nicht genießen können, weil wir nicht fähig sind, Liebe zu empfangen. In diesem Stadium besteht unser Leben typischerweise aus Phantasien.

In der Wirtschaft hat jemand, der sich auf der Erwartungsebene befindet, meist zum ersten Mal eine Führungsposition erreicht. Er steht voll unter Stress und muss vielen Anforderungen gerecht werden, die von ihm selbst und von anderen gestellt werden. Auf der anderen Seite haben wir in dieser Situation auch viele Erwartungen an andere und an uns selbst. Wir versuchen, dem Problem mit harter Arbeit beizukommen, weil diese Strategie auf der abhängigen Ebene gut funktioniert hat. Aber in unserer jetzigen Situation erhöht sie nur den Stress für uns und die Menschen in unserer Umgebung. Harte Arbeit hilft uns jetzt nur noch, wenn wir ein neues Projekt beginnen; andernfalls ist sie kontraproduktiv.

In diesem Stadium kompensieren wir Gefühle der Unzulänglichkeit mit Perfektionismus – wir ertragen es nicht, irgendwo zu versagen oder irgendetwas weniger als perfekt zu machen. Perfektionismus führt sich jedoch selbst ad absurdum und erzeugt Stress. Er macht alle Menschen in unserer Umgebung verrückt, weil wir sie genauso unter Druck setzen wie uns selbst. Das könnte unsere Beliebtheit mindern und unser gutes Verhältnis zu anderen untergraben, das wir hatten, bevor wir Manager wurden. Meist haben wir aufgrund unserer harten Arbeit und unseres Potenzials die unteren Führungsebenen erreicht. Und weil wir uns jetzt immer noch auf harte Arbeit verlassen, versäumen wir es, Aufgaben sinnvoll zu delegieren, und versuchen, alles selbst zu erledigen.

In dem Ausmaß, wie es uns nicht gelungen ist, uns mit anderen zu verbinden, aus Geschäftigkeit, Verlusten und Niederlagen zu lernen, uns von schwerem Kummer zu erholen und das Gefühl zu überwinden, dass wir durch unser aufopferndes Verhalten ausgebrannt sind, distanzieren wir uns und werden unabhängig. Wir wollen die Dinge auf unsere Weise erledigen. In dem Maße, wie unsere Bedürfnisse in der Kindheit nicht erfüllt wurden, werden wir zu Gefangenen unserer Erwartungen. Erwartungen sind Anforderungen, die auf Bedürfnissen und dem Gefühl basieren, dass wir nie genug haben. Wir treiben uns selbst und andere an und versuchen, sie gewaltsam in unsere Vorstellungen davon zu pressen, wie die Dinge sein sollten. In diesem Stadium kann es befreiend wirken, wenn wir uns Ziele setzen, Entscheidungen treffen und loslassen. Statt uns selbst zum Perfektionismus zu treiben, können wir Perfektion als *Ziel* wählen. Das nimmt den Druck und Stress von allem, was wir erreichen wollen. Anderenfalls erliegen wir leicht der Versuchung, extreme Anforderungen an uns selbst und andere zu stellen und uns immer zu viel vorzunehmen.

Meist haben wir in diesem Stadium keinen Zugang zu unseren Bedürfnissen und zu unserer Fähigkeit zu empfangen. Wir treiben uns unablässig an, haben uns jedoch von unserer weiblichen Seite abgeschnitten, weil wir die alte Ebene der Abhängigkeit mit Schmerz und negativen Erfahrungen in Verbindung bringen. Wir befinden uns in einem überzogen distanzierten männlichen Zustand und setzen uns selbst pausenlos unter Druck. Meist sind wir zu geschäftig, gehen in zu viele Richtungen und wollen zu viel erreichen. Wir setzen uns selbst unter Druck und klammern uns an Vergangenes, während wir uns gleichzeitig vorwärts in die Zukunft treiben. Es ist ein schwieriges, unausgewogenes Stadium, in dem wir eine Menge tun und sehr wenig empfangen. Wir erwarten von anderen, was wir weder uns selbst noch ihnen geben. Es ist ein ineffizientes Stadium voller Stress, erfüllt von viel Phantasie und zahlreichen zerstreuten Aktivitäten, die wir uns hart abringen.

Der Ausweg. Das wichtigste Gegenmittel gegen die unrealistischen Erwartungen in diesem Stadium besteht darin, sich Ziele zu setzen. Einladungen und Anfragen sind sehr viel erfolgreicher als Forderungen. Unsere Bedürfnisse loszulassen und uns nicht mehr an Vergangenes zu klammern, wird uns helfen, dieses Stadium schneller zu überwinden. Konzentration bringt uns besser vorwärts als Geschäftigkeit oder Aufopferung. Manifestieren und andere Formen geistiger Kraft sind hier hilfreicher als reine Phantasie. Unsere Wahl zu treffen, wird zum großen Prinzip der Heilung in dieser Phase. Die Entscheidung, wirklich etwas zu tun, statt nur zu meinen, wir müssten oder sollten etwas tun, befreit uns von dem Gefühl, in der Falle zu stecken.

Erwartungen verhindern, dass wir unsere Ziele erreichen

Ich fragte eine Frau, mit welchen Zielen für ihr Leben sie in diesen Workshop gekommen war. Sie antwortete: »Ich will dafür sorgen, dass mein Unternehmen auf globaler Ebene so erfolgreich wie möglich wird. Es soll ein Mittel werden, um die Welt zu retten. Zweitens möchte ich heiraten und Kinder bekommen. Und drittens will ich glücklich sein.«

Diese Geschichte macht deutlich, wie Erwartungen und Unabhängigkeit uns oft davon abhalten, das zu bekommen, was wir wirklich wollen. Zu erkennen, dass wir uns im Erwartungsstadium auf der unabhängigen Ebene befinden, ist der erste Schritt, dieses Stadium zu überwinden.

Ich erklärte der Frau, da sie diese Ziele bisher noch nicht erreicht hätte, müsse es andere Prioritäten geben, auf die sie ihren Geist und ihr Herz konzentriert habe. Ich sagte ihr, sie solle ihre Intuition einsetzen, und schlug ihr folgende Überlegungen vor: Sie sollte sich vorstellen, sie würde sich etwas anderes als Erfolg für ihr Unternehmen wünschen, und überlegen, was das sein könnte.

Ohne das geringste Zögern antwortete sie: »Ich will mich an meinen Eltern rächen, und ich will unabhängig sein.«

Ich bat sie, zu bedenken, dass Unabhängigkeit ein Ziel ist, welches im Widerspruch zu dem Wunsch nach Ehe und Kindern steht, und dass die Rache an ihren Eltern ebenfalls dazu führen könnte, ihr Verlangen nach einer Familie abzublocken. Ihr Wunsch, »die Welt zu retten«, konnte leicht zum Hindernis für das ersehnte Familienglück werden, und sie erkannte durchaus, dass ihr Ziel, eine Familie zu gründen, sich nur schwer mit dem Verlangen vereinbaren ließ, auf globaler Ebene geschäftlichen Erfolg zu haben. Je mehr sie darüber sprach, desto klarer wurde ihr, dass sie sich für Ziele entschieden hatte, die nicht miteinander zu vereinbaren waren und hinter denen sie andere Wünsche verbarg. Noch schwerer wog, dass sie sich selbst in ihre Ziele gar nicht eingeschlossen hatte.

Im Laufe unseres Gesprächs erkannte sie, dass sie das Ziel der Unabhängigkeit vor allem deshalb gewählt hatte, weil sie die Schmerzen ihrer Eltern nicht mehr ertragen konnte. Ich zeigte ihr, dass sie auch hier wieder Vorstellungen entwickelt hatte, die unvereinbar waren: Wenn sie nach Unabhängigkeit strebte, um dem

Schmerz ihrer Eltern zu entgehen, dann musste sie diesen Schmerz schon erleben, und damit hatte sie sich das Ziel gesetzt, etwas zu erfahren, was sie eigentlich gar nicht wollte. Das ist ein verstecktes Ziel oder eine verborgene Investition. Als wir noch weiter darüber sprachen, wurde ihr klar, dass sie sich für diese Investition entschieden hatte, weil sie meinte, sie müsse den Schmerz ihrer Eltern spüren, um sie zu retten. Das war nur eine weitere Form, sich aufzuopfern. Als wir ihren Konflikt zwischen Aufopferung und Unabhängigkeit weiter untersuchten, stellten wir fest, dass sie diese Investition in widersprüchliche Ziele dazu nutzte, sich vor ihrer eigenen Größe zu verstecken.

Sie erkannte, dass hinter ihren widersprüchlichen Investitionen auch folgende Ziele steckten: Sie wollte etwas Besonderes sein, die Welt und ihre Eltern – trotz ihrer Rachegelüste – unter allen Umständen retten und ihr Unternehmen zum globalen Erfolg führen.

Als sie ihre geistige Verwirrung erkannte, war sie nur zu gern bereit, ihre so extrem widersprüchlichen Vorstellungen und Investitionen aufzugeben, weil sie nur ihrem Ego dienten und ihrer eigenen Größe im Weg standen. Dann konzentrierte sie ihre volle geistige Kraft und investierte sie auf eine Weise, dass sie sehen konnte, wie ihr Unternehmen zu einem globalen Erfolg wurde und dazu beitrug, die Welt zu einem besseren Ort zu machen. Außerdem konnte sie sehen, wie sie ihren Eltern vergab und daraufhin ein glückliches und ausgewogenes Familienleben mit Mann und Kindern führte.

2. Die unabhängige Ebene: Kontrolle oder Lebensmut. Das Stadium der Kontrolle ist ebenfalls ein ziemlich erfolgreiches. Wenn die Menschen hier angekommen sind, haben sie gewöhnlich einige Karriereschritte hinter sich und eine Position im mittleren Management erreicht.

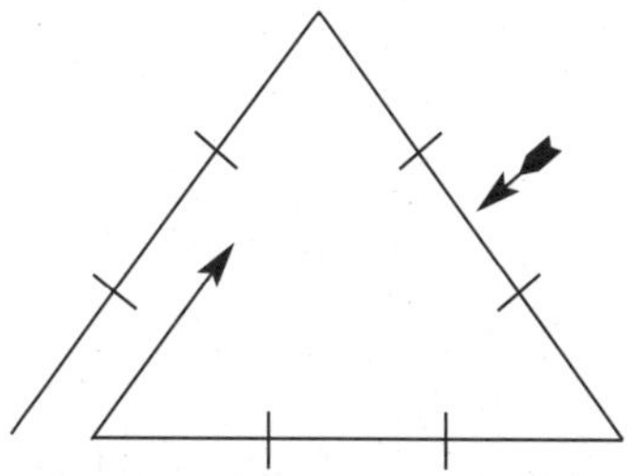

Wie Sie feststellen können, ob Sie sich in diesem Stadium befinden. Wenn Sie sich in dieser Phase aufhalten, ist es wahrscheinlich, dass Sie für die Leitung einer Abteilung von Mitarbeitern verantwortlich sind. Dass Sie im Stadium der Kontrolle feststecken, wissen Sie, wenn Sie trotz bester Absichten dazu neigen, Ihre Führungsaufgabe durch die Ausübung von Kontrolle zu erfüllen, vor allem, wenn es zu Autoritätskonflikten kommt. Das erkennen Sie daran, dass Sie sich im beruflichen und privaten Umfeld in Machtkämpfe verwickeln. Weil es uns noch an geistiger Integration fehlt, setzen wir in diesem Stadium eher Kontrolle als Lebensmut ein, um unsere Führungsaufgaben wahrzunehmen. Unser Handeln wird durch die versteckten Konflikte im Rahmen unserer privaten und beruflichen Machtkämpfe bestimmt. Die Menschen in unserer Umgebung agieren unsere weniger bewussten und stärker verdrängten Konfliktthemen aus. Je mehr uns alte Niederlagen und Schicksalsschläge bedrücken, desto mehr Probleme scheinen wir mit den Menschen in unserer Umgebung zu haben.

Mangels geistiger Integration üben wir Kontrolle aus, statt voller Lebensmut und Selbstvertrauen zu handeln. In dem Maße, wie wir alte Niederlagen und Schicksalsschläge noch nicht bewältigt und geheilt haben, versuchen wir, Kontrolle über andere auszuüben. Das führt zu Verärgerung und Machtkämpfen. Wo immer wir Kämpfe austragen, können wir keinen Erfolg haben. Wir versuchen, unser Bestes zu tun, damit wir selbst und andere Erfolg haben und niemand von Niederlagen und Schicksalsschlägen getroffen wird. Aber das kann nur gelingen, wenn die anderen sich in unserem Sinne verhalten. Wenn wir sie kontrollieren, statt sie anzuregen und zu motivieren, dann verschlimmert das meist die Situation und führt dazu, dass sie sich zurückziehen oder kämpfen.

Der Ausweg. Lebensmut, Vertrauen und Verlässlichkeit sind die heilenden Prinzipien in diesem Stadium. Kommunikation überbrückt Unterschiede, und Integration verbindet die Teile unseres Geistes, die sich in äußeren Konflikten spiegeln. Frieden, Offenheit, Kommunikation, Integration, Lebensmut, Vertrauen und Verlässlichkeit sind die Auswege. Wir befinden uns hier in einem Zustand der Polarisation, wo unsere Gegner in Wirklichkeit die äußeren Projektionen der abgespaltenen, verdrängten Teile unseres Geistes sind.

Wenn wir die Verantwortung für die Leitung all der Menschen um uns herum und für ihr Handeln uns gegenüber übernehmen, verhilft uns das zu größerem Erfolg. Wesentlich ist außerdem eine effektive Kommunikation zur Überbrückung von Differenzen. Hilfreich ist auch die Erkenntnis, dass die uns anvertrauten Mitarbeiter lediglich unsere eigenen Selbstbilder uns gegenüber ausagieren, denn damit können wir die Verantwortung für unser eigenes Handeln und Lernen übernehmen. Während wir diese Selbstbilder aufgeben und gegensätzliche Elemente in unserem Geist integrieren, erreichen wir neue Ebenen des Selbstvertrauens, und auch unsere Mitarbeiter bringen uns mehr Vertrauen entgegen.

3. Die unabhängige Ebene: tote Zone oder Hingabe. Während wir zum nächsten Stadium der unabhängigen Ebene voranschreiten, machen wir beruflich meist einen weiteren Karriereschritt – wir steigen auf zum Direktor, Geschäftsführer oder in eine ähnliche Position. Dieses Stadium bezeichnet man als »tote Zone«, weil es hier so viele Fallen gibt, die uns ein Gefühl von Lethargie oder Erstarrung vermitteln.

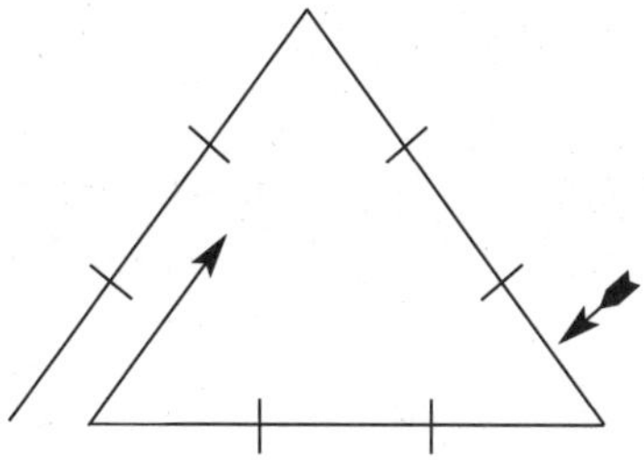

Die tote Zone gehört zu den stressigsten und schwierigsten Stadien, und hier verfangen sich die meisten von uns in irgendwelchen Fallen. In diesem Abschnitt führe ich Sie durch die folgenden vier Schichten der toten Zone:

a) Rollen, Regeln und Pflichten: Sie dienen der Kompensation alter Schmerzen, Schuldgefühle, Misserfolge und Situationen, in denen wir uns als Opfer oder wertlos gefühlt haben. Die tote Zone lässt alle verdrängten Gefühle des Versagens in uns aufsteigen, die wir in unserer Familie erlebt haben, denn sie bilden das ursprüngliche Muster in unserem Leben. Unsere Rollen, Regeln und Pflichten berauben uns jeder Belohnung für das, was wir tun. In den Augen aller anderen Menschen wirken wir erfolgreich, aber innerlich brennen wir uns selbst aus, setzen uns unter Druck, missbrauchen uns und werden dabei schnell alt.

Die tote Zone ist *das* Stadium des Burn-outs und enorm stressig. Wir überwinden es durch Authentizität, Ehrlichkeit und indem wir uns selbst voll einbringen, statt routinemäßig oder nach irgendwelchen Rezepten zu handeln.

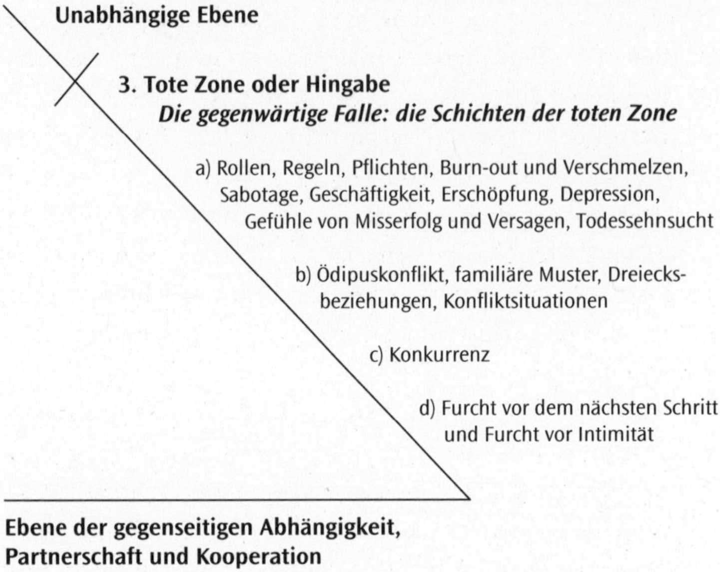

b) Ödipuskonflikt: Er blockiert unseren Erfolg und unsere Fähigkeit zu empfangen, treibt uns in Dreiecksbeziehungen oder andere Konfliktsituationen und lässt keine Intimität zu.

c) Konkurrenz: Sie hat ihren Ursprung in familiären Bindungsdefiziten und ist außerdem die ursächliche Dynamik des Ödipuskonflikts.

d) Furcht vor dem nächsten Schritt: Hier wurzelt die Dynamik der Konkurrenz – wo wir mit anderen konkurrieren, fürchten wir uns in Wirklichkeit vor Fortschritten.

Alle diese Schichten werden transformiert durch Hingabe, Authentizität, Ehrlichkeit, Freiheit und Unbeschwertheit. Da die tote Zone einen Verteidigungswall gegen Partnerschaft, Führungsqualitäten, Vision und unseren Lebenssinn darstellt, befreien uns alle folgend genannten heilenden Prinzipien von der in diesem Stadium herrschenden Erstarrung: Wertschätzung des weiblichen Elements, Gleichberechtigung, Ausgewogenheit, die Beantwortung von Hilferufen, Kreativität, Vision und die Erfüllung unserer Lebensaufgabe. Die Wirtschaft versucht in diesem letzten Stadium, so weiterzumachen wie bisher, Geld zu scheffeln und die Nummer eins zu sein. Um aus der toten Zone herauszukommen, brauchen wir jedoch einen Richtungswechsel, der uns den Schritt auf die Ebene der wechselseitigen Abhängigkeit erlaubt.

Die Wirtschaft kann ihre bisherige Richtung nicht beibehalten. Wir müssen einen neuen, erfolgreicheren Weg finden. Wir können uns zwar noch eine Weile über Wasser halten, indem wir innovative Produkte und Dienstleistungen entwickeln, aber auf Dauer können wir nicht in diesem Stadium bleiben. Wir brauchen die Eigenschaften, die wir auf der Ebene der wechselseitigen Abhängigkeit finden, beispielsweise Partnerschaft, Freundschaft, Intelligenz, Begabung, Führungsqualitäten, Gemeinschaft, Vision und Lebenssinn. Wenn wir immer dasselbe auf dieselbe Weise tun, führt uns der alte, ausgetretene Weg nur immer schneller in die Sackgasse am Ende der toten Zone. Wenn uns das nicht vollends umbringt, führt es zumindest in den Bankrott und zerstört unsere Unternehmen.

Das Stadium der toten Zone ist einzigartig unter den Stadien der Evolution. Hier befindet sich derzeit der größte Teil der westlichen Wirtschaft. Während es gewöhnlich in jedem Stadium der Dreieckskarte nur eine größere Falle gibt, sind in der toten Zone vier davon ausgelegt. In diesen Fallen wartet unser Ego auf uns, denn es will uns daran hindern, die Ebene der Partnerschaft zu erreichen, wo Erfolg und Verbundenheit ganz natürlich sind. Das Stadium der Partnerschaft zu erreichen, bedeutet unbeschwerte Beziehungen, Erfolg und größeren Flow.

All das sorgt dafür, dass sich die Schichten unseres Egos beschleunigt auflösen. Um diesen Effekt zu verhindern, hat das Ego eine Reihe wirkungsvoller Fallen aufgestellt, die unseren Fortschritt aufhalten können, wenn wir von ihrer Existenz nichts wissen. Die tote Zone wurde vom Ego eingerichtet, um uns den Zugang zu Partnerschaft, Freundschaft, Begabung, Führungsqualitäten, Vision und Lebenssinn zu verwehren.

Wie Sie feststellen können, ob Sie sich in der toten Zone befinden. Wer sich in der toten Zone aufhält, hat die äußeren Insignien des Erfolgs erlangt, kann diesen Erfolg jedoch häufig nicht genießen. Hier stehen die Menschen oft stark unter Druck und fühlen sich wie in einer Tretmühle gefangen: Sie rennen mit aller Kraft und kommen doch nicht vorwärts. Mögliche Folgen sind Depressionen, Genusssucht und die Überzeugung, dass man alles auf den eigenen Schultern tragen muss, vor allem wenn die Lage schwierig wird. So kommt es dazu, dass wir uns in einer Führungsrolle verausgaben, statt aufgeschlossen zu reagieren. In diesem Zustand schaffen wir es nicht, Aufgaben zu delegieren. Hier kommt es auch vor, dass eine Schwäche in einen fatalen Fehler mündet.

a) Die Fallen der ersten Schicht – Rollen, Regeln und Pflichten. Sofern wir nicht bereits erleuchtet geboren wurden und es irgendwie geschafft haben, uns diesen Zustand zu bewahren, sind wir alle schon in die Falle von Rollen getappt. Wir übernehmen Rollen, sobald wir etwa drei Jahre alt sind, in dem Versuch, die Familie zu retten. Alle Rollen basieren auf derselben Art von schmerzlichem Ereignis, in das häufig Mitglieder unserer Familie verwickelt sind. Es gibt fünf wichtige Familienrollen, die wir als Kinder übernehmen: den Helden, den Märtyrer, den Sündenbock/das schwarze Schaf, den Pausenclown und das verlorene/unsichtbare Kind. Irgendwie sind wir zu der Überzeugung gelangt, wenn wir unser wahres Selbst aufgeben und stattdessen eine dieser Rollen übernehmen würden, dann könnten wir der Familie helfen. Eine Rolle ist eine Kompensation, hinter der wir Gefühle der Schuld und des Versagens verbergen, weil wir der Familie nicht helfen.

Bei anderen schmerzlichen Ereignissen haben wir vielleicht Rollen der Abhängigkeit, Unabhängigkeit oder des Opfers übernommen. Es folgen Rollen, bei denen wir der Gute oder der harte Arbeiter sind; manchmal spielen wir auch den Bösen oder den Faulpelz, wenn wir das Gefühl haben, damit unserer Familie helfen zu können. Aber sogar unsere positiven Rollen basieren auf Gefühlen der Schuld, der Unzulänglichkeit und des Versagens. Wenn wir nun also für gute Arbeit belohnt werden, können wir diese Belohnung nicht annehmen und nicht glauben, dass wir sie verdienen. Das führt zu Empfindungen der Abstumpfung und Erschöpfung; wir meinen, dass wir in der Falle stecken, fühlen uns ausgebrannt, denken, wir müssten Opfer bringen und alle Lasten selbst schultern. Dadurch sind wir nicht mehr fähig zu empfangen und kommen uns vor wie Betrüger. Wir spüren, dass wir immer härter arbeiten, aber nicht die geringsten Fortschritte machen. Wir fühlen uns ausgelaugt und haben den Eindruck, dass wir schnell altern.

Unsere Rollen sorgen überwiegend dafür, dass jeder gewinnt, nur uns selbst bringt dieses Spiel nichts ein. Wir haben unser Herz und unsere Fähigkeit zu fühlen verloren und sind nicht mehr in unser eigenes Leben einbezogen. Als wir versuchten, unseren Schmerz zu kompensieren, und ihn ablehnten, haben wir auch unsere weibliche Seite und unsere Fähigkeit zu empfangen abgelehnt. Ohne unsere weibliche, empfangende Seite laufen wir einfach im Hamsterrädchen und machen keine echten Fortschritte. Ohne das Gleichgewicht zwischen unserer männlichen und weiblichen Seite setzen wir uns ohne jede Effizienz oder Effektivität unter Druck.

Regeln dienen der Abwehr, und wir setzen sie ein, um uns vor Leid zu schützen. Wenn uns jemand verletzt, stellen wir Regeln für uns selbst und andere auf, mit denen wir versuchen, zukünftige Verletzungen zu vermeiden. Regeln sind so rigide, dass sie uns und die Menschen in unserer Umgebung in Versuchung führen, sie zu brechen. Wenn das geschieht, haben wir das Gefühl, dass die Dinge außer Kontrolle geraten, und wir sind zornig, dass unsere Regeln gebrochen wurden.

Weil Regeln eine Kompensation für tiefer liegende Probleme darstellen, zieht unser innerer Schmerz ähnlich schmerzliche Erfahrungen an, die unsere Regeln durchbrechen und den alten Schmerz an die Oberfläche bringen. Wenn uns das bewusst ist, können wir diese Erfahrung nutzen, um den alten Schmerz und die gegenwärtige Situation zu transformieren. Regeln engen uns ein und führen dazu, dass wir nicht authentisch, sondern nach bestimmten Rezepten leben. Sie fördern die politische Korrektheit, aber keine echte Aufgeschlossenheit. Sie führen zu einem Verhalten, das sich mehr an den Buchstaben als am Geist des Gesetzes orientiert. Regeln sind wie geistige Gefängnisse, die wir anderen aufzuzwingen versuchen. Sie verstärken Schuldgefühle, indem sie uns glauben lassen, es gebe »Gut und Böse« oder »Schwarz und Weiß«. Dieser Gegensatz von Gut und Böse versperrt uns einen höheren, mehr ethischen Weg des Daseins, indem er uns in der äußeren Projektion unserer Schatten gefangen hält. Alles, was wir in Gut und Böse aufteilen, lässt uns an das »Böse« glauben, und wir werden der Selbstbestrafung nicht entkommen, die ein Teil dieses Selbstbildes ist, das wir auf andere projizieren.

Pflichten erfüllen wir, wenn wir meinen, wir »müssten« etwas tun. Dahinter stecken Erwartungen, und genau wie die Rollen, von denen wir meinen, wir »müssten« sie übernehmen, rauben uns diese Pflichten die natürliche Fähigkeit zu empfangen, die sich einstellen würde, wenn wir geben könnten. Das wiederum führt zu Gefühlen der Abstumpfung, der Erschöpfung und des Burn-out.

Auswege aus unseren Rollen, Regeln und Pflichten. Zu den wirksamen Mitteln gegen diese Fallen gehören die freie Wahl und das echte Geben, weil wir uns frei entschieden haben zu geben. Wir tun es nicht mehr, weil wir meinen, es tun zu müssen, sondern weil wir es tun wollen – und diese Entscheidung erlaubt uns zu empfangen. Dadurch erwacht unsere weibliche Seite und hilft uns, unser Herz wieder zu spüren. Ähnliches geschieht, wenn wir unsere Regeln durch Prinzipien ersetzen; damit fördern wir die Kommunikation und den Dialog, und wir schaffen Flexibilität und Offenheit. Prinzipien machen uns aufgeschlossen, während Regeln zur Erstarrung führen. Prinzipien verleiten uns nicht zu Machtkämpfen und erzeugen auch keine repressive Atmosphäre.

b) Die Fallen der zweiten Schicht in der toten Zone – der Ödipuskonflikt, familiäre Muster, Dreiecksbeziehungen und Konfliktsituationen. Der *Ödipuskonflikt* ist eine Verschwörung, die das Ego angezettelt hat, um uns dauerhaft in der Falle zu halten. Eine Verschwörung ist eine Falle, aus der es scheinbar keinen Ausweg gibt, und genau dieses Gefühl hat man bei einer Ödipusverschwörung. Sie lässt unsere Beziehungen chaotisch werden oder hält uns ganz davon ab, Beziehungen einzugehen. Sie führt zur Lethargie in Beziehungen, erzeugt die Dynamik von Dreiecksbeziehungen und Machtkämpfen, um echte Partnerschaft zu verhindern, und bewirkt geschäftliche Probleme wie beispielsweise die Furcht davor, zu gewinnen und Erfolg zu haben. Diese Falle basiert auf Konkurrenz, Mangel an Verbundenheit, Furcht und Schuldgefühlen. Sie erzeugt Betrug in geschäftlichen und privaten Beziehungen, ausgehend von sehr tief verborgenen falschen Ego-Überzeugungen, dass wir unseren Vater und unsere Mutter betrogen, »ermordet« und ihre Gaben gestohlen hätten.

Dieses Ausmaß an wahnhaften Schuldgefühlen, von denen nur das Ego profitiert, stürzt unsere geschäftlichen und privaten Beziehungen ins Chaos. Diese Falle ist so verwirrend und komplex, dass sie Ambivalenzen und Konfliktsituationen in allen Bereichen unseres Lebens herbeiführt, um das Ego zu stärken und das Tao zu schwächen. Diese Verschwörung ist darauf angelegt, Intimität, Erfolg und Gleichberechtigung sowie ein Gleichgewicht zwischen männlichen und weiblichen Elementen zu verhindern, die eine Grundvoraussetzung für den freien Flow des Tao bilden. Sie blockiert echten Kontakt und wahre Liebe in Beziehungen und in der Sexualität. Sie erzeugt dauerhafte Muster von Lethargie und Schuldgefühlen und unterdrückt in noch größerem Ausmaß den Erfolg. Die Ödipusverschwörung ist wie ein riesiger Sumpf, der uns davon abhalten soll, echte Partnerschaft und den damit verbundenen Erfolg zu erlangen. Der erste Schritt zu ihrer Überwindung besteht darin, sie bewusst wahrzunehmen und als eine Ego-Illusion zu erkennen.

Die Falle von *Dreiecksbeziehungen* sind Besessenheit, familiäre Muster von Schuld und Konkurrenz, Konfliktsituationen und die Furcht vor Erfolg.

Eine Dreiecksbeziehung führt zur Besessenheit, und das kann schon mit der ersten Versuchung außerhalb unserer festen Beziehung beginnen. Alles, wovon wir besessen sind, auch wenn es uns angenehm und attraktiv erscheint, wird zu einer Art von Schwelgerei oder Abhängigkeit, die uns massiv behindert. Aber diese Falle hat noch weitere Aspekte, auf die ich im Folgenden näher eingehen werde.

Die Dreiecksbeziehung fällt direkt in unsere familiäre Ödipusverschwörung. Wegen der fehlenden oder unzulänglichen Verbundenheit in unseren Familien spielt jeder seine Rollen und konkurriert mit anderen. Überfluss und Liebe, die in einer Familie mit engen Bindungen normalerweise vorhanden sind, werden rar. Stattdessen herrschen Furcht, Schuld und Konkurrenz. Sexuelle Energie, die innerhalb der Familie ein natürlicher Bestandteil der Liebe ist, wird zu einer eigenständigen Kraft. Wird diese in Extremsituationen ausagiert, dann kommt es zu sexuellem Missbrauch oder Inzest. Meist bleibt sie auf Träume oder Phantasien beschränkt und wird dann unterdrückt, weil wir sie als nicht akzeptabel abspalten.

Oberflächlich konkurrieren wir um die Zuneigung des andersgeschlechtlichen Elternteils. Wenn wir anfangen, uns davor zu fürchten, dass wir dessen Aufmerksamkeit vollständig gewinnen könnten, werden wir zu einem so genannten »Ödipusverlierer«, was zur Folge hat, dass es uns in bestimmten Bereichen unseres Lebens an Erfolg mangelt. Wenn wir gewinnen und diesem Elternteil näher stehen als der eigene Lebenspartner, werden wir zum »Ödipusgewinner«, erfolgreich im Wettbewerb, aber immer noch gefangen in Mustern, die uns Schuldgefühle empfinden lassen, weil wir gewonnen haben. Als Ödipusgewinner sind wir erfolgreich, können unseren Sieg aber nicht genießen. Wir halten Abstand zu unserem Partner, gewöhnlich dadurch, dass wir selbst oder beide Partner zu beschäftigt sind, weil wir in einem tief verborgenen Teil unseres Geistes meinen, den Partner vollständig für uns zu haben – emotional und sexuell –; das würde psychologisch dasselbe sein wie eine entsprechende Beziehung zum andersgeschlechtlichen Elternteil. Auch wenn sie unterdrückt werden, sind unsere

Überzeugungen in diesem Bereich immer noch von starken Schuldgefühlen beherrscht. In Dreiecksbeziehungen können diese Schuldgefühle (sofern nicht eine Person vollständig von ihren Gefühlen abgespalten ist und keine Schuld mehr empfinden kann) so enorm anwachsen, dass sie tödlich wirken. Die Person, die zwischen zwei Partnern steht, kann den Eindruck haben, sie würde völlig zerrissen.

In einer Dreiecksbeziehung schwankt eine Person physisch, emotional und mental zwischen zwei Partnern hin und her. Die Entscheidung für den einen oder anderen scheint bald unmöglich, weil beide die Hälfte von dem haben, was wir wollen. Das kann wieder zur Besessenheit führen, hält uns aber auch von jedem Fortschritt ab. Der Schlüssel zur Auflösung einer *Konfliktsituation* und einer der Auswege aus einer Dreiecksdynamik besteht darin, sich auf die Wahrheit und den nächsten Schritt einzulassen. Wenn Sie das aus vollem Herzen tun, löst sich die Situation gewöhnlich innerhalb von zehn Tagen von allein auf. Der eine Partner verabschiedet sich, der andere tritt vor und macht gemeinsam mit uns den nächsten Schritt, nach dem sich die brillanten Eigenschaften beider Partner zeigen. Dies ist ein einfacher Weg aus einer scheinbar unmöglichen Situation.

Wenn Menschen in einer Dreiecksbeziehung stecken, dann bedeutet das typischerweise, dass sie, bevor sie sich in dieser Dynamik verfangen haben, gerade dabei waren, neue Ebenen von Erfolg und Intimität zu erreichen. Furcht, Schuldgefühle und Lektionen, die sie in der Vergangenheit nicht gelernt haben, lassen sie der Versuchung einer Dreiecksbeziehung erliegen, statt den Schritt zum *Erfolg* zu tun.

c) Die Falle der dritten Schicht in der toten Zone – Konkurrenz. Viele Menschen rühmen die Vorzüge der Konkurrenz, aber relativ wenige kennen ihre verborgenen Fallen. Wer an »gesunden

Wettbewerb« glaubt, hält ihn für eine positive Motivation. Aber in Wirklichkeit führt Konkurrenz nie zu gesunden, erfolgreichen Ergebnissen. Sie können nur durch Partnerschaft, Kooperation und Teamwork erzielt werden.

Wie so viele andere entstammen auch die Fallen der Konkurrenz verlorener Verbundenheit. Das Ego gründet sich auf Konkurrenz, welche die Wurzel aller Konflikte ist. Durch unsere Siege und herausragenden Leistungen wollen wir zeigen, dass wir anderen überlegen sind. Das erzeugt Furcht, Mangel, Illusionen und das Verlangen zu gewinnen, aber keinen Erfolg. Anderen Menschen eine Niederlage zuzufügen, ist nicht dasselbe, wie erfolgreich zu sein. Wer sich für Konkurrenz ausspricht, hat nicht erkannt, dass man sie nicht einfach abschalten kann. Deshalb schleicht sie sich auch in die Arbeitsgruppe, unsere persönlichen Beziehungen und unsere Familie ein und wird zur Quelle vieler Probleme. Wer sich für Konkurrenz ausspricht, hat nicht erkannt, dass sie sowohl den Erfolg als auch die Entfaltung des Bewusstseins einschränkt. Im Rahmen der wechselseitigen Abhängigkeit können wir höhere Ebenen des Erfolgs erreichen als durch Konkurrenz. Die Ödipuskonspiration ist nur eine der Folgen von Konkurrenz. Die Überzeugung, dass es nicht genug gibt, basiert auf Furcht, und wenn wir in diese Überzeugung investieren, wird sie zur sich selbst erfüllenden Prophezeiung.

d) Die Falle der vierten Schicht in der toten Zone – Furcht vor dem nächsten Schritt. Die Furcht vor dem nächsten Schritt ist die Kerndynamik, auf die Konkurrenz sich gründet. Die Furcht vor unseren eigenen Fortschritten ist die eigentliche Wurzel der toten Zone. Furcht vor dem nächsten Schritt ist auch Furcht vor Erfolg und Intimität, die wachsen, wenn wir den nächsten Schritt tun. Natürlich ist diese Furcht eine Illusion und die letzte Chance des Egos in diesem Stadium, uns daran zu hindern, dass wir uns seiner Kontrolle entziehen.

Der Sinn der toten Zone. Die tote Zone ist ein Entwicklungsstadium, durch das wir alle hindurchmüssen. Wenn wir uns der Fallen und der Auswege bewusst sind, schaffen wir den Weg durch dieses Stadium relativ leicht. Gegenmittel sind Entscheidungen, die volle Hingabe an unsere Partnerschaft, die Wahrheit, sich selbst aus vollem Herzen einzubringen, authentisch zu leben, sich selbst einzubeziehen, Gleichberechtigung und Wertschätzung des Weiblichen sowie ein ausgewogenes Verhältnis zwischen unseren männlichen und weiblichen Anteilen.

Die tote Zone überwinden: siebzehn geprüfte und bewährte Wege, sie in einem Zug zu bewältigen. Oft brauchen die Menschen eine lange Zeit, um durch die tote Zone hindurchzukommen. Ich kenne welche, die mehr als zehn Jahre damit verbracht haben, und sie hatten sich engagiert einem Pfad des Wachstums und der persönlichen Entwicklung verschrieben. Ich selbst brauchte fünf Jahre, um aus der toten Zone herauszukommen, und ich war während dieser Zeit voll darauf konzentriert, diese Phase zu erforschen, einen Ausweg zu finden und eine Karte über die Themen anzulegen, die ich währenddessen entdeckt hatte. Jetzt möchte ich Ihnen einige Abkürzungen durch dieses Gebiet zeigen. Denken Sie daran, dass es in der toten Zone vier Fallen gibt, von denen jede genauso gefährlich ist wie die Fallen in jedem anderen Stadium des Dreicksmodells. Am Ende der toten Zone öffnet sich das Tor zu Partnerschaft, Führungsqualitäten und den Gaben des Geistes. Die tote Zone dient erstens als Abwehrlinie gegen Partnerschaft und die Erfüllung unseres Lebenssinns. Zweitens soll sie uns davon abhalten, Führungsqualitäten, Flow, unsere Gaben, eine Vision, das Unbewusste und Meisterschaft zu entwickeln und unserer Bestimmung zu folgen. – Doch kommen wir jetzt zu besagten siebzehn Abkürzungen:

1. Unseren Lebenssinn entdecken und ihm folgen. Den eigenen Lebenssinn zu erfüllen, ist die zentrale Maxime der Psychologie der Vision. Ich habe festgestellt, dass dies das wichtigste Thema ist, um das sich unsere Gedanken immer wieder drehen. Ungefähr 85 Prozent aller unserer Probleme und Konspirationen (chronische Fallen, aus denen wir uns scheinbar nicht befreien können) sollen uns davon abhalten, unseren wahren Lebenssinn zu entdecken und zu verwirklichen. Dabei handelt es sich um ein heiliges Versprechen, das wir vor unserer Geburt auf einer Seelenebene abgelegt haben, diesen ganz bestimmten Beitrag für die Welt und für die Menschen in unserer Umgebung zu leisten. Die Blaupause für unseren Lebenssinn finden wir in unserer Herkunftsfamilie und in unserer gegenwärtigen Familie. Indem wir unsere Seelengaben einsetzen, um unsere Familie von ihren Schmerzen und Fallen zu befreien, erkennen wir unsere Blaupause. Denn wenn wir es schaffen, uns selbst und unsere Familie zu befreien, dann gibt es niemanden, den wir nicht von demselben Problem befreien könnten, und unsere Fähigkeit dazu wird zum Schlüsselelement unseres Lebenssinnes.

Unser individueller Lebenssinn ist unser einzigartiger Beitrag für die Welt und umfasst stets, dass wir selbst glücklich sind, eine Transformation vollziehen, falls wir unglücklich sind, und der Welt dazu verhelfen, ein besserer Ort zu sein. Abgesehen davon haben wir eine besondere Lebensaufgabe, die wir als Paar gemeinsam mit unserem Partner erfüllen, eine Lebensaufgabe als Familie und eine Lebensaufgabe in der Wirtschaft. Sie besteht darin, einen einzigartigen Beitrag für die Wirtschaftswelt und durch unser Unternehmen für die Welt zu leisten.

Die meisten Ängste und psychologischen Schwierigkeiten entstehen rund um dieses zentrale Thema, unseren Lebenssinn zu entdecken und zu verwirklichen. Wenn uns das vollkommen gelingt, bleiben nur noch jene Probleme übrig, die für den Lernprozess entscheidend sind, während wir in verschiedenen Stadien unseres Lebens der Welt verschiedene Dinge zu geben und verschiedene Aufgaben zu erfüllen haben. Bei der Verwirklichung unseres Lebenssinnes empfinden wir Erfüllung und Kreativität; wir inspirieren andere Menschen in unserem Umfeld, während wir ihnen auf dem Weg vorangehen. Indem wir uns vollkommen hingeben, entdecken wir unsere eigene Größe, und in diesem Rahmen entwickeln sich Vision und Genie.

2. Vision erlangen. Die tote Zone ist eine Abwehrmauer gegen die Vision. Wenn unser Verlangen nach der Vision stärker wird als die Furcht vor Fortschritten, finden wir rasch und leicht aus den Fallen der toten Zone heraus. Hier zeige ich Ihnen einige Wege, die zur Vision führen (im folgenden Kapitel werden wir uns genauer mit deren praktischer Umsetzung beschäftigen):

- Wir müssen sie aus ganzem Herzen ersehnen.
- Wir müssen jedem in unserer Umgebung so viel wie möglich geben, auch wenn wir gerade in einer Falle stecken und uns schlecht fühlen.
- Wir müssen uns jeden Tag und jedem Menschen gegenüber zur Gleichberechtigung verpflichten. Das sorgt für ein Gleichgewicht zwischen unserer männlichen und weiblichen Seite, bis sie miteinander zu höheren Ebenen der Kreativität verschmelzen.
- Wir müssen uns selbst jedem aus ganzem Herzen geben.
- Wir müssen unsere Seelengaben voll annehmen.

- Wir müssen uns selbst ganz auf unsere Kreativität einlassen.
- Wir müssen uns völlig darauf konzentrieren, die Hindernisse für die Vision zu heilen, beispielsweise Machtkämpfe, die tote Zone und Befangenheit.

3. *Führungsqualitäten.* Führerschaft mit ihrem vollen Einsatz für das Team, das Ziel, den Flow, die Kooperation, das Unternehmen und die Suche nach einem besseren Weg ist ein ausgezeichnetes Mittel zur Überwindung der toten Zone. Dazu braucht man jemanden, der sich in einer Arbeitsgruppe für gegenseitige Unterstützung und Teamwork einsetzt.

4. *Unsere Begabungen annehmen.* Die Gaben, die wir auf den Ebenen der Führerschaft, Vision und Meisterschaft wieder erlangen, sind genau jene, die nötig sind, um die schädlichen Auswirkungen negativer psychologischer Muster einschließlich der toten Zone aufzulösen.

5. *Uns selbst einbringen.* Wenn wir uns selbst in unser Leben, unsere Arbeit, Beziehungen und Familie einbrächten, könnte es weder Kompensation noch Rückzug geben, die uns davon abhalten, Kontakte zu knüpfen und echte Verbundenheit zu genießen.

In diesem Stadium können wir uns nur dann selbst einbringen, wenn wir erkennen, dass dieses Thema die Wurzel des Problems darstellt und dass Veränderungen nur möglich sind, wenn wir auch wirklich den festen Vorsatz haben, uns selbst einzubringen, denn sonst gibt es keine Partnerschaft, keinen Erfolg, keine Wahrheit, Integrität oder Fähigkeit zu empfangen.

6. *Hingabe.* Wenn wir uns vollkommen für etwas engagieren, machen wir ganz von selbst dramatische Fortschritte. Vielleicht

müssen wir diesen vollen Einsatz mehr als einmal bringen, um persönlich oder geschäftlich durch die tote Zone hindurchzukommen, und ein Paar muss bis zu siebenmal solche Schritte innerhalb der toten Zone vollziehen.

Sich aus ganzem Herzen zu engagieren, bedeutet, dass wir uns selbst, andere oder eine Sache so zu schätzen wissen, dass wir uns auf einer dauerhaften Basis voll dafür einsetzen. Bedenken Sie, dass die Furcht vor Hingabe auf dem weit verbreiteten Missverständnis beruht, Hingabe bedeute einen Verlust von Freiheit. Das Ego erzeugt diese Verwirrung, um uns von Fortschritten abzuhalten.

Wenn jedoch Wertschätzung und Engagement vorhanden sind, dann löst sich die Furcht vor der Hingabe auf, und wir erkennen die Wahrheit: dass Hingabe in Wirklichkeit Partnerschaft, Freiheit und Unbeschwertheit hervorbringt.

7. Gleichgewicht. Wenn wir in unserem Leben zum Gleichgewicht finden, hilft uns das durch die Konfliktsituationen und Opferhaltungen der toten Zone hindurch. Das hängt damit zusammen, dass dieses Gleichgewicht nicht nur zwischen Beruf und Familie herrscht, sondern auch zwischen männlichen und weiblichen Aspekten, sodass wir beides in gleichem Umfang geben und empfangen können. Das gestattet uns, die natürliche Belohnung zu empfinden, wenn wir anderen etwas geben. Dieses Gleichgewicht verhilft uns auch zu mehr Gleichberechtigung in unseren Beziehungen, wodurch Intimität, Erfolg und Flow entstehen.

8. Integrität. Ohne Integrität können wir nicht empfangen. Folglich werden wir mehr und mehr zu »Raffkes«, und unsere Integrität wird noch geringer. Zwar können wir äußerlich erfolgreich sein, aber ein Mangel an Integrität erzeugt in uns eine hektische Gier zu »bekommen«. Daraus erwächst das Gefühl, dass wir nie genug haben, ganz gleich, wie viel wir besitzen. Integrität kommt von Integration, und diese führt zu mehr Ganzheitlichkeit im Inneren und erhöht das Niveau der Partnerschaft in Außenbeziehungen. Integrität verhilft uns zum Gleichgewicht, und das befreit uns von dem Bedürfnis, uns selbst unter Druck zu setzen.

9. Mut zum nächsten Schritt. Alle Probleme spiegeln eine Furcht vor dem nächsten Schritt wider. Die Wurzel der gesamten Dynamik der toten Zone ist die Furcht vor dem nächsten Schritt. Dies ist die Kerndynamik, die zu Konkurrenz führt, und diese wiederum mündet in den Ödipuskonflikt, der überdeckt wird durch Rollen, Regeln und Pflichten. Das ist die Kerndynamik aller Machtkämpfe.

Die Größe eines Problems zeigt uns, wie groß das nächste Kapitel oder Stadium ist: Je größer das Problem, desto mehr Erfolg und Belohnung erwarten uns, wenn wir es überwunden haben. Die Bereitschaft zum nächsten Schritt oder zum Sprung ins nächste Stadium verhilft uns zu visionären Gaben. Wenn der Wunsch voranzukommen stärker ist als die Furcht davor, dann ergeben sich Fortschritte auf natürliche Weise, und Sie vertrauen ganz selbstverständlich darauf, dass Sie das nächste Stadium bewältigen können.

10. Partnerschaft und Gleichberechtigung. Dies ist eine ausgezeichnete Möglichkeit, aus der toten Zone herauszukommen. Lassen Sie sich voll auf die Partnerschaft mit allen Menschen ein, besonders aber mit den wichtigsten Menschen in Ihrem Leben. Ihr Engagement für Gleichberechtigung führt zum Ausgleich Ihrer inneren männlichen und weiblichen Elemente, und daraus entsteht ein Gleichgewicht in Ihren wichtigsten Beziehungen. Das führt automatisch zur Partnerschaft. Das Engagement für Gleichberechtigung bringt Sie und andere auf natürliche Weise zur Ebene der Partnerschaft. Auch wenn Sie vielleicht andere Funktionen und Positionen in einer Organisation haben als jemand anders, sollten Sie sich klar machen, dass zwischen Ihnen und diesem anderen Menschen trotzdem Gleichberechtigung herrschen muss. Das bringt beiden Seiten mehr Erfolg, und Sie gelangen auf eine neue Ebene gegenseitiger Unterstützung und Unbeschwertheit in Ihrer Beziehung. Es inspiriert diejenigen, die in untergeordneten Positionen mit Ihnen zusammenarbeiten, und es unterstützt Ihre Vorgesetzten.

11. Konfliktsituationen transformieren. Die Selbstverpflichtung zum nächsten Schritt löst den äußeren Konflikt ebenso wie Ihre innere Zerrissenheit. Dadurch entsteht ein neues Gleichgewicht in beruflichen und familiären Zusammenhängen, und in anderen Konfliktsituationen können wir auf diese Weise zur besten Lösung finden, ohne dass dabei irgendjemand Verlustgefühle, Kummer oder Schuld empfinden muss. Das Ego schafft Konfliktsituationen, um uns von Fortschritten abzuhalten. Wenn man eine Konfliktsituation bewältigt, indem man sich über den Reiz beider Optionen hinwegsetzt und den nächsten Schritt macht, löst sich die Situation von selbst, und auf der nächsten Ebene findet man die Qualitäten beider Optionen verwirklicht. Sie werden sehr erleichtert sein, dass Sie sich aus dieser Falle und von dem damit verbundenen Stress befreien konnten.

Eine andere Möglichkeit zur Transformation von Konfliktsituationen besteht darin, dass wir uns in Gedanken noch einmal in unsere Kindheit versetzen. Indem Sie Ihre Intuition benutzen, finden Sie heraus, wo Ihre Familie ins Ungleichgewicht geraten ist, und können sich selbst, Ihren Eltern und der gesamten Familie zu einer stärkeren Verbundenheit verhelfen. Wenn sich eine Konfliktsituation in der Familie ereignet, flüstert uns das Ego ein, dass wir entweder die Liebe unseres Vaters oder unserer Mutter verloren haben, aber niemals beide gleichzeitig. Das ist eine weit verbreitete Falle, und das daraus resultierende Ungleichgewicht und die wachsende Distanz und Unabhängigkeit in unserem Geist lassen endlose Konfliktsituationen entstehen.

Um dieses Ungleichgewicht zu verändern, brauchen Sie sich Ihre Eltern nur als Radnabe vorzustellen. Alle Kinder der Familie sind mit dieser Nabe und untereinander verbunden. Jedes Mal, wenn Sie sich das vorstellen, prüfen Sie die Auswirkungen auf Ihre Gefühle und wie die Familienszene vor Ihrem inneren Auge erscheint. Machen Sie diese Übung mehrmals, bis Sie Frieden, Liebe, Freude und Erfüllung empfinden.

12. Gut, Böse und Beurteilungen überwinden. Wenn Sie hart daran arbeiten, Gutes zu erreichen, gibt es zwangsläufig einen Glauben an das Böse. Das Gute wird dann zur Kompensation des Bösen in Ihrem Inneren. Das ist eine psychologische/spirituelle Falle, um uns an Sünde und Schuld zu fesseln. Der Schlüssel liegt darin, die Schwarz-Weiß-Vorstellungen von Gut und Böse hinter uns zu lassen und stattdessen die Wahrheit als Maßstab zu benutzen. Statt zu fragen: »Ist das gut?«, fragen wir: »Ist das die Wahrheit?« Gut zu sein, ist eine Rolle, die uns als Abwehr gegen die Belohnung der Tugend dient, während sie insgeheim unsere Schuldgefühle verstärkt. »Böse« oder »gut« zu sein, sind zwei der frühesten Rollen, die wir übernehmen, und sie verhindern unseren Fortschritt. Eine dieser Rollen zu übernehmen, macht uns ineffektiv und nährt Gefühle der Gleichgültigkeit. Wenn wir die Wahrheit als Maßstab benutzen, werden wir nicht nur ethischer, sondern auch effektiver, weil alles, was wahr ist, auch wirkt.

Wenn wir uns sündig und schuldig fühlen, werden wir uns selbst bestrafen. Wir werden versuchen, unsere Sünde und Schuld zu verdrängen, und meinen, andere müssten bestraft werden. Das blockiert den Flow, macht uns selbstgerecht, fixiert unsere Wahrnehmung auf das, was wir projiziert haben, und hält uns gefangen. Folglich beurteilen und verurteilen wir uns selbst ebenso wie andere. Das setzt andere ins Unrecht und uns ins Recht, was uns von jedem Fortschritt abhält. Wir fallen nicht nur einen Schritt zurück, sondern ein volles Stadium und vielleicht sogar eine ganze Ebene. Das ist schlecht für uns und schlecht für die Wirtschaft. Werden Sie ethischer und verantwortungsbewusster; entscheiden Sie sich für das Prinzip der Wahrheit und der Effektivität. Das wird Ihnen helfen, die katastrophale Ego-Illusion der Schuld zu überwinden.

13. Transferenz verstehen (das Muster aus der Vergangenheit heilen). Transferenz hilft uns, die Wurzel von Beziehungsproblemen zu finden, und offenbart die frühen Ursprünge unserer aktuellen Erfahrungen von Geschäftigkeit, Erschöpfung, Burnout, Depression oder Versagen. Wenn wir an die Wurzel zurückkehren und das ursprüngliche Trauma heilen können, wodurch wir allen Beteiligten einschließlich uns selbst helfen, dann befreien wir sie alle und uns selbst von diesem besonderen Muster. Das bringt uns gewöhnlich zwar nicht aus der toten Zone heraus, weil wir aus so vielen dieser Muster bestehen, aber es bringt uns Erleichterung und ermöglicht uns Fortschritte. Anschließend kommt natürlich die nächste Schicht der toten Zone an die Oberfläche. In der Regel finden wir keine echte Ruhe, bis wir das dritte Stadium der Konkurrenz erreicht haben, wo sich ein guter Teil der toten Zone lichtet.

14. Nach Prinzipien statt nach Regeln leben. Regeln sind Abwehrhaltungen, in die wir auf der Suche nach Sicherheit flüchten; aber sie erzeugen lediglich Teilnahmslosigkeit. Wenn wir nach Regeln leben, verhalten wir uns eher angemessen als authentisch. Regeln sind eine Kompensation für alten Schmerz; sie sind gestelzt und rigide. Prinzipien sind dagegen flexibel, erzeugen einen Dialog und gestatten uns, aufgeschlossen zu reagieren. Prinzipien lehren und fördern Kommunikation. Regeln sind autoritär und bewirken Autoritätskonflikte.

Der Übergang von Regeln zu Prinzipien ist subtil, aber er kann grundlegende Auswirkungen auf unser Leben haben und uns durch eines der schlimmsten Stadien der toten Zone helfen.

15. Das Burn-out heilen. Das Burn-out wird dadurch verursacht, dass wir alle unsere Kräfte auf Leistung ausrichten und dabei oft wenig Rücksicht auf unser eigenes Wohlbefinden und das Gleichgewicht in unserem Leben nehmen. Wer in dieses Stadium kommt, hat beruflich meist eine Führungsposition erreicht, sodass auch die Firma und die Mitarbeiter leiden, wenn der Betreffende sich im Burn-out verliert.

Gewöhnlich löst alles, was in diesem Stadium passiert, einen Zusammenbruch aus. Die Situation ist ähnlich wie im Stadium der Erwartung, wo es den höchsten Stress gibt. In der toten Zone erleben wir den zweithöchsten Stress, meist ausgelöst durch Geschäftigkeit, Unausgewogenheit, Überarbeitung, körperliche und emotionale Erschöpfung und die hohen Anforderungen in diesem Stadium.

Hilfreich wirken hier natürlich Ruhe und eine Veränderung der Perspektive – sogar ein Urlaub –, aber ohne inneren Wandel wird das Problem nur verdrängt und bringt uns später in noch größere Schwierigkeiten, vor allem gesundheitlicher Art, oder das Burn-out besteht weiter. Burn-out führt gewöhnlich zur Gleichgültigkeit, weil das unsere erste Abwehrreaktion ist. Wenn wir uns ausgebrannt fühlen, haben wir uns aufgeopfert, alles auf die eigenen Schultern geladen und versucht, alles selbst zu erledigen. Wir müssen lernen, effektiver zu delegieren und einen Teil der Last abzugeben. Wir müssen lernen, uns zu engagieren, statt uns aufzuopfern. Es ist entscheidend, dass wir zur Partnerschaft mit anderen und mit dem Himmel finden. Das bringt uns Unterstützung und die Gnade, die alles leichter werden lässt. Wenn wir die Gnade auf unserer Seite haben, ist alles möglich.

Wichtig ist auch die Erkenntnis, dass ein Thema aus der Vergangenheit mit unserer ursprünglichen Erfahrung des Burnouts in unseren Familien zu tun hat. Dazu kommt es immer, wenn in der Familie keine wirkliche Verbundenheit herrscht. Ohne Verbundenheit opfern wir uns auf, weil wir die Familie retten wollen; aber das schaffen wir nicht, sondern wir brennen stattdessen aus, werden unabhängig und distanziert. Wir müssen dieses Muster heilen, damit wir frei sein und echte Partnerschaft verwirklichen können.

16. Rollen und Pflichten heilen. Rollen heilen wir, indem wir unsere Wahl treffen. Wir entscheiden uns einfach dafür, das zu tun, wovon wir meinten, wir »müssten« es tun. Dadurch beziehen Sie sich selbst in Ihr Leben ein und bekommen so die Möglichkeit, für das, was Sie tun, etwas zu empfangen.

Sie können Ihre Intuition einsetzen, um an den Punkt Ihres Lebens zurückzukehren, wo Sie begonnen haben, eine Rolle zu übernehmen, und dabei die Gabe entdecken, die Sie unter dem Schmerz der Rolle begraben haben. Indem Sie diese Gabe annehmen und ihr mehr Bedeutung verleihen als dem Schmerz, können Sie Rollen und Pflichten heilen.

17. Die Macht der Beziehungen. Wie schon mehrfach betont wurde, sollten Sie bedenken, dass Beziehungen die mächtigsten Triebkräfte zum Erfolg sind. Wenn sich zwei Menschen vollkommen dafür einsetzen, ein bestimmtes Ergebnis zu erzielen, werden sie das durch die Kraft ihrer miteinander verbundenen Absichten erreichen. Die Kraft eines Paares, das die Differenzen und die Lethargie der Vergangenheit überwunden hat und sich gemeinsam auf dem Weg zur Partnerschaft befindet, ist stets der effektivste Antrieb für Wachstum und Erfolg. Wenn Sie sich Ihrem Partner und den Menschen in Ihrer Umgebung voll verpflichten, dann wird Ihnen das helfen, leichter aus der toten Zone herauszukommen.

Jenseits der toten Zone

Im Jahr 1983 arbeitete ich mit einem Mann, der kurz vor dem Bankrott stand. Er hatte eine Idee aus Europa aufgegriffen, die sehr erfolgreich war, ein Produkt, das es dort in jedem Haushalt gab. Aber in Südkalifornien erwies sich die Sache als Flop.

Während unseres Gesprächs stellten wir fest, dass seine Beziehung zu seiner Frau – wie sein Unternehmen – in einer endlosen Einöde steckte. Er benutzte sogar dieselben Worte, um seine Frau und seine finanzielle Situation zu beschreiben.

Nach einigen Sitzungen, in denen wir über seine Beziehungsmuster und ihre Wurzeln in der Kindheit gesprochen hatten, fand er bei einer kleinen Firma eine gut bezahlte Position. Er gab sein eigenes Unternehmen nur zu gern auf, denn dort hatte er für den härtesten und anspruchsvollsten Chef aller Zeiten gearbeitet – sich selbst.

Während unserer Zusammenarbeit haben wir uns mit seinen Kindheitsthemen beschäftigt, die zu einem Muster geworden waren, das seine Arbeit und seine Beziehungen zerstörte. Nach lediglich vier Sitzungen kam wieder Leben in seine Beziehung zu seiner Frau, und das Geld begann ohne große Mühe zu fließen. Er konnte sich entspannen und einfach eine Weile für jemand anders arbeiten.

Die Stadien der Ebene gegenseitiger Abhängigkeit

Die Ebene der wechsel- bzw. gegenseitigen Abhängigkeit oder Partnerschaft ist typischerweise eine sehr viel erfolgreichere. Alles wird leichter, und der Flow sehr viel größer. Hier kommen wir zu der Erkenntnis, dass Partnerschaft und Teamwork die Antworten auf die meisten Probleme sind. Alle Probleme erwachsen aus Klagen, Furcht, Autoritätskonflikten und Abspaltung. Während wir neue Ebenen der Verbundenheit erreichen, lösen sich die meisten äußeren Probleme auf.

Auf der Ebene wechselseitiger Abhängigkeit gibt es die folgenden drei Hauptstadien:

1. das Stadium von Freundschaft/Führerschaft,
2. das Stadium der Vision und
3. das Stadium der Meisterschaft.

1. Die Ebene gegenseitiger Abhängigkeit: das Stadium von Freundschaft/Führerschaft. Zu diesem Stadium gehören viel Inspiration, Flow und Effizienz. Uns stehen zahlreiche Gaben zur Verfügung, und wir erkennen, dass wir angesichts von Herausforderungen oder Fallen auf besondere Gaben zurückgreifen können, mit denen sich die meisten dieser Probleme lösen lassen.

Ein Führer will, dass die Arbeit erledigt wird, aber ein echter Führer ist für beides verantwortlich, das Team und die Aufga-

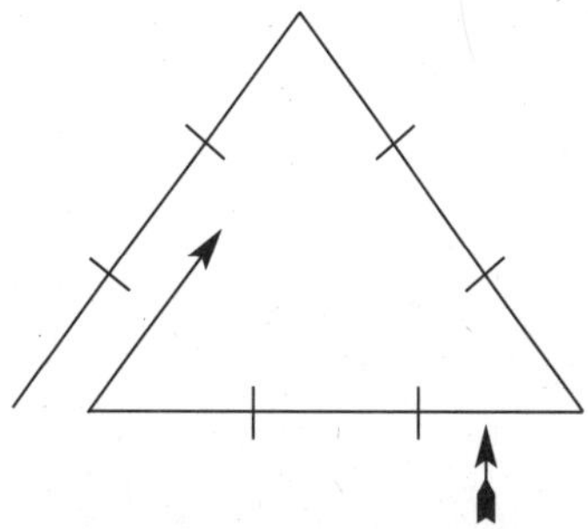

ben. Das stärkt das Team bei seiner Arbeit. Die Führungspersönlichkeit ist offen für das Team und die Aufgabe. Er beantwortet die ausgesprochenen und unausgesprochenen Bitten um Hilfe. Führer sind in einem solchen Maße intuitiv, inspiriert und im Flow, dass sie ihr eigenes Glück hervorbringen. Sie verfügen über Spontaneität und Effizienz. Sie wissen, wie gut Humor und Spaß das Team beleben können. Sie erkennen, dass die Fallen der Befangenheit und Selbstbestrafung den Flow behindern und Hilferufe blockieren sollen.

Ein Führer lässt sich nicht durch Zweifel, Befangenheit oder Selbstbestrafung davon abhalten, auf die Bedürfnisse anderer einzugehen. Er verfängt sich nicht in den Fallen von Genusssucht, Aufopferung oder Autoritätskonflikten, sondern findet instinktiv den Weg nach vorn.

2. Die Ebene gegenseitiger Abhängigkeit: das Stadium der Vision. Dies ist ein großartiges Stadium, in dem wir uns mit den Bruchstücken des unbewussten Geistes auseinander setzen. Dabei handelt es sich um Konflikte auf der Seelenebene, die uns nach ihrer Lösung neue Ebenen des Erfolgs, der Macht und der visionären Gaben erschließen, welche uns in die Lage versetzen, unseren Lebenssinn zu verwirklichen.

Wir können in diesem Stadium vor großen Problemen stehen, aber wenn wir alles wagen, werden wir sie überwinden. Im

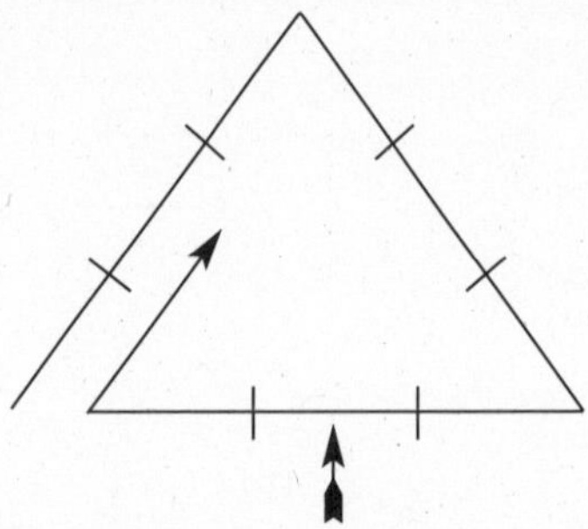

Stadium der Vision finden Geist und Herz zusammen, und das führt zu einer grundlegenden Öffnung, die uns einen neuen, kreativen Weg nach vorn erkennen lässt. Abgesehen von den Konflikten und Herausforderungen auf dieser Ebene erleben wir auch extrem starke Emotionen, die aus unserem Unbewussten aufsteigen. Wir erkennen solche unbewussten Emotionen daran, dass ihre Gewalt uns in die Knie zwingt. Diese Ebene ist überaus kreativ, und wir können hier große Sprünge nach vorn machen.

Der einfachste Weg zur Vision besteht darin, dass wir ausnahmslos allen und allem geben. Wenn wir das in der Absicht tun, unseren Lebenssinn zu erfüllen und zur Vision zu gelangen, dann wird sich der Geist allmählich für die Transzendenz öffnen. Diese Art zu geben öffnet Geist und Herz und verhilft uns zu Inspirationen, medialen Fähigkeiten und zur Vision.

3. Die Ebene gegenseitiger Abhängigkeit: das Stadium der Meisterschaft. Die Blockaden auf dem Weg zu diesem Stadium sind Gefühle der Wertlosigkeit und des früheren Versagens sowie Familienmuster, die eigentlich Seelenmuster sind. Hier erwarten uns Gaben des Seins, des Glücks, der Macht und Gnade, der Effektivität und Geschenke der höheren Seelenebene. Der Geist ist sehr offen für Führung und muss sich seinen letzten Schatten stellen.

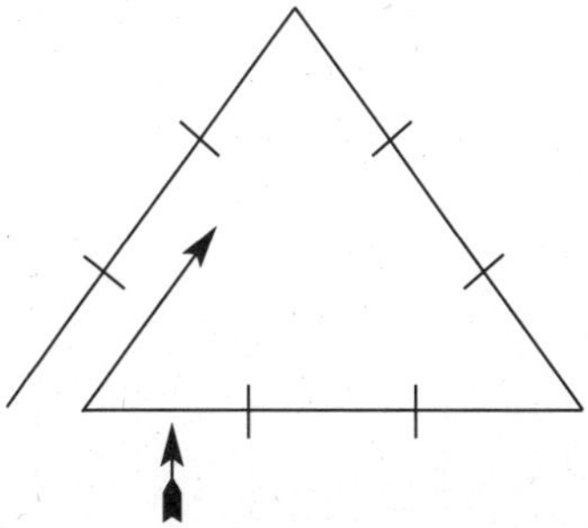

In diesem Stadium lernen wir, nur dann zu handeln, wenn wir inspiriert sind, und die Inspiration durch uns wirken zu lassen. Diese Ebene zeugt von einer grundlegenden Schlichtheit. Wer das Stadium der Meisterschaft erreicht hat, arbeitet nicht aus Notwendigkeit, sondern folgt dabei einer inneren Führung.

Die Ebene der spirituellen Abhängigkeit

Diese vierte Ebene ist eine sehr spirituelle. Gewöhnlich befassen wir uns hier mit Themen aus den letzten drei Stadien, das heißt mit einigen der Blockaden auf dem Weg zu dieser Ebene, bevor wir die Erleuchtung erreichen. Auf dieser Ebene geht es für uns um die tiefsten Emotionen des Geistes: unsere tief vergrabene Negativität, unsere Wutanfälle und unsere schlechten Einstellungen. Hier entdecken wir die eigentlichen Wurzeln unseres Egos, charakterisiert durch Symptome, die Formen der Rebel-

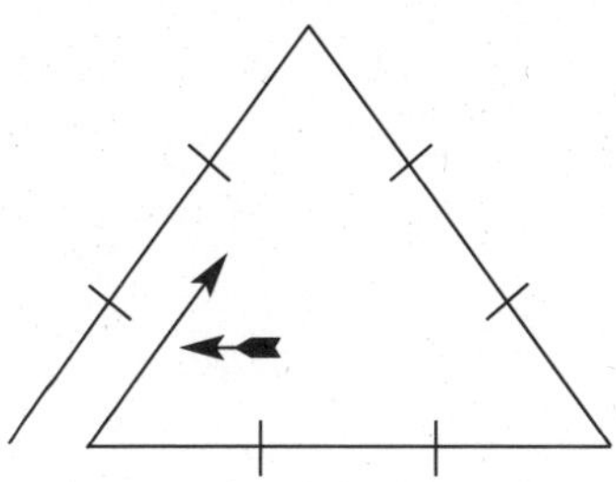

lion sind. Was uns hier an weiteren Fortschritten hindert, ist Rebellion – unser verdrängter Autoritätskonflikt. Wenn wir ganz und gar auf dieser Ebene der radikalen Abhängigkeit angekommen sind, leben wir in einem Zustand der Erleuchtung.

Die Kombination der Prinzipien und Lehren der Psychologie der Vision und des evolutionären Dreiecksmodells sind von großem Wert für uns, denn sie befähigen uns, die Fortschritte in unserer persönlichen Entwicklung, im Wachstum unseres Unternehmens, bei unseren Angestellten und Kollegen und in unserer spirituellen Entfaltung zu verfolgen. Wenn wir jeden Bereich unseres Lebens im Dreiecksmodell identifizieren können, finden wir auch unseren Weg nach vorn und können den nächsten Schritt in Richtung auf Erfolg und Vision gehen. Wenn wir unsere Kenntnis des Tao mit den Prinzipien und Modellen der Psychologie der Vision verknüpfen, dann können wir intuitiv unseren Fortschritt erkennen und wissen, wohin unsere nächsten Schritte uns führen müssen.

5. Zur Vision finden: Von der Unabhängigkeit zur gegenseitigen Abhängigkeit

In diesem Kapitel geht es darum, wie wir zur Vision finden und im Dreiecksmodell von der unabhängigen Ebene (mit ihrer toten Zone sowie den Stadien der Erwartung und der Kontrolle) zur Ebene der wechsel- bzw. gegenseitigen Abhängigkeit gelangen, die es uns gestattet, uns für die Vision in unserem privaten und geschäftlichen Leben zu öffnen und damit höhere Ebenen der Partnerschaft, der Kooperation und des Teamworks zu erreichen. Der nächste Abschnitt ist ein kurzer Rückblick auf die Ebene der Unabhängigkeit und ein Ausblick auf die Ebene der gegenseitigen Abhängigkeit und Vision.

Wie wir den Richtungswechsel bewältigen

Bei der Unabhängigkeit, die wir auf der unabhängigen Ebene erleben, besteht das Problem darin, dass sie distanziert ist. Das bedeutet, dass sie in den meisten Fällen eine übertriebene, unwahrhaftige Form der Männlichkeit ausdrückt. Wir distanzieren uns, um unseren unerfüllten Bedürfnissen und unserer Furcht vor dem nächsten Schritt entgegenzuwirken, um Niederlagen und Gefühle der Wertlosigkeit, der Aufopferung und des Missbrauchs zu kompensieren. Wenn wir unsere Lektionen aus diesen Erfahrungen gelernt hätten, dann müssten wir uns von dem damit verbundenen Schmerz nicht distanzieren, weil wir ihn integriert und das Unbehagen transformiert hätten.

Auf unserem Weg von der abhängigen Ebene und ihrem effektiven Fleiß sind wir in das Stadium des Managements gelangt, wo harte Arbeit kontraproduktiv wirkt. Unser erster Schritt ins Management ist unser erster Schritt in die unabhängige Ebene und die Kompensation von Forderungen, Erwartungen und Perfektionismus. Wir versuchen, zu viele Dinge zu tun und alles selbst zu erledigen. Das ist ineffizient und ineffektiv.

Während wir uns auf die zweite Ebene der Unabhängigkeit zubewegen, kompensieren wir die Niederlagen und den Kummer früherer Zeiten, indem wir uns selbst und andere kontrollieren, was zu Machtkämpfen und neuen Niederlagen führt. Die Furcht, die wir auf diese Weise verbergen wollen, wird so aber nur noch größer, was weitere Fortschritte verzögert und verhindert. Es spielt dabei überhaupt keine Rolle, ob wir unseren großen Kummer während der Kindheit, in Liebesbeziehungen oder im Beruf erlebt haben; sie alle manifestieren sich als Kontrolle am Arbeitsplatz.

Das Gegenteil von Kontrolle ist Vertrauen. Es basiert auf Glauben und Zuversicht, und damit nutzen wir unseren Geist in positiver Weise. Das Ziel des Vertrauens besteht darin, zum Erfolg zu kommen, und es gibt eine natürliche Korrelation zwischen Erfolg und Vertrauen. Das Ziel der Kontrolle besteht darin, uns vor Schmerz und Furcht zu schützen, und das ist ein ineffizienter und ineffektiver Führungsstil. Kontrolle sagt: »Ich weiß, wie ich mich am besten vor Schmerz schütze, und deshalb weiß ich auch, was am besten ist, um dich vor Schmerz zu schützen.« Dieses Vorgehen zieht jeden Autoritätskonflikt an und verwandelt ihn in einen Machtkampf, trotz der besten Absicht, alle vor Schmerzen und Niederlagen zu schützen. Kontrolle ist eine Verteidigungshaltung. Sie macht Druck für »meine Art und Weise«, und als Folge davon ziehen sich die Leute zurück, werden passiv-aggressiv oder wehren sich aktiv. »Unsere Art und Weise« statt »meine Art und Weise« wird das gesamte Team zum Erfolg führen.

Im dritten Stadium sind wir auf einem hohen Karriereniveau angelangt, zum Beispiel als Geschäftsführer oder Eigentümer eines Unternehmens. Das ist das zweitstressigste Stadium unserer Entwicklung, und hier vor allem droht uns das Burnout. Es ist eine Kompensation früher Schuldgefühle, Misserfolge oder Gefühle der Wertlosigkeit. Wir haben es hier mit Rollen und Aufopferung zu tun, mit dem Ödipuskomplex, Konkurrenz und der Furcht vor dem nächsten Schritt. Das kann uns zu extremer Geschäftigkeit und Überarbeitung verleiten, und wir versuchen, alles auf die eigenen Schultern zu laden. Wir verwechseln die Themen der toten Zone mit dem, was wir für echte Führungsqualitäten halten, und daraus entstehen weitere Isolation und Erschöpfung. Diese Gruppe von leitenden Angestellten ist die größte Ressource, über die ein Unternehmen verfügt, aber wer auf dieser Ebene angekommen ist, kann sich durch mangelnde Wahrnehmungsfähigkeit in den bereits erwähnten Fallen und den ihnen zugrunde liegenden Prozessen verfangen. Mit zunehmender Wahrnehmung kommt die Erkenntnis, dass jede Falle bei jedem Schritt in die Unabhängigkeit zu einem besonderen Stadium gehört und relativ leicht überwunden werden kann.

In jedem Bewusstseinsstadium müssen wir uns mit einer größeren Falle auseinander setzen. Aber im Stadium der toten Zone, dem dritten und letzten Stadium der Unabhängigkeit, gibt es vier größere Fallen. Das Ego, das Prinzip von Gier und Abspaltung, setzt alles daran, uns in diesem Stadium festzuhalten, denn wenn wir zu Partnerschaft und gegenseitiger Abhängigkeit gelangen, verliert es viel von seiner Macht.

Auf der Ebene der gegenseitigen Abhängigkeit gibt es größeren Flow und mehr Erfolg; wir bauen zuerst Partnerschaften und dann Gemeinschaften auf, statt für unsere individuellen Ziele zu kämpfen. An dieser Stelle bringen wir Erfolg in unser Leben, statt nur in die Pläne unseres Egos zu investieren. Das Ego hat ein persönliches Interesse daran, sich selbst auf unsere Kosten zu stärken und zu erhalten. Es ist das Prinzip der Furcht, eingesperrt in den Teufelskreis von Überordnung/Unterordnung. In diesem Stadium unserer persönlichen und beruflichen Entwicklung ist es kontraproduktiv, weil es Empfangen durch Nehmen ersetzt.

Wechselseitige Abhängigkeit ist das Prinzip der Gleichberechtigung und Gegenseitigkeit. In einer echten Gemeinschaft geht es um gegenseitige Hilfe und Gleichberechtigung statt um Beurteilung und Überlegenheit. Alle Mitglieder genießen ein Höchstmaß an Freiheit und Lebensqualität, ohne den anderen ihre Vorstellungen aufzuzwingen. In einem Unternehmen, das auf dem Gemeinschaftsgedanken basiert, herrscht Verständnis dafür, dass es ein Gleichgewicht geben muss zwischen der Arbeit, die zu erledigen ist, und dem Wohlbefinden der Mitarbeiter. Es muss ein Produkt oder eine Dienstleistung geben, die echte Werte repräsentieren. Sie bilden das Fundament der Gemeinschaft – jener, in der das Unternehmen lokal verankert ist, und gleichzeitig der Weltgemeinschaft. Wenn dieses Gleichgewicht gewahrt wird, dann herrscht innerhalb des Unternehmens ein großer Flow, und es gibt eine ausgezeichnete Grundlage, um mit minimalem Aufwand zu Geld, Harmonie und Effektivität zu kommen. Ein Unternehmen, das sich dieses Gleichgewicht bewahrt, verfügt über mehr Weitblick. Es richtet seine Aktivitäten langfristig aus und interessiert sich nicht nur für das schnelle Geld.

Eine Firma, die ihre Basis in der Gemeinschaft hat, ist sich darüber im Klaren, dass ihre Angestellten den größten Teil des

Tages bei der Arbeit verbringen. Die Unternehmensführung erkennt, wie wichtig es deshalb ist, eine harmonische Arbeitsumgebung zu schaffen, vor allem in emotionaler Hinsicht. Das motiviert die Mitarbeiter.

Ein Unternehmen, das seine Basis in der Gemeinschaft hat, unterstützt neue und alte Mitarbeiter dabei, das gemeinsame Ziel zu erreichen. Wenn eine Firma ihre Aktivitäten auf Konkurrenz gründet, versuchen einzelne Mitarbeiter oder Abteilungen, ihre eigenen Interessen zu verfolgen, im Zweifelsfall sogar auf Kosten anderer Kollegen im Team oder anderer Abteilungen im Unternehmen. Eine Unternehmenskultur der Großzügigkeit und Unterstützung fördert Gefühle der Sicherheit, des Wohlbefindens und der Kreativität. Wenn Altruismus und Hilfsbereitschaft die Atmosphäre am Arbeitsplatz bestimmen, gibt es einen positiven Flow innerhalb der Firma und in Richtung auf die Gemeinschaft. Das führt zum Ausgleich zwischen Erfolg und dem Bedürfnis nach Nähe, denn Forschungsergebnisse haben gezeigt, dass es uns glücklich macht, wenn wir anderen helfen und ihnen etwas geben können.

Wir alle kennen dieses Prinzip. Wir haben es in unseren Kirchen, Tempeln und Moscheen gehört. Aber nicht immer übersetzen wir dieses Wissen so, dass es in unserem Inneren Früchte trägt. Wenn wir uns zu Hause anders als am Arbeitsplatz verhalten, sind wir distanziert und leben nicht im Einklang mit uns selbst. Das ist weder effizient noch effektiv, denn es macht uns selbst und andere zu Objekten, die man benutzen kann. Dieses Verhalten ist nicht authentisch und erschöpft uns, weil es Konflikte in unserem Inneren und in unseren Beziehungen zu anderen fördert. So fühlen wir uns betrogen, in unseren Rollen gefangen, und es bleibt in unserem Leben kein Raum für uns selbst. Wir gehen mit allen anderen gut um, bleiben jedoch innerlich unbeteiligt.

Die USA und das Modell des Dreiecks

Eine ähnliche soziologische Situation wie heute gab es wie gesagt in den 1960er Jahren: den Übergang von der Ebene der Abhängigkeit zur Ebene der Unabhängigkeit. Es war ein bemerkenswerter Bewusstseinswandel. In den 1950ern waren wir abhängig von Familie, Kirche, Regierung und Gesellschaft, die uns sagten, was wir zu denken hatten. In den 1960ern kam sehr viel unabhängiges Denken und Leben auf. Das Jahr 2000 markiert den Beginn einer weiteren Übergangsperiode. In solchen Phasen sind gewaltige soziale Kräfte am Werk. Es kommt zu einem Wertewandel, der für die Menschen recht unbehaglich werden kann. Das führt oft zu einer ablehnenden Haltung gegenüber Veränderung, und man versucht, das sprichwörtliche Kind mit dem Bad auszuschütten. Genau das geschieht gegenwärtig in den Vereinigten Staaten.

In den USA stecken die Politiker im unabhängigen Stadium fest. Präsident Clinton musste sich während seiner Amtszeit den Herausforderungen der toten Zone stellen, dem letzten Stadium der Unabhängigkeit. Seine Vision reichte aus, um die Fallen der ersten Schicht der toten Zone zu überwinden, aber er blieb in der zweiten Schicht, der Ödipuskonspiration, hängen. Seine Affäre beraubte ihn der Möglichkeit, eine neue Ebene der Vision zu erreichen. Zusätzlich löste sie in den konservativen Kreisen der USA heftige moralistische Reaktionen aus.

Trotz seines Versprechens, den USA die Einheit zu bringen, ließ Präsident Bush das Land ins Kontrollstadium zurückfallen. Die Polarisation zwischen liberalen Demokraten und konservativen Republikanern nahm weiter zu. Er entfremdete die USA fast allen ihren Verbündeten und begann einen unpopulären Krieg gegen den falschen Feind in der irrigen Annahme, dieser sei leicht zu besiegen. Er tappte in eine der schlimmsten Fallen, die es in den Stadien der Kontrolle und der toten Zone gibt, indem er die Schattengestalt angriff, die Saddam Hussein verkörperte. Wie der Krieg gegen den Irak gezeigt hat, verschärfte der Angriff nur das ursprüngliche Problem. Präsident Bush hätte den Terroristen kein besseres Instrument zur Rekrutierung weiterer Sympathisanten in die Hand geben können. Am Ende ist die Polarisation zwischen der westlichen und der islamischen Welt nur größer geworden. Nachdem dieser Krieg uns viele Menschenleben und viel Geld gekostet und die Wirtschaft geschwächt hat, können wir nur hoffen, dass die Demokratisierung des Iraks sich als hilfreich und fruchtbar erweisen wird.

Präsident Bush empfiehlt den Familien und der Welt eine Rückkehr zu starken Werten, was stets wichtig für ein Land ist. In wirtschaftlicher Hinsicht hat er jedoch versucht, uns zu den Werten der 1950er Jahre zurückzuführen, wo Wirtschaft, Kirche und Regierung gemeinsam über die gesellschaftliche Entwicklung bestimmten. Im Grunde hat er sogar versucht, die Wirtschaft durch Deregulierungsmaßnahmen noch weiter in die Vergangenheit zurückzubringen. In den 1890er Jahren haben die Carnegies, die Melons und die Rockefellers in Amerika große Imperien errichtet. In neuerer Zeit war ein ähnliches Phänomen im Energiefeld zu beobachten; der »kleine Mann« bezahlt die Zeche, wenn es keine Regulation gibt. Irgendjemand errichtet ein Wirtschaftsimperium auf Kosten des »kleinen Mannes«.

Ein anderes Zeichen der Regression in alte Muster war die Weigerung, das Protokoll von Kyoto zu unterzeichnen. Die Einstellung, dass man die Natur im Profitinteresse ausbeuten und plündern darf, gehört maßgeblich zum alten System und Bewusstsein. Dieses Vorgehen machte die USA in der restlichen Welt extrem unpopulär, weil es die Botschaft vermittelte, dass die Befriedigung der eigenen Habgier dem Land wichtiger war als die Gesundheit der Umwelt. Diese Blindheit und Selbstgerechtigkeit entspringt derselben Haltung, die auch dazu führt, dass Imperien errichtet werden. Sie gründet in der bequemen Verleugnung der Erkenntnis, dass die natürlichen Ressourcen begrenzt sind.

Weitere Hinweise auf die Rückkehr zu alten Wirtschaftskonzepten war das Ausmaß von Begünstigung, Vetternwirtschaft und direkten wirtschaftlichen Vorteilen, von denen einige ausgewählte Firmen zu Beginn des Krieges gegen den Irak profitierten, beispielsweise Halliburton, das Unternehmen, dessen Chef Vizepräsident Cheney früher war. Die 1890er Jahre erschienen als Wirtschaftsparadies, denn damals durften die Unternehmen die Welt ungestraft ausplündern und ihre eigenen Imperien errichten. Aber die Wirtschaft kann nicht ohne gravierende Konsequenzen in diese alten Muster zurückfallen. Ebendeshalb hatten Präsident Roosevelt und der Kongress die Energiemärkte reguliert; es ging darum, die Bürger und Verbraucher zu schützen. Als die republikanische Administration nun das Bestreben erkennen ließ, unter Einsatz ihrer militärischen Macht ein US-Imperium zu errichten, versetzte sie die Hälfte der eigenen Bürger und den Rest der Welt in Angst und Schrecken.

Durch den Rückfall in die 1950er Jahre wird unser Bewusstsein von einer selbstgerechten Blindheit getrübt. Das habe ich sehr deutlich bei einem Erlebnis zwei Monate vor Kriegsbeginn erkannt. Ich saß in einem noblen Sushi-Restaurant an der Theke und unterhielt mich mit einem höheren Offizier, der neben mir saß. Er war umgänglich und intelligent, vertrat jedoch eine sehr einseitige Weltsicht: »Wir sind die Guten, wir haben Recht. Wenn ihr unsere Freunde seid, werdet ihr uns unter allen Umständen unterstützen. Weil wir Recht haben, ist alles, was wir tun, gerechtfertigt.«

Genau diese Haltung hat zur Misshandlung von Gefangenen im Irak geführt. Ebenso hat sie dazu geführt, dass die USA bei ihrem Engagement in Mittel- und Südamerika und in anderen Teilen der Welt nicht als Befreier, sondern als Unterdrücker wahrgenommen werden. Dieselbe Haltung steckt hinter dem Heimatschutzgesetz, das verabschiedet wurde, weil wir Angst hatten und meinten, uns schützen zu müssen. Allein schon der Name »The Patriot Act« impliziert, dass jeder, der ein Patriot ist, hinter diesem Gesetz stehen muss, auch wenn es die bürgerlichen Freiheiten nachdrücklich einschränkt. Aber wir glauben daran, dass die Regierung ihrem Wesen nach gut ist und für die Bürger des Landes sorgt.

Das ist ein Rückfall in das Bewusstsein der 1950er Jahre, das es uns leicht macht, zu leugnen und zu rationalisieren, was unsere Regierung zum Schutz unserer Interessen tut. Wir können andere zu Opfern machen und uns dabei rechtschaffen fühlen. Unsere Furcht kann missbraucht werden, um uns als Volk zu manipulieren, angeblich in unserem besten Interesse. Dieses Bewusstsein kann zu Fundamentalismus, Faschismus und Totalitarismus führen. Es ist eine Rückkehr zur Furcht, die jede Seite für den Weg kämpfen lässt, den sie für den richtigen und einzig möglichen hält. Es ist ein Rückfall vom Konkurrenzverhalten der unabhängigen Ebene auf die Sieger-Verlierer-Haltung der Abhängigkeit.

Das ist nicht gut für die Wirtschaft. Krieg ist auch nicht gut für die Wirtschaft; er ist nur lukrativ für eine kleine Gruppe von Menschen, die auf Kosten der anderen herrschen. Hier liegt einer der Gründe, warum die Wirtschaft in diesem Jahrhundert ihre Führungsrolle übernehmen muss. Die Wirtschaft ist praktisch und pragmatisch. Die Wirtschaft weiß, dass langfristig jeder vorwärts kommen muss. Auf diese Weise gewinnt man Kunden, ohne die Verlierer subventionieren zu müssen. Was nicht gut für die Wirtschaft ist, kann letztlich für niemanden gut sein.

Wohlstand und Überfluss kann es nur geben, wenn Frieden herrscht, und den erreicht man nicht durch Kämpfen, Gewinnen und Verlieren. Die Welt kann sich nicht rückwärts bewegen. Der Erfolg stellt sich ein, wenn man vorwärts geht. Die höchste Ebene des Erfolgs ist erreicht, wenn alle erfolgreich sind. Im Krieg gibt es Gewinner und Verlierer. Kriegswirtschaft ist die schlimmste Form der Wirtschaft, die es gibt. Sie bedeutet, dass Ressourcen im Wert von vielen Milliarden Dollar im Meer versenkt werden. Krieg ist eine psychologische Katastrophe – er hinterlässt Narben, die viele Generationen überdauern.

Ich habe schon angedeutet, dass wir etwa seit dem Jahr 2000 immer mehr Energie und Gnade empfangen. Das Ergebnis ist eine schnellere Entfaltung des Bewusstseins und eine beschleunigte Evolution. Bewusst wahrzunehmen, was geschieht, kann eine große Hilfe in Ihrem Leben, Ihren Beziehungen und Ihren geschäftlichen Aktivitäten sein. Wenn sich die Entwicklungen so beschleunigen, wie sie das gerade jetzt tun, kommen auch die Probleme, die der Heilung und Veränderung bedürfen, schneller an die Oberfläche. Die gegenwärtige Regression zeigt uns sehr deutlich, worum es dabei geht. Man kann die *echten* Werte der 1950er Jahre nehmen und sie in die gegenwärtigen und notwendigen Veränderungen integrieren.

Da im Moment so viel Licht auf die Erde kommt, könnte es sein, dass wir eine letzte Regression erleben, die es uns ermöglicht, alles Negative zu transformieren und die besten der alten Werte zu integrieren, um auf diese Weise wirklich die unabhängige Ebene zu erreichen. In den USA brauchen wir sowohl die Republikaner als auch die Demokraten, um zu einem neuen Bewusstsein zu finden, das sich auf Gemeinschaft gründet. Wir brauchen die besten der alten Werte ohne die damit verknüpfte Blindheit, Selbstgerechtigkeit und Polarisation. Integrität muss beide Seiten umfassen. Der beste Teil der demokratischen, liberalen Sicht, wenn sie integriert wird und aus ganzem Herzen kommt, ist die für eine wechselseitige Abhängigkeit notwendige Vision. Wenn wir die Positionen beider politischer Parteien in den USA integrieren können, wird es uns gelingen, eine Gesellschaft zu gestalten, die sich auf Partnerschaft gründet. Eine solche Gesellschaft errichten wir nicht, wenn wir uns wie Partisanen verhalten; das ist ungefähr so nützlich, als würde eine Hand die andere bekämpfen. Wenn wir zur Partnerschaft finden, können wir eine neue Vision erreichen, die auf Freundschaft und Gemeinschaft basiert. Wenn uns das in den nächsten sieben Jahren in Amerika gelingt, wird es uns auch im Rest der Welt gelingen.

Wir brauchen den besten Teil der konservativen Sicht, der das Beste der abhängigen Ebene und ihrer Fundamente umfasst. Diesen Teil müssen wir verbinden mit dem, was wir auf der unabhängigen Ebene erreicht haben. Beides zusammen repräsentiert ein Gleichgewicht der männlichen und weiblichen Seiten. Ohne dieses Gleichgewicht sind wir nicht fähig zu empfangen und können keinen Erfolg haben. Wir sehen nun also, welche bedeutende Rolle die Wirtschaft bei dieser weltweiten Transformation spielen könnte.

Betrachten wir den heutigen Zustand der USA im Licht der Dreieckskarte der Evolution, erkennen wir eindeutig, wo wir stehen und welche Richtung wir einschlagen könnten, wenn wir in diesem Stadium echte Entscheidungen träfen. Ich glaube, dass die Wirtschaft das tun muss, denn es sieht nicht so aus, als seien die Politiker bereit, die notwendigen Sprünge nach vorn zu machen. Im Interesse der gesamten Welt muss die Wirtschaft ihre weltweite Führungsrolle übernehmen. Habgier basiert auf

Furcht und dem Glauben daran, dass Mangel herrscht. Dadurch herrscht zwangsläufig Konkurrenz. Die Wirtschaft kann sich selbst umgestalten und uns auf den Weg zu neuem Wohlstand führen, der in Partnerschaft und Gemeinschaft wurzelt.

Wie die Wirtschaft zum Führer auf dem Weg werden kann

Damit die Wirtschaft so erfolgreich werden kann, dass sie in diesem Jahrhundert ihre Führungsrolle in der Welt spielt, muss sie die *Notwendigkeit der Veränderung erkennen* und sich *verändern*. Wir brauchen *Wirtschaftsvisionäre* als Stars, die uns auf positive Weise auf den Weg zu mehr Erfolg bringen. Die Wirtschaft benötigt ein *neues Ziel* jenseits von individuellem Erfolg und Reichtum. Die Wirtschaft muss sich des *Tao* bewusst werden, damit sie in Kenntnis des Entfaltungsprozesses den Weg nach vorn sehen und Blockaden korrigieren kann. Die Wirtschaft braucht Führungsqualitäten, um zu inspirieren, ein Motor des Wandels zu werden und auf Bedürfnisse zu antworten, die unerfüllt zu Problemen werden. Die Wirtschaft muss persönliche *Verantwortung* übernehmen, weil sie sonst nur nach Ausflüchten sucht, statt zu erkennen, dass sie die Kraft zur Veränderung hat. Die Wirtschaft muss *Konkurrenz scheuen*, weil sie erkennt, dass ein Team und ein Unternehmen dadurch zerstört werden. Stattdessen muss sie *Kooperation anstreben*, weil diese ethische Einstellung der Schlüssel zu Erfolg und Freude ist.

Die *Verpflichtung zur Partnerschaft* führt zu Unbeschwertheit, Erfolg, Verbundenheit und Freiheit und ist insofern wesentlich für die Wirtschaft, besonders in diesem neuen Stadium. Die *Verpflichtung zur Integrität* ist entscheidend, denn sonst sät man die Saat der eigenen Zerstörung und hat nicht das Gefühl, irgendetwas von dem zu verdienen, was man auf diesem Weg erlangt.

Es ist wesentlich, *Rollen aufzugeben*, denn sie blockieren Erfolg, Engagement und die Fähigkeit zu empfangen. Ebenso wichtig ist der *Verzicht auf alle Erwartungen und Forderungen*, die sich kontraproduktiv auf das Erreichen von Zielen auswirken. *Machtkämpfe und Beurteilungen müssen aufgegeben werden*, denn sie richten sich gegen Fortschritt und Erfolg. Gleichzeitig muss die Wirtschaft *Verbundenheit fördern* und für die *Bildung solider, glücklicher und produktiver Teams* sorgen. Die Unternehmen brauchen Teamwork im Inneren und auch nach außen mit ihrer lokalen Gemeinschaft und der Weltgemeinschaft, damit sie aufgeschlossen werden für Beziehungen und die Umwelt.

Wenn wir die Ebene der Unabhängigkeit und vor allem die tote Zone hinter uns gelassen haben, erwartet uns ein Zustand der Vision. Indem wir unser Bewusstsein anheben, können wir in diesen Zustand gelangen und sind dann fähig, für Verbesserungen in der Wirtschaft und in der Welt zu sorgen. Das Ziel der Psychologie der Vision besteht darin, die notwendigen Werkzeuge und Heilverfahren wie beispielsweise das Dreiecksmodell und die Prinzipien der Heilung zur Verfügung zu stellen, damit Einzelpersonen und Unternehmen die Möglichkeiten dieses Stadiums nutzen und einen grundlegenden Wandel herbeiführen können. Der folgende Abschnitt des Kapitels soll Ihnen helfen, jene Ebene der Vision in allen Bereichen Ihres Lebens zu erlangen.

Visionen erlangen

In Tokio habe ich einmal den Chef eines Multi-Millionen-Dollar-Unternehmens kennen gelernt. Er sagte mir, er verbringe 75 Prozent seiner Zeit allein am Schreibtisch, ungestört durch irgendwelche Besucher oder Anrufe. 25 Prozent der Zeit verbringe er damit, sich um sein Unternehmen zu kümmern. Er hatte das Gefühl, das Wichtigste, was er für sein Unternehmen tun konnte, sei das Einbringen von Vision. Also saß er den größten Teil des Tages da und öffnete sich für die Ehrfurcht gebietende Leere der Zeit, um das Tao zu »sehen« und zu »fühlen«, wie sich die Dinge entfalteten, um den Weg nach vorn zu erkennen.

Ungefähr zur gleichen Zeit – Ende der 1980er Jahre – gestand mir ein anderer überaus erfolgreicher Manager einer Softwarefirma in Tokio, dass es seine Intuition war, die ihm so viel Erfolg bescherte. Er wusste, wenn er sich im Flow befand, konnte er darauf vertrauen, dass seine Gefühle ihm den Weg nach vorn zeigten.

Wenn Sie dieses Buch lesen, wissen Sie, was es bedeutet, im Flow zu sein. Das hat Ihnen den Erfolg gebracht, den Sie gegenwärtig genießen. Wenn Sie sich im Flow befinden, ist das Leben leicht. Das Gute kommt mühelos auf Sie zu. Dieser Flow ergibt sich daraus, dass Ihr persönliches Tao sich im Einklang mit dem großen TAO befindet. Wenn diese Übereinstimmung noch stärker wird, erreichen Sie »die Zone«, in der Sie zu Ihrem besten Selbst werden. Dann sind Sie ein »Star« und machen kaum noch einen Fehler. Hier beginnt das Stadium der Vision. Wenn der Gleichklang noch weiter zunimmt, gelangen Sie in das schamanische Stadium der Vision. Hier ist es so, als hätten Sie eine magische oder transzendente Kraft, und Sie erkennen, dass die Gesetze von Zeit und Raum fließend sind und von Ihrem

Geist nachhaltig beeinflusst werden können. Sie werden hellsichtig. Sie können in Menschen und Situationen hineinsehen und kreativ auf sie eingehen. Die Zukunft öffnet sich für Sie, während Sie einen Blick nach vorn in die verschiedenen Möglichkeiten werfen. Dann folgt noch das letzte Stadium der Vision, das wir selten ohne den Zustand der Meisterschaft erreichen. Dies ist die spirituelle Vision, die uns für das Wunderbare und die Erfahrung des TAO öffnet.

Dieses Buch allein kann Sie nicht das Tao lehren oder Ihnen beibringen, wie Sie dorthin zurückfinden, wenn Sie es verloren haben. Das Tao lernt man nur durch Intuition, Vernunft und Erfahrung. Aber einige Dinge können trotzdem gelehrt werden. Sie können einiges über die Wahrnehmungsfähigkeit lernen, das Ihnen helfen wird, den Weg zurück zur Vision zu finden. Dass dies möglich ist, weiß ich, denn ich selbst hatte die Vision verloren und habe zu ihr zurückgefunden.

Als ich 24 Jahre alt war, befand ich mich in einem Visionsstadium. Das hatte erhebliche Auswirkungen auf alle Bereiche meines Lebens und vor allem auf meine Arbeit. Ich leitete den Außendienst des Liberty House, einer Drogenberatungseinrichtung in Pittsburgh. Mein Assistent war ein Afroamerikaner, der mir dabei half, die Arbeit des Liberty House bei den jungen Leuten, die in den 24 Stadtteilen wohnten, bekannt zu machen. Dank dieser Partnerschaft konnten wir uns beide in Gegenden wagen, die wir sonst nicht betreten hätten, weil es Anfang der 1970er Jahre in Pittsburgh erhebliche Rassenspannungen gab. Damals hatte ich eine so hohe Ebene der Wahrnehmungsfähigkeit erreicht, dass der Direktor der Einrichtung mich mit der Supervision der Mitarbeiter beauftragte, die zu diesem Zeitpunkt alle psychologisch und therapeutisch besser ausgebildet waren als ich. Aber ich konnte in sie und ihre Lebenssituationen hineinsehen und kreativ auf sie eingehen. Im Außendienst verfügte ich über ein großes Charisma bei allen Leuten, mit denen ich in Kontakt kam. Ich war ein »Star«, aber ich sagte mir selbst immer wieder, dass ich zu jung war, um so erfolgreich zu sein. Ich sagte mir immer wieder, ich müsse mich auf meine Wurzeln besinnen und noch einmal in einem wesentlich größeren Rahmen von vorn beginnen. Ich hatte bekommen, was ich wollte, aber war nicht fähig, die jetzt notwendigen Fortschritte mit größerer Leichtigkeit zu vollziehen.

Am Abend vor dem Tag, an dem ich Pittsburgh verlassen wollte, um mein Promotionsstudium in Südkalifornien zu beginnen, spielte ich noch einmal mit meinem alten Team Football und zog mir eine Gehirnerschütterung zu. Sie versetzte mich in ein noch höheres Stadium von erweitertem Bewusstsein. Aber ich erkannte nicht, dass ich mich im Zustand der Meisterschaft befand, und fürchtete, ich würde mein Gedächtnis und mein lineares Denken für das vor mir liegende Studium brauchen. Ich beschloss, dass ich meinen alten Bewusstseinszustand zurückhaben wollte. Das war ein großer Fehler. Ich fand zurück, aber nicht auf die Ebene der Vision. Stattdessen landete ich in einem Zustand der Furcht und stand wieder am Beginn der evolutionären Leiter.

Ich vermisste die Vision so sehr, dass ich mir schwor, zu ihr zurückzufinden. Ich spürte, dass ich nur noch ein Schatten meines früheren Selbst war. Nun musste ich in einer Stadt, wo der einzige Mensch, den ich kannte, meine Exfreundin war, ganz von vorn beginnen. Während ich mich wieder Schritt für Schritt an die Vision heranarbeitete, erstellte ich diesmal eine Landkarte sämtlicher Schritte und aller Fallen. Ich brauchte neun Monate, um wieder in den Flow zu gelangen. Bis dahin war mir alles beschwerlich erschienen. Geld und gute Gelegenheiten waren knapp.

Vision im Geschäftsleben

Vision ist die positive Zukunft, die gegenwärtige Ereignisse lenkt. Vision ist ein Sprung nach vorn, der eine Wiedergeburt hervorbringt. Sie bringt dem Einzelnen, dem Unternehmen und der Gesellschaft Erfolg. Vision im Geschäftsleben kann auf vier Ebenen stattfinden:

1. in der Wirtschaft insgesamt als Teil der Gesellschaft,
2. in einem bestimmten Unternehmen, das im Kontext anderer Unternehmen auf dem Markt aktiv ist,
3. innerhalb einer Organisation und am Arbeitsplatz,
4. bei persönlichen Fragen innerhalb eines Unternehmens.

Vision in der Wirtschaft zeigt uns, wie wir die gegenwärtige gesellschaftliche Falle überwinden, die so ausweglos erscheint. Vision in einem bestimmten Unternehmen, das mit anderen Unternehmen auf dem Markt aktiv ist, bedeutet, dass man den Daseinszweck seines Unternehmens erkennt und nicht nur die Marktnische sieht, in der es sich gerade eingerichtet hat. Es geht um die Erkenntnis, wie das Unternehmen am besten vorgeht, um den Menschen optimal zu dienen und gleichzeitig eine hohe Produktivität zu erreichen. Nur wenn eine Gesellschaft so gespalten ist wie die, in der wir gerade leben, kann man auf die Idee kommen, dass Dienst am Menschen und Produktivität unvereinbar sind. Vision in einem Unternehmen zeigt uns, wie die Mitarbeiter einer Firma zu gemeinsamer Inspiration kommen und wie die daraus erwachsenden Energien die nötigen Veränderungen für mehr Erfolg mit Leichtigkeit herbeiführen können. Vision verhilft uns zu relativ einfachen Auswegen aus Lethargie und Burn-out. Sie sorgt für eine neue beziehungsfreundliche Matrix, die jeden Einzelnen stärkt und zur Teamarbeit mit allen anderen motiviert. Das senkt die Personalfluktuation und spart der Firma Zeit und Geld. Auf einer persönlichen Ebene hebt Vision unsere Stimmung und bringt Kreativität in unser Leben. Sie verbindet Verstand und Herz, männliche und weibliche Anteile. Sie sorgt für die Integration der rechten und linken Gehirnhälfte, was unsere Sicht der Dinge verändert und uns neue Kraft gibt.

Vision bedeutet ein hohes Maß an Empfangen, wobei wir uns für die kreativen Energien öffnen. Vision ist wie eine Geburt: Wir haben nicht das Gefühl, dass wir es vollbringen – eher, dass »es uns vollbringt«. Nur wenige Menschen sind bereit, ihre Kontrolle so weit aufzugeben. Vision gräbt sich tief ins Unbewusste. Sie verwendet diese Kraft, um die höchsten Ebenen der Kreativität zu erreichen, wobei manchmal sogar die Gesetze der Physik transzendiert werden, um eine wahre Ordnung zu erleben. In dieser Kraft haben sich Wissenschaft und Kunst so vollkommen vereinigt, dass wir ganz neue und ursprüngliche Entdeckungen machen.

Ohne Vision kann die Wirtschaft nicht erkennen, welche Veränderungen notwendig sind, und die Unternehmen sind nicht in der Lage, den Weg nach vorn zu sehen. (Einzelpersonen können sich in den Spuren der Vergangenheit verlieren, Rollen und Pflichten übernehmen, statt sich authentisch zu geben und nach Prinzipien zu leben. Als Folge davon überarbeiten wir uns alle bis zum Burn-out.)

Wenn es in einem Unternehmen keine Vision gibt, endet das meist damit, dass die Mitarbeiter bestimmte Rollen erfüllen. Dabei handelt es sich um Rezepte, wie man etwas tut, was für uns in der frühen Kindheit begann. Diese familiären Muster haben sich tief in uns eingegraben, aber wir können sie leicht überwinden zugunsten einer Arbeitsweise, die nicht zu Erschöpfung und Burn-out führt. Vision ist der natürlichste und doch grundlegendste Weg zur Überwindung von Stress und Schwierigkeiten. Sie verhilft uns zu der Inspiration, die uns nicht nur den Ausweg zeigt, sondern auch die Energie verleiht, die wir brauchen, um die nötigen Schritte zu vollziehen.

Jetzt ist nicht die Zeit für einfache Antworten oder das Kurieren von Symptomen in der Wirtschaft. Was wir brauchen, ist eine Therapie, die zu einer umfassenden Gesundung der Wirtschaft führt. Wenn ein Patient völlig abgewirtschaftet und heruntergekommen zum Arzt geht, dann muss dieser Arzt dafür sorgen, dass sich der Patient insgesamt wieder erholt. Genau darum geht es auch in der Wirtschaft. Was wir brauchen, ist eine Therapie zur umfassenden Gesundung der Wirtschaft. Das ist deshalb so entscheidend, weil die Wirtschaft ihrerseits in den nächsten hundert Jahren der Arzt für die Welt sein soll. Um das zu erreichen, ist Vision erforderlich.

Vision ist ein veränderter Zustand des Geistes. Sie ist ein höherer Zustand des Bewusstseins, der auf Wahrnehmungsfähigkeit und kreativer Aufgeschlossenheit basiert.

Vision hat Elemente des Prophetischen. Sie sagt auf positive Weise voraus, was möglich ist. Sie sieht, dass es eine Lösung für das aktuelle Dilemma gibt. Für sie ist nicht der Konflikt, sondern nur der Ausweg bedeutsam.

Damit die Wirtschaft der Welt den Ausweg zeigen kann, muss sie zum Heiler werden. Um das zu erreichen, muss sie ein Motor des Wandels sein und lernen, ihre Diagnose zu stellen, indem sie das Tao wahrnimmt. Das geschieht auf natürliche Weise in einem Zustand der Vision, wenn Sie ein Problem und seine Lösung erkennen. Die wichtigste Voraussetzung, um für die Welt zum Motor des Wandels zu werden und zur Vision zu finden, ist die alte Aufforderung: »Arzt, heile dich selbst.« Wenn das nicht geschieht, wird die Wirtschaft es nicht schaffen, bei ihrem nächsten Schritt die für den Erfolg notwendigen Veränderungen zu vollziehen und gewiss nicht in der Lage sein, die Welt zu einer Wiedergeburt zu führen.

Eine Denkfabrik ist eine Ansammlung der klügsten Köpfe, die gemeinsam Zukunftsentwürfe entwickeln und Lösungen erarbeiten. Als Visionär werden Sie zu einer Ein-Personen-Denkfabrik. Sie haben den Aufstieg zur Ebene des Genies geschafft. Sie erreichen einen Zustand kontinuierlicher Inspiration. Die kreative Freude, die Sie erleben, lässt Sie kleinere Irritationen und Konflikte vergessen, und Sie sehen das Gesamtbild. Ein Visionär träumt »den unmöglichen Traum«, aber seine kreative Energie macht den Traum möglich. Ein Visionär ist wie eine »Naturgewalt«, welche die Menschen auf ihrem Weg der Inspiration voranbringt. Visionäre sind unwiderstehlich und ziehen die Menschen wegen ihrer Kreativität an. Sie strahlen wie Sterne. Je dunkler es ist, desto heller scheinen sie zu leuchten.

Sie können diese ganze positive Energie in Ihrem Leben haben, wenn Ihr Wunsch danach stark genug ist. Wenn Sie sich danach sehnen, eine positive Kraft zu sein, die so viel Gutes hervorbringt, dann können Sie es schaffen. Wenn Sie bereit sind, Herz und Verstand vollständig zu wagen, dann können Sie viel Gutes für sich selbst und die Menschen in Ihrer Umgebung bewirken. Ein Visionär ist ein Freund der Welt, nicht nur als ihr Geburtshelfer, sondern auch indem er die Energie der Vision erhöht und ihre Fähigkeit zum Fortschritt fördert.

Im folgenden Abschnitt möchte ich Ihnen einige der Prinzipien und Leitsätze vermitteln, die schon vielen Menschen geholfen haben, in ihrem privaten und beruflichen Leben zur Vision zu finden.

Zwanzig Prinzipien, mit denen Sie zur Vision finden

1. Wahrnehmungsfähigkeit. Ohne Wahrnehmungsfähigkeit gibt es keinen Flow. Wenn Sie lernen, das Tao auf noch höheren und tieferen Ebenen zu lesen, dann können Sie sich auf diese Ebenen zurückziehen, um Ihre Wahrnehmung zu verändern und einen besseren Weg zu finden.

Je mehr Sie Ihre Wahrnehmungsfähigkeit erweitern, desto mehr Freude empfinden Sie, die wiederum Ihr Bewusstsein auf höhere Ebenen hebt und Ihnen gestattet, Wichtiges und Unwichtiges voneinander zu unterscheiden. Sie erlaubt Ihnen auch, über den Konflikt hinauszublicken und die Lösung zu sehen.

2. Authentizität. Authentisch zu leben, bedeutet, nach Wahrheit zu streben. Die Suche nach Wahrheit ist eine Reise durch die Illusionen zu dem, was wirklich ist. Sie ist Richtung und Ziel zugleich. Mit zunehmender Wahrheit erleben wir auch mehr Partnerschaft und Unbeschwertheit. Sie ist ein Instrument zum Abbau unnötiger Lasten und Schwierigkeiten, die lediglich dazu dienen, Furcht abzuwehren. Wahrheit transzendiert die Illusion der Furcht und sorgt für Anerkennung und Inspiration.

3. Der Wunsch nach einem besseren Weg. Wenn der Wunsch nach einem besseren Weg nachdrücklich wird, dann beseitigt er die verborgenen – oder auch nicht so verborgenen – Befürchtungen, die unsere klare Sicht auf die Dinge verschleiern. Was wir so tief ersehnen, öffnet uns, sodass wir nun einen neuen und besseren Weg erkennen können. Wir können diesen besseren Weg auch fühlen, denn er ist die Energie der Inspiration, die in uns wirkt.

4. Sich selbst hundertprozentig einbringen. Wenn wir so viel geben, erreichen wir das hohe Niveau von Flow, das nötig ist, um uns für die Vision zu öffnen. Während Sie allen und allem mit hoher Unterscheidungsfähigkeit, aber ohne zu urteilen, geben, wächst Ihre Kreativität und Freude. Geben versetzt Ihr Bewusstsein auf höhere Ebenen. Währenddessen wächst Ihre Wahrnehmungsfähigkeit, und der Weg nach vorn gibt sich von selbst zu erkennen.

5. Offenheit. Der Weg zur Vision ist für jeden Menschen unvergleichlich und individuell. Deshalb müssen Sie auf jede Beurteilung verzichten, damit Sie diesen neuen Weg empfangen können. Sie können nicht zur Vision finden, wenn Sie meinen, Sie hätten schon die Antwort. Sie können keine Vision empfangen, wenn Sie denken, Sie wüssten schon alles. Öffnen Sie Ihren Geist und lassen Sie es geschehen, dass Sie einen neuen Weg sehen.

Öffnen Sie Ihr Herz. Nur wenn Ihr Herz offen ist, können Sie zur Vision finden, denn sie kommt auf dieselbe Weise zu Ihnen wie die Inspiration. Sie scheint von außen zu kommen, aber in Wirklichkeit ist es unsere Bereitschaft, die zulässt, dass die Saat auf fruchtbaren Boden und in ein offenes Herz fällt. Im Grunde werden wir ständig mit Gnade und Kreativität überschüttet, aber unser Geist und unser Herz sind mit anderen Dingen beschäftigt. Was Sie inspiriert, ist das, was Ihr Herz berührt. Das kann geschehen, weil andere Menschen in Ihrer Umgebung sich voll einbringen oder weil andere Ihr Herz in einer Weise geöffnet haben, dass Sie sich davon berührt fühlen. Genauso können Sie sich selbst voll einbringen oder Ihr Herz so weit öffnen, dass Sie den Menschen in Ihrer Umgebung Vision und Kreativität vermitteln. Typischerweise geschieht das, weil wir zuvor unseren Geist geöffnet haben und die Kreativität hindurchströmt.

Offenheit ist das Gegenteil von Kontrolle, die zu Machtkämpfen führt. Offenheit lädt Inspiration ein. Sie ist eine Voraussetzung für Kreativität. Sie gibt uns die Bereitschaft, über den Tellerrand unserer alten Muster hinauszusehen. Ohne sie kann der Wandel nicht stattfinden, und es wird uns nicht gelingen, eine bessere Matrix zu finden, die einen höheren oder effektiveren Weg zulässt.

6. Die Fähigkeit zu empfangen. Die Fähigkeit zu empfangen entstammt unserer weiblichen Seite. Vision führt man nicht herbei, sondern man lädt sie ein. Wenn die Bedingungen stimmen, fließt die Vision Ihnen genauso zu wie die Kreativität. Wir haben uns dann selbst zu einem Kanal für das höhere Bewusstsein gemacht. Diese Offenheit zu empfangen ist ein Ausdruck von Mut und gleichzeitig eine Form der Liebe. Deshalb verordnen sich viele Führungspersönlichkeiten aus der Industrie und anderen Bereichen eine Zeit der Stille, um in Kontakt mit ihren instinktiven Gefühlen im Hinblick auf den Weg nach vorn zu kommen.

7. Kreativität. Kreativität erwächst aus der tiefsten Sehnsucht Ihres Herzens, die Sie offen macht. Kreativität ist eine Form der Liebe. Sie ist ein Kreislauf aus Empfangen und Geben, der sich spiralförmig nach oben bewegt.

Während Sie empfangen, geben Sie automatisch mehr, wodurch Sie offener werden, noch mehr zu empfangen, denn die Spirale windet sich aufwärts. Sie ziehen an, was Sie lieben, genauso wie Sie auch anziehen, was Sie fürchten. Aber Liebe ist die weitaus stärkere Kraft, denn sie löst die Illusion der Furcht auf und öffnet den Geist, damit er Vision und Gnade empfangen kann – das innerste Mark der Kreativität.

8. Vision und Lebenssinn. Vision und Lebenssinn gehören zusammen, denn eins bringt das andere hervor. Vision zu erleben und mit anderen zu teilen, gehört zu unserem Lebenssinn. Das macht uns und unsere Mitmenschen glücklich. Es vermittelt Kurskorrektur und Heilung. Es ist ein Teil dessen, wozu Sie ganz speziell auf die Welt gekommen sind, und es hilft der gesamten Welt. Und genau darum dreht sich Ihr Lebenssinn.

Wenn Sie glücklich sind, öffnet Ihnen das die Welt auf eine anerkennende und liebevolle Weise. Wenn wir uns selbst transformieren, um wahrhaftiger zu leben, transformiert das unsere Wahrnehmung und öffnet uns für die Vision.

Die vielen Versprechen zu erfüllen, mit denen Sie bestimmten Menschen Hilfe zugesagt haben, und einen wichtigen Beitrag für die Welt zu leisten, öffnet Sie für den Zustand der Vision. Wenn Sie helfen, die Welt zu retten, erweitert sich Ihr Bewusstsein, und Vision wird zu einem natürlichen Zustand für Sie. Mit Ihrem Lebenssinn und der Vision stellt sich gleichermaßen die Erfüllung ein. Vision und Lebenssinn sind in höchstem Maße kreativ, und zwar auf eine Weise, dass der gesamten Welt geholfen wird.

9. Daseinszweck der Wirtschaftswelt. Die Wirtschaftswelt als Ganzes und die einzelnen Unternehmen haben genau wie Menschen einen Lebenssinn und Daseinszweck. Der Daseinszweck der Wirtschaft besteht darin, Erfolg zu haben und Veränderungen herbeizuführen, wenn dieser Erfolg sich nicht einstellt. Außerdem soll sie eine dienende Funktion erfüllen, nicht nur mit dem, was sie tut, sondern auch durch die Art und Weise, wie sie es tut. Die Wirtschaft ist aufgerufen, die Welt vorwärts zu bringen und auf eine neue Ebene von Frieden und Wohlstand zu heben.

Was in der Wirtschaft benötigt wird, ist nicht nur eine neue

Vision für Ihr Unternehmen. Die Vision befreit Sie von den Fesseln der Vergangenheit, die in der Gegenwart Probleme verursachen. Sie zeigt uns eine positive Zukunft, die möglich ist. Vision und Ihr Lebenssinn sind eng miteinander verknüpft. Ihr Lebenssinn besteht darin, der Welt Ihre Seelengaben zu schenken oder – in diesem Fall – sie Ihrem Unternehmen und der Wirtschaft insgesamt zu schenken. Geschenke auf der Visionsebene sind kreative Gaben der Liebe, Heilung, Kunst, Geburt, Hellsichtigkeit, Prophezeiung, Hoffnung, Sexualität, Genialität, Originalität, Kraft und Transzendenz.

10. Aus ganzem Herzen wollen. Unsere Gedanken sind voller Selbstbilder, die alle eifrig damit beschäftigt sind, Dinge zu tun, von denen sie meinen, sie würden zu unserem Erfolg beitragen. Aber viele dieser Selbstbilder sind widersprüchlich; sie streben verschiedene Ziele an. Wenn Sie etwas aus ganzem Herzen und mit voller geistiger Konzentration wollen, dann überlagert dieser Wille den endlosen Lärm und die müßigen Wünsche, sich selbst und anderen etwas von Wert zu geben. Die Vision bringt Ihnen kreative Energie. Egal, ob Ihre Vorstellungen von Dauer sind, die Energie öffnet das gesamte Feld des menschlichen Bewusstseins und erweitert es. Ihre kreative Energie, die aus der Vision hervorgeht, nährt Ihr Unternehmen und alle Menschen in Ihrer Umgebung. Die Ideen, die Sie einbringen, können echte Modelle und Lösungen zur Verfügung stellen.

11. Verzicht auf Kontrolle. Sie kontrollieren aus Furcht. Weil Sie früher Verletzungen und Kummer erlebt haben, versuchen Sie, unabhängiger zu sein als die Menschen in Ihrer Umgebung. Das bedeutet, dass Sie, ganz gleich, in welcher Position Sie sind, der Chef sein wollen. Diese Abwehrhaltung, die aus früheren Erfahrungen resultiert, führt zu subtilen Aggressionen oder zum Rückzug. Im Grunde handelt es sich um eine hinterlistige Form der Rache: Sie öffnet den Weg für Machtkämpfe, die manchen Erfolg zerstören können. Kontrolle und Vision sind zwei völlig gegensätzliche Ziele. Erstere stärkt das Ego, um vergangenen Schmerz zu kompensieren. Daraus entstehen letztlich Langeweile oder Kämpfe.

Der Verzicht auf Kontrolle bedeutet andererseits, sich der Kreativität und Gnade auszuliefern. Das bringt Sie in Einklang mit dem Willen des Himmels, sodass Ihnen ein besserer Weg gezeigt werden kann. Denken Sie daran, dass der Himmel immer versucht, Ihnen einen besseren Weg zu zeigen. Das entspricht der göttlichen Natur. Sie brauchen nur Ihren Teil dazu beizutragen und die Hand danach auszustrecken.

12. Verzicht auf Beurteilungen. Beurteilungen verschließen uns Kopf und Herz. Beurteilungen behindern den Fluss Ihres Tao. Ihre Gedanken wirken sich trennend aus, wogegen die Vision Sie zunächst mit den höheren Reichen verbindet und Sie anschließend mit den Menschen vereint, mit denen Sie Ihre Vision teilen. Beurteilungen lassen Ihr Bewusstsein auf eine niedrigere Ebene sinken, machen Sie selbstgerecht und arrogant. Die Vision hebt Ihr Bewusstsein auf eine höhere Ebene, gestattet Ihnen, den Graben zu überwinden, der Sie von Kreativität und Liebe trennt, und eine Brücke zu hinterlassen, auf der andere Ihnen folgen können. Beurteilung baut das Ego auf, während die Vision Ihre Beziehung zum Himmel aufbaut. Aus Beurteilungen erwächst nicht nur Ihr gesamtes eigenes Leid, sondern alles Leid der Welt.

Beurteilungen lassen aggressive Gedanken in Ihnen entstehen. Dadurch sinkt sofort Ihre Energie, und später werden Sie sich selbst das antun, was Sie anderen zufügen wollten. Beurteilung führt zur Entfremdung. Die Vision hilft Ihnen nicht nur, sich selbst und Ihren Lebenssinn zu finden, sondern zeigt Ihnen auch den Weg für andere Menschen.

13. Großzügigkeit statt Gier. Gier ist eine Haltung des Nehmens, die versucht, ein Bedürfnis zu befriedigen, das nie zu erfüllen ist. Dieses Verlangen nach Besitz führt zu einer momentanen Befriedigung, aber nur wenn Sie selbst geben, finden Sie echte Erfüllung. Ihr Geben erweitert Sie, öffnet Ihr Herz und Ihren Geist. Nehmen führt früher oder später zu Niederlagen und Kummer. Wenn Sie geben, erzeugen Sie ein Erfolgsmuster, das Sie alles wagen lässt, und genau das ist die Voraussetzung, um den Zustand der Vision zu erreichen.

14. Verzicht auf Kämpfe. Konflikte zerstören unseren geistigen Frieden, den wir brauchen, um zur Vision zu gelangen. Kämpfe verzehren unsere geistige Kraft durch Angriff, Verteidigung und Furcht. Das ist das genaue Gegenteil dessen, was wir für die Vision brauchen. Machtkämpfe kosten uns Energie, die wir dringend für mehr Kreativität brauchen. Ungelöste Konflikte erzeugen Stress, zerstören unsere Gesundheit und lenken uns in eine Richtung, in der uns Niederlage und Tod erwarten. Selbst wenn Sie einen Kampf gewinnen, erwachsen daraus weitere Kämpfe, denn niemand ist glücklich, wenn er eine Niederlage einstecken muss.

15. Manifestation. Eine Möglichkeit, auf die Vision hinzuarbeiten, besteht darin, sich vorzustellen, dass Sie sich in diesem Zustand befinden. Stellen Sie sich bildlich vor, wie Sie etwas entdecken, originelle Gedanken entwickeln, den Weg nach vorn finden und in die kreativen Wirbel mächtiger neuer Ideen geschwemmt werden. Spüren Sie, wie es sich anfühlt, wenn es hell wird und Sie von Kreativität durchströmt werden. Spüren Sie, wie sich Ihr Herz in Liebe ausdehnt und Ihr Geist sich seiner selbst erinnert. Spüren Sie die Leidenschaft, die damit verbunden ist, sich selbst so vollkommen hinzugeben. Hören Sie, wie in der Vision Worte oder Musik durch Sie hindurchströmen. Hören Sie die Worte, die Sie sich selbst sagen: »Das ist es, was ich tun will. Dazu bin ich auf die Welt gekommen.«

16. Richtige Wahrnehmung. Dies ist die Wahrnehmung, die so vollkommen versteht, dass Verbundenheit wiederhergestellt wird, wo immer sie in Ihrem Leben nicht vorhanden ist. Mit der richtigen Wahrnehmung gibt es keine Aufregungen, keine negativen Emotionen und keine Klagen. Die richtige Wahrnehmung führt Sie zur richtigen Reaktion, die oftmals eine Reaktion der Hilfsbereitschaft ist. Sie stellt die Gleichberechtigung wieder her, denn nur wer schwach ist, greift andere an. Die richtige Wahrnehmung verleiht Ihnen und den Menschen in Ihrer Umgebung Stärke und bringt Ihren Geist in Einklang mit der Kreativität. Das versetzt Sie in die Lage, Chancen zu erkennen.

17. Zeit der Stille. Vision stellt sich ein, wo es Zeit und Raum für Stille gibt. Hier finden Perspektive, Inspiration und Kreativität die Lücken in Ihrem vollen Terminplan und in Ihrem vollen Kopf. Egal, ob Sie sich auf eine bestimmte berufliche Frage konzentrieren, um eine originelle Antwort darauf zu finden, oder ob Sie Ihren Geist einfach für mehr Grundlegendes öffnen, Vision benötigt stets innere Gelassenheit.

Sehen wir den Tatsachen ins Auge: Wir alle sind viel zu sehr mit unseren eigenen Angelegenheiten beschäftigt, so als gäbe es nichts anderes. Manchmal brauchen wir einfach einen Freiraum zur Erholung. Ohne dieser Erneuerung kommt es leicht zum Burn-out. Menschen, die sich dafür einen Tag in der Woche reservieren, beschenken sich damit selbst auf eine Weise, dass sie zentriert genug sind, um andere zu stärken und den Flow des Tao zu verbessern. Das ist eine Art, sich selbst gegenüber wahrhaftig zu sein, und auf diese Weise können Sie auch Ihrer Familie gegenüber wahrhaftig sein und die Wahrheit in Ihr Arbeitsumfeld bringen, damit dort mehr Unbeschwertheit und Freiheit herrschen.

18. Ausgeglichenheit. Wenn Sie ständig arbeiten, können Sie nur sehr schwer zur Vision finden. Ein hart arbeitender Visionär zu sein, ist ungefähr so, als wollten Sie mit nur einem Arm einen Berg besteigen. Das ist zwar möglich, aber der Erfolg ist eher unwahrscheinlich.

Geschäftigkeit ist ein Zeichen von Unausgeglichenheit. Es ist kontraproduktiv, wenn Sie zu viel arbeiten und keine Zeit für sich selbst und die Familie haben. Manchmal gibt es zwar Projekte oder Situationen, die mehr Zeit und Energie kosten, aber wer in der Wirtschaft tätig ist, kennt auch den Adrenalinstoß, der damit verbunden ist, dass wir Arbeit gegen ein ausgeglichenes, glückliches Leben eintauschen.

Wenn Sie dieses Buch lesen, gehören Sie wahrscheinlich zu den erfolgreichen Menschen, die ihre Arbeit bewältigen. Sie kennen auch die Befriedigung, die damit verbunden ist, dass man seine Arbeit gut macht. Aber wenn Sie nur noch deshalb arbeiten, weil Sie den berauschenden Kick brauchen, den man bekommt, wenn man sich selbst zum Erfolg antreibt, dann sind Sie wahrscheinlich auf der Flucht vor Vision und Lebenssinn, und ganz sicher sind Sie auf der Flucht vor sich selbst und Ihrer Familie.

Diese übermäßige Hinwendung zur Arbeit spiegelt eine Unfähigkeit zu empfangen und eine Furcht vor dem nächsten Schritt wider. Ohne das Gleichgewicht von Yin und Yang werden Sie nicht fähig sein, die hohe Ebene der Partnerschaft zwischen diesen beiden Elementen zu erreichen, die Sie brauchen, um zur Vision zu finden.

19. Hilfe für andere. Wenn Sie anderen helfen, helfen Sie sich selbst. Nicht nur, dass Sie automatisch sich selbst geben, was Sie anderen geben, Sie verbessern auch für beide Seiten den Flow. Diese Hilfsbereitschaft ist eine Führungsqualität, welche die Voraussetzung für den Zustand der Vision bildet. Sie verbindet Sie mit Ihrer Kreativität und öffnet Ihr Herz.

20. Mut und Herz. Vision ist ein höherer Zustand des Bewusstseins und als solcher erfüllt von der Freude der Kreativität. Vision ist im Grunde ein natürlicher Zustand des Geistes, aber Sie fürchten sich genauso davor, wie Sie sich vor sich selbst fürchten. Vision braucht Mut, weil Sie das Gefühl haben, Ihr »Selbst« würde weggespült. Tatsächlich wird jedoch nur Ihr Ego weggespült, wenn Sie in einen Zustand der Vision eintreten.

Sobald wir den Mut haben, einige Monate lang in der Vision zu bleiben, findet unser kreativer Geist einen Weg, uns in den Zustand der Meisterschaft zu heben. Die Meisterschaft liegt auf einer noch höheren Ebene, und hier brauchen Sie noch mehr Mut, weil Sie immer mehr von Ihrem Ego verlieren. Es ist so, als würden Sie selbst sterben, aber wiedergeboren werden. Vision und Wiedergeburt gehen Hand in Hand. Ihr Herz ist Ihre Lebenskraft der Liebe. Es ist voller Leben. Es reagiert aufgeschlossen auf andere Menschen und auf die jeweilige Situation. Der Visionär ist teils ein Held und teils ein Star. Sie kanalisieren auf magische Weise die kreative Kraft. Deshalb finden Menschen auf der unabhängigen Ebene nur selten zur Vision. Sie haben keinen Zugang zu ihrem Herzen. Sie fürchten sich vor ihrem Mitgefühl, weil sie Angst haben, es könnte sie an ihre geheimen Opfer erinnern. Ohne unser Herz gibt es jedoch kein Yin, kein

Gleichgewicht und kein Empfangen. Deshalb gibt es auch keinen wirklichen Erfolg und keine Vision.

Ohne Vision und Führerschaft werden Wirtschaft und Gesellschaft entweder im gegenwärtigen Zustand verharren oder einen Sprung nach vorn versuchen, ohne dabei die Richtung zu kennen. In diesem Stadium der Entwicklung präsentiert uns das Ego viele gute Ideen, die aber nur zu größerer Expansion führen, sowohl finanziell als auch persönlich. Das kann nur in einen noch größeren Burn-out münden.

Echte Veränderung sorgt für Entlastung, besonders wenn es sich um den Übergang zu einem neuen und besseren System handelt. Eine solche Matrix kann nur durch Vision entstehen und nicht durch stückweises Wachstum. Veränderung von innen kann nur das Ergebnis einer Veränderung des Herzens sein, die eine neue Vision begleitet. Das sorgt für eine Renaissance, die es dem gesamten Unternehmen, der Wirtschaft oder Gemeinschaft erlaubt, lebendig zu werden, und die als Folge unsere Familien und die Gesellschaft insgesamt verjüngt.

Wie wir festgestellt haben, ist es Zeit, dass die Wirtschaft den Schritt auf die Ebene der gegenseitigen Abhängigkeit vollzieht. Sie muss sich auf Beziehungen gründen, wobei die Unternehmen zu Teams und zu Gemeinschaften werden, statt nur Gruppen zu sein, die sich zusammengefunden haben, um zu gewinnen und Geld zu verdienen. Einer Gemeinschaft geht es um das Wohlbefinden und den Erfolg aller ihrer Mitglieder. In einer Gemeinschaft gibt es gemeinsamen Wohlstand statt nur persönlichen Reichtum, den einzelne Mitglieder durch Konkurrenz erworben haben. Das bedeutet nicht, dass es keinen individuellen Reichtum gäbe, sondern eher, dass ganze Gemeinschaften und letztlich die gesamte Weltgemeinschaft reich und sehr viel reicher als heute sein werden. Wir werden immer noch Stars und Visionäre haben, aber sie werden ihre Energie kreativ und zum Nutzen der Gemeinschaft einsetzen. Wir werden aufhören, uns nur für uns selbst und unsere Familie zu engagieren, sondern stattdessen für die ganze Weltfamilie arbeiten. Wir werden uns größeren und befriedigenderen Herausforderungen stellen und beispielsweise nach Wegen suchen, wie jeder zum Erfolg kommen kann. Wir werden global denken und immer noch lokal handeln. Unsere lokalen Aktionen werden das gemeinsame Wohlbefinden und den gemeinsamen Wohlstand zum Ziel haben, und das verleiht ihnen weit reichende Effekte.

Vor Jahrzehnten hat der visionäre Wissenschaftler Buckminster Fuller eine Untersuchung durchgeführt, die zeigte, dass, wenn wir alle Ressourcen der Welt zusammenführen und uns gegenseitig helfen würden, auch die ärmste Person in zehn Jahren reicher wäre, als die reichste Person es heute ist. Das ist die Kraft der wechselseitigen Abhängigkeit.

Die Wirtschaft ist jetzt bereit für den nächsten Schritt auf die nächste Ebene und zur Übernahme der Führungsrolle. Es ist Zeit für den Wechsel von der Unabhängigkeit zur gegenseitigen Abhängigkeit. Dann wird die Vision uns den Weg nach vorn zeigen.

Was zwischen uns und unserem Lebenssinn steht

Diese Geschichte zeigt, wie viele unterbewusste und unbewusste Blockaden uns davon abhalten können, unseren Lebenssinn zu verwirklichen. Hingabe, Selbstverpflichtung und Führung sind notwendig, um diese Blockaden zu überwinden.

»Mein Leben ist gut«, sagte die mächtige und erfolgreiche Geschäftsfrau.

Das war, bevor wir auf das Thema ihres Kampfes mit Gott kamen. Vor ungefähr sieben Jahren hatte sie eine Inspiration und Vision für ihr Unternehmen gehabt. Sie hatte sie als Teil ihres Lebenssinnes und als göttlichen Auftrag empfunden. Die Führung, die ihr dieser Auftrag vermittelte, entwickelte sich zu dem starken Gefühl, ihre Berufung zu kennen. Aber ihre Furcht und Ablenkung wuchsen, und sie begann, gegen diese Berufung und gegen Gott zu kämpfen. Wozu sie sich inspiriert gefühlt hatte, verblasste bald vollständig. Jahre später begann die Inspiration erneut zu wachsen. Aber sie war nicht bereit, sich ihrer Furcht vor dem zu stellen, was ihre Berufung war, und so verharrte sie in ihrem Kampf mit Gott.

Der Lebenssinn ist etwas, was sowohl aus unserer Seele als auch »von oben« kommt. Es ist etwas, was wir aus unserem tiefsten Geist heraus tun wollen. Unser Ego leistet diesem Lebenssinn Widerstand, indem es ihn entweder vor uns verbirgt oder dafür sorgt, dass wir uns davor fürchten.

Während wir miteinander arbeiteten, begann sie, sich erstmals mit ihrer Furcht auseinander zu setzen, die tief unter ihrem Widerstand vergraben war. Obwohl sie eine starke und mutige Frau war, wurde sie zurückgehalten von dem Entsetzen, das aus den »Feigling«-Schattengestalten kam, die sie in ihrem Inneren vergraben hatte. Als sie tiefer nach innen ging, führten die Schatten und die Energie der Furcht zu einem heftigen emotionalen Ausbruch. Kampf war ein natürlicher Zustand für sie. Sie hatte schon als Kind gekämpft, als sie sich von ihrer Familie verlassen fühlte. Dieses Gefühl hatte sie verdrängt, indem sie in ihren Beziehungen stets unabhängig geblieben war. Auf diese Weise drückte sie gleichzeitig ihre Klagen über ihre Familie aus.

Wir gingen noch tiefer nach innen, um herauszufinden, was hinter ihrem emotionalen Ausbruch stand, und sie fand dort das Idol des durch Kummer gebrochenen Herzens. Irgendwie war sie zu der Überzeugung gelangt, dass Kummer sie heilen und stark und glücklich machen würde. Diese rückwärts gerichtete Strategie des Egos konnte dem Licht der Vernunft nicht standhalten. Deshalb war sie so tief im Inneren vergraben. Die Entscheidung für ein Idol war der Fehler gewesen, der sie emotional so heftig und dauerhaft gegen ihre Familie aufgebracht hatte. Oberflächlich zeigte sich das nur in ihrer Unabhängigkeit, die eine Kompensation für die Hysterie ihres emotionalen Ausbruchs war.

Aber damit nicht genug. Es gab noch weitere Schichten der Negativität, die ihre Autoaggression verbargen. Diese Aggressivität gegen sich selbst war so stark, dass sie den Kern ihrer Lebensgeschichte bildete. Alle ihre unbewussten Muster hatten zu den unterbewussten Mustern und zu ihrer Familiengeschichte geführt. Wir entdeckten, dass ihre Angriffe gegen sich selbst dazu dienten, sie gegen die »Glücksgeschichte« abzuschotten, die darunter verborgen war. Wir fanden heraus, dass es ihr schon als Kind peinlich gewesen war, so viel Glück zu haben. Also hatte sie eine ausgeklügelte Abwehrhaltung dagegen entwickelt. Sie hatte sich im Vergleich zum Rest der Familie zu glücklich, begabt und bevorzugt gefühlt und deshalb beschlossen, möglichst normal zu erscheinen. Mit ihren Autoaggressionsgeschichten und dem Idol des gebrochenen Herzens hatte sie eine emotionale Distanz zu ihrer Familie geschaffen, die manche Probleme mit sich brachte, darunter auch ihren Teufelskreis von Autoaggression und Furcht.

Als sie schließlich alle Schichten ihrer Probleme, die wirklich nur der Abwehr dienten, akzeptiert und integriert hatte, konnte sie sich endlich auf ihre »Glücksgeschichte« einlassen. In einem Rollenspiel teilte sie diese Geschichte anderen Teilnehmern mit, die ihre Familie darstellten. Dadurch konnte sie ihr Glück akzeptieren und musste nicht mehr versuchen, so »normal« wie alle anderen zu erscheinen. Nun war sie auch in der Lage, für alle der Talisman zu sein, nachdem sie sich wieder mit ihrer Familie verbunden hatte, und allen das Glück zu schenken, das sie als ihr Vermächtnis in dieses Leben mitgebracht hatte.

6. Coaching: Der beste Weg, Herz und Geist wieder mit dem Tao zu verbinden

In diesem Kapitel laufen die verschiedenen Fäden des Buches zusammen. Wir haben festgestellt, wo die Wirtschaft sich befindet und wie sie sich verändern muss, um zu Vision und Partnerschaft zu gelangen und die Welt auf den Weg nach vorn zu führen. Ich habe außerdem die Psychologie der Vision und die evolutionäre Landkarte des Geistes beschrieben und Wege aufgezeigt, die zur Vision führen. Jetzt ist es Zeit, alle diese Aspekte und Faktoren in diesem Kapitel über Coaching zu kombinieren.

Abgesehen von der Vision halte ich die psychologische Unternehmensberatung für den schnellsten und effektivsten Weg, die nötigen Veränderungen in der heutigen Wirtschaftswelt herbeizuführen. Ein guter Coach kann Menschen und Unternehmen mühelos und rasch an den Fallen und Problemen vorbeiführen, die sie auf ihrem Weg zu höheren Ebenen der Entfaltung erwarten, sodass sie ohne Schwierigkeiten zu Partnerschaft und Vision finden. Durch Coaching können Sie sich Ihres Tao bewusst werden und in Einklang damit kommen, sodass Sie höhere Ebenen der Produktivität und des Erfolgs erreichen. Da ein Coach alle Bereiche im Leben seines Klienten an-

TEIL III

spricht, kann er Ihnen helfen, Ihre Lebensqualität sowie Ihre privaten und beruflichen Beziehungen zu verbessern, Ihren Lebenssinn zu entdecken, ein Gleichgewicht zwischen Beruf und Familie zu finden und sich spirituell ebenso wie finanziell weiterzuentwickeln.

Deshalb sind psychologische Unternehmensberater in der heutigen Welt eine unschätzbare Ressource. Es sind gewaltige Veränderungen notwendig, und sie können durch Coaching leicht und ohne Umwege erreicht werden. Dieses Kapitel wurde für psychologische Unternehmensberater geschrieben, kann aber auch von allen anderen Lesern genutzt werden, die etwas darüber lernen wollen, wie und mithilfe welcher Methoden man Veränderungen herbeiführt. Das ist für Experten und Laien gleichermaßen ein faszinierender Prozess, der in den folgenden vier Hauptabschnitten dargestellt wird:

1. »Wie man effektiver psychologischer Unternehmensberater wird«,
2. »Das Erkennen der Stadien, der klassischen Unternehmensprobleme und Fallen«,
3. »Erfolgsprinzipien und Möglichkeiten zur Transformation von Problemen«,
4. »Modelle und Methoden der psychologischen Unternehmensberatung«.

Die in diesem Kapitel dargestellten Methoden und Prinzipien bauen auf den Methoden, Modellen und Anleitungen in den Kapiteln 4 und 5 auf und ergänzen diese. Insgesamt geben Ihnen die drei Kapitel eine eingehende Anleitung, wie Sie die Methoden der Psychologie der Vision anwenden können, um Einzelpersonen und Unternehmen auf ihrem Weg durch die verschiedenen Stadien der Evolution unterstützend zu begleiten. Im Abschnitt »Das Erkennen der Stadien ...« geht es noch einmal ausdrücklich um die Frage, wie Sie feststellen können, in welchem Stadium sich Ihr Klient befindet. Das ist entscheidend, damit Sie wissen, wie Sie ihm den besten und schnellsten Weg durch die Probleme hindurch zeigen können.

Das Kapitel enthält auch verschiedene Fallstudien, die Ihnen zeigen sollen, wie ich Klienten geholfen habe, mit den von mir entwickelten Methoden ihre Probleme zu überwinden.

Für den Klienten: Die Bedeutung des Coachings für Sie und Ihre Firma

Wenn Geschäftsleute den Wert des Coachings erkennen, versuchen sie zunehmend, Unterstützung für ihre Suche nach mehr Erfolg zu gewinnen und die Transformation zu nutzen, die daraus erwächst. Dabei kommt es entscheidend darauf an, den Coach zu finden, an den Sie glauben können und der an Sie glaubt. Ein guter Coach hilft Ihnen, Probleme zu lösen, Ihren Horizont zu erweitern, Selbstvertrauen auf- und Ihr Glaubenssystem auszubauen. Ein guter Coach hilft Ihnen, zu erkennen, was Sie wirklich wollen, und ein Gespür für die Vision Ihres Lebens und Ihrer Karriere zu bekommen.

Manche Manager meinen, sie könnten die Zeit oder das Geld für einen Coach nicht erübrigen. Wenn Sie der Ansicht sind, dass Sie nicht genug Zeit für einen Coach haben, dann ist das ein sicheres Zeichen dafür, dass Sie einen brauchen. Ein Coach hilft Ihnen, Zeit zu sparen. In Wirklichkeit können Sie es sich heutzutage nicht leisten, keinen Coach zu haben.

Wenn Sie daran gewöhnt waren, Ihren Weg allein zu gehen, dann ist Ihre Unabhängigkeit genauso stark ausgeprägt wie Ihre Isolierung, und diese entspricht wiederum Ihrer Unfähigkeit, zu empfangen und sich auf Partnerschaft einzulassen. Sie mögen ein »Energiebündel« sein, aber auch Sie können es sich nicht leisten, Ihre Energie zu verschwenden, indem Sie einfach nur genug Geld verdienen, um zu überleben, oder auf Kosten Ihres Herzens Geld verdienen. Wenn Sie nicht gerade ein Genie sind, dann ist es stets intelligenter und geschickter, sich um Partnerschaft zu bemühen.

Fragen Sie herum. Sehen Sie im Internet nach. Konsultieren Sie Seminarleiter, die Sie bewundert haben. Sorgen Sie dafür, dass Sie den perfekten Coach für sich finden, jemanden, der Sie unterstützt und inspiriert und der über die Fähigkeit verfügt, Ihnen zur Transformation zu verhelfen. Finden Sie den Coach, der an Sie glaubt.

Wie man effektiver psychologischer Unternehmensberater wird

Der erste Abschnitt für psychologische Unternehmensberater ist in zwei Gruppen von Anleitungen aufgeteilt. Die erste Gruppe soll Ihnen helfen, eine gesunde, produktive und partnerschaftliche Beziehung zu Ihren Klienten aufzubauen und aufrechtzuerhalten, um Ihre eigene Effektivität und die Fortschritte der Klienten zu maximieren.

Die zweite Gruppe von Prinzipien soll Ihnen helfen, Ihren Klienten den Weg zur Bewältigung ihrer Probleme zu zeigen und den geistigen Wandel herbeizuführen, damit Sie die Dinge positiver sehen können (siehe den Abschnitt »Erfolgsprinzipien zur Transformation von Problemen«).

Fangen wir also damit an, wie Sie eine gute Arbeitsbeziehung mit Ihrem Klienten aufbauen:

Denken Sie daran, dass Ihre Funktion darin besteht, den »Patienten« zu stärken. Er soll nicht von Ihnen abhängig werden. Wenn es sich um einen langfristigen Klienten handelt, ist eine vorübergehende Regression während der Arbeit an frühen Kindheitsthemen erlaubt. Das ist nur natürlich. Gleichwohl besteht Ihre Aufgabe darin, den Klienten so rasch wie möglich zu stärken, damit er zu mehr Zuversicht, Selbstwertgefühl, Effektivität und Kreativität findet. Ihre persönlichen Durchbrüche sind am wichtigsten für Ihre Fähigkeit, Probleme zu transformieren. Bereitwillig auf die eigene innere Führung zu horchen, ist ebenso wesentlich, denn während Sie andere beraten, werden Sie selbst ebenfalls geleitet und geführt.

Hören Sie Ihrem Klienten sorgfältig und aufmerksam zu und verbinden Sie sich mit ihm, während er mit Ihnen spricht. Zuhören zu können, ist die wichtigste Fähigkeit für einen guten Coach. Ein weiterer Schlüsselfaktor für Berater und Mentoren ist ihre Verbundenheit mit dem jeweiligen Klienten. Schon sie allein erzeugt einen Flow, der den Klienten in seinem Leben voranbringt. Verbinden Sie sich mit dem Klienten von Herz zu Herz. Glauben Sie an ihn. Der schlichte Akt, eine innere Verbindung mit dem Klienten aufzunehmen, kann schon viele seiner Probleme lösen.

Achten Sie bei Ihren Klienten auf den Prozess der Entfaltung. Was sind ihre Muster? Wie wirken sie sich aus? Welche Überzeugungen und Geschichten versuchen sie Ihnen als real und unabänderlich zu verkaufen? Machen Sie sich bewusst, dass alles, was sie erzählen, metaphorisch ist. Es ist wie eine symbolische Traumsprache, die aus dem Wachtraum ihres Lebens stammt. Noch wichtiger ist es, sich bewusst zu machen, dass alles, was sie über ihren Tag, ihr Leben oder ihr Problem erzählen, etwas über ihre Beziehung zu Ihnen aussagt. Es ist entscheidend, sich Ihren gemeinsamen Prozess der Entfaltung bewusst zu machen.

Achten Sie auf den Widerstand des Klienten. Zu spät kommen, eine Sitzung verpassen, schläfrig werden, sich distanzieren und ähnliche Verhaltensweisen sind Hinweise auf inneren Widerstand und die fehlende Bereitschaft, zu heilen und sich zu verändern. Machen Sie nicht den Fehler, den Klienten deswegen zu verurteilen. Sein Verhalten hilft Ihnen, zu erkennen, was Sie tun müssen, um ihm bei der Heilung zu helfen.

Achten Sie auf Hinweise darauf, in welchem Stadium sich der Klient bei seiner Arbeit und in seinen Beziehungen befindet. Indem Sie seine verbale Sprache, seinen Körperausdruck und dergleichen beobachten, werden Sie feststellen können, auf welcher Ebene der Entwicklung er sich befindet. (Die in Kapitel 4 und später in diesem Kapitel beschriebenen Stadien sind dabei sehr nützlich.)

Sorgen Sie dafür, dass der Klient lernt, seine Emotionen wahrzunehmen und sich damit wohl zu fühlen. Distanzierung ist eine Verteidigungshaltung, die Erfolg, Unbeschwertheit, Empfangen sowie einen Zuwachs an Kraft und Liebe blockiert.

Beseitigen Sie die Blockaden, und Sie haben Zugang zu Partnerschaft, Erfolg, Liebe, Begabungen, Kreativität und Vision. Finden Sie verschiedene Wege, wie Sie Ihren Klienten helfen können, Zorn, Furcht, Schuldgefühle, Verletzungen, Verluste, Opferhaltungen, Wertlosigkeit, Stress, Kontrollverhalten, Beziehungsprobleme, Familienkonflikte und die Schwierigkeiten der toten Zone zu überwinden.

Nehmen Sie sich die schwierigsten Themen zuerst vor. Wenn Sie sich den Prozess der Entfaltung bewusst machen, finden Sie kleine Hinweise, die Sie zu diesen Themen führen. Machen Sie sich auch hier klar, dass alles, was Ihr Klient sagt, auf einer gewissen Ebene etwas über Ihre Beziehung zu ihm ausdrückt. Das ist Transferenz, alles ist Kommunikation auf einer metaphorischen Ebene. Egal, worüber zwei Menschen auf einer symbolischen Ebene reden, sie sprechen dabei immer über ihre Beziehung zueinander. Wenn Ihnen das klar ist, werden Sie am Tonfall erkennen, was Ihnen jemand sagen will, sogar wenn sich der andere dessen gar nicht bewusst ist – und die meisten Menschen sind das nicht.

Ihre Beziehung zum Klienten ist ein zentraler Faktor für den Fortschritt und alles, was vor sich geht. Wenn Sie den tieferen Prozess der Kommunikation wahrnehmen, können Sie mit Vernunft und Intuition eingreifen, um diesen Prozess auf eine Ebene zu bringen, auf der sich die Geschichte erfolgreicher entfaltet. Die Ebene der gegenseitigen Verbundenheit zwischen Ihnen und Ihrem Klienten wird dafür sorgen, dass Ihre gemeinsame Arbeit zu optimalen Ergebnissen führt.

Schätzen Sie Ihre Effektivität anhand der Veränderungen zwischen den Sitzungen ein. Haben sich in der Zwischenzeit bestimmte Situationen für den Klienten transformiert? Welche Unterschiede erkennen Sie in der Sprache und in der Reife des Klienten? In welcher Weise hat sich seine Welt gewandelt?

Machen Sie sich klar, dass die Beziehungen und die familiäre Dynamik des Klienten – die früheren und die derzeitigen – eine Schlüsselrolle für den gegenwärtigen Erfolg spielen und die Beziehung des Klienten zu sich selbst widerspiegeln. Es ist entscheidend, diese Themen anzusprechen, wenn Sie eine fundamentale und dauerhafte Veränderung für Ihren Klienten herbeiführen wollen.

Machen Sie sich klar, dass es für Sie Lösungen auf der bewussten, unterbewussten, unbewussten und spirituellen Ebene gibt.

Vergeben Sie Ihrem Klienten. Wenn Sie sein Verhalten beurteilen, führt das zur Trennung und schädigt Ihre Beziehung.

Achten Sie darauf, ob es zu größeren Gegenübertragungen mit Ihrem Klienten kommt. Arbeiten Sie daran und lassen Sie sich dabei von einem Supervisor oder persönlichen Coach helfen, denn wenn solche Probleme nicht gelöst werden, wirken sie sich negativ auf den Heilungsprozess Ihres Klienten aus.

Auf einer bestimmten Ebene reflektiert Ihr Klient Ihre eigenen Selbstbilder. Sie könnten diese effektiver integrieren. So wie alles in der Welt Ihrer Klienten Ausdruck früherer Probleme ist, so sind auch die Klienten, die zu Ihnen kommen, für Sie ein Hinweis auf Übertragungsprobleme. Indem Sie Ihren Klienten helfen, integrieren und heilen Sie Ihre Vorstellungen davon, wie Sie früher waren. Das mag sich auf einer unterbewussten Ebene vollziehen, auf der Sie Persönlichkeitsanteile verdrängen, die Sie auf dem Weg zu dem Punkt, an dem Sie jetzt in Ihrem Leben stehen, verurteilt haben. Es kann sich aber auch um Selbstbilder handeln, die Ihnen Ihre Familie vermittelt hat oder die Sie auf einer unbewussten Seelenebene mitgebracht haben.

Alle Träume, ob im Wachzustand oder im Schlaf, dienen der Wunscherfüllung. Wenn Sie sich in der Traumtherapie auskennen, können Sie Ihren Klienten helfen, ihr Alltagsleben als

Traum zu sehen und an ihrem »Wachtraum« zu arbeiten. Die Themen und dynamischen Abläufe sind dieselben – wie Sie bei der Interpretation von Träumen die unbewussten Bilder und Symbole deuten, erkennen Sie in ihrem Wachtraum den Prozess der Entfaltung und suchen nach Zeichen, die Ihnen sagen, was verändert werden muss.

Wenn Sie Ihrem Klienten nicht helfen können, gibt es noch etwas Wichtiges für Sie zu lernen. Bitten Sie Ihren eigenen Coach oder Supervisor um Hilfe dabei.

Achten Sie auf die Gefühle, die bei der Arbeit mit Ihrem Klienten in Ihnen hochkommen. Wenn Sie sich voll auf den Erfolg Ihres Klienten konzentrieren und nicht übermäßig durch Gegenübertragungen beeinträchtigt werden, dann bilden Ihr Körper und Ihre Emotionen ein Instrument, mit dem Sie den Fortschritt einer Sitzung und die Erfahrungen des Klienten messen können.

Helfen Sie Ihrem Klienten, die Verantwortung für sich selbst zu übernehmen, indem Sie dafür sorgen, dass er sich nicht in den Fallen von Schuldgefühlen oder -zuweisungen verfängt. Lernen Sie selbst, die Verantwortung für Ihr eigenes Handeln zu übernehmen. Das verleiht Ihnen Kraft und beseitigt Schuldzuweisungen und -gefühle.

Lernen Sie etwas über die Dynamik von Problemen, denn diese Kenntnisse sind von unschätzbarem Wert, wenn es darum geht, Ihrem Klienten aus Fallen herauszuhelfen.

Wenn Sie offen sind, folgen Sie bei der Arbeit mit Ihrem Klienten Ihrer eigenen Inspiration und inneren Führung. Das ist die Essenz der effektiven psychologischen Beratung. Wenn Sie starre Vorurteile haben, werden Sie die Gelegenheiten zur Transzendenz blockieren.

Helfen Sie Ihrem Klienten, seine Kämpfe, Konflikte, Klagen und Beurteilungen aufzugeben. Denn sie behindern seinen Fortschritt.

Achten Sie immer wieder darauf, wo Ihr Klient in seiner Beziehung zu Ihnen steht. Ist er von Ihnen abhängig oder bereit, mit Ihnen zu arbeiten? Befindet er sich im Zustand der distanzierten Unabhängigkeit oder ist er bereit zur Integration? Ist er eine Partnerschaft mit Ihnen eingegangen oder rebelliert er gegen Sie? Denken Sie daran, dass Sie daraus Hinweise ableiten können, wie sich Ihr Klient gegenüber anderen wichtigen Menschen in seinem privaten und beruflichen Umfeld verhält.

Finden Sie Modelle und Methoden, mit deren Hilfe Sie Ihr Verständnis für Ihren Klienten steigern und ihm näher kommen können, um ihm bei der Lösung seiner Probleme zu helfen.

Sprechen Sie mit Ihrem Klienten über seine Fortschritte. Ermutigen Sie ihn, indem Sie ihm genau sagen, in welchem Stadium er sich befindet, wie viel er schon erreicht hat und wie weit er bereits gekommen ist.

Gehen Sie über die *Rolle* des Coachs hinaus, denn sonst schränken Sie sich selbst ein, vergrößern die Distanz und verhindern Fortschritte in Ihrer Beziehung zum Klienten. Seien Sie authentisch und lassen Sie damit alle Rollen hinter sich. So werden Sie schließlich zum Freund Ihres Klienten und bewahren dabei gleichzeitig Ihre Integrität in Ihrer Funktion als Coach. Anderenfalls verfangen Sie sich in Koabhängigkeit* und fördern die Furcht vor dem nächsten Schritt, weil Sie sich vor Ihrem eigenen nächsten Schritt fürchten.

Lassen Sie sich voll auf Ihren Klienten ein. Er braucht alle Hilfe, die er bekommen kann, und Ihre Hingabe an seinen Prozess der Entfaltung ist der beste Weg, ihm zu helfen.

Erkennen Sie von einer metaphysischen Ebene aus, dass Sie sich nicht durch Zufall begegnet sind. Sie selbst werden in der Beziehung zu Ihrem Klienten genauso oder noch mehr heilen, wenn Sie sich in jeder Sitzung um Wahrhaftigkeit bemühen.

Achten Sie stets auf ein Höchstmaß an Ethik, Integrität und Reinheit. Behandeln Sie den Klienten, wie gute Eltern ihr Kind behandeln würden. Er ist Ihnen anvertraut worden. Setzen Sie dieses heilige Vertrauen nicht aufs Spiel.

Halten Sie Ihre eigenen Bedürfnisse aus den Sitzungen heraus, vor allem die sexuellen. Dies ist eine weit verbreitete Falle für psychologische Berater.

Wenn eine sexuelle Beziehung beginnt, hört die Heilung auf. Machen Sie Ihre Klienten nicht zu Opfern. Ihr Ego wird Ihr Verhalten rationalisieren und sie schwelgen lassen, aber anschließend straft es Sie unweigerlich mit Schuldgefühlen. Das ist eine heikle Zeit für Ihren Klienten.

* Unter dem Begriff »Koabhängigkeit« bzw. »Co-Abhängigkeit« versteht man in der Regel zweierlei: einerseits die Situation des engen Umfelds von Suchtkranken (also die Lage ihrer Partner, Kinder oder Eltern); andererseits eine Liebes- bzw. Beziehungs»sucht«, die im Extremfall so weit gehen kann, dass man an einer Partnerschaft festhält, obwohl man an ihr zu zerbrechen droht.

Die sexuelle Energie ist entweder ein Hinweis auf zukünftige gemeinsame kreative Projekte, oder sie ist die wunderbare Energie, die zur Heilung führt. Verwechseln Sie nicht das eine mit dem anderen. Lassen Sie die sexuelle Energie nicht willkürlich weiter ihren Einfluss ausüben. Sie spiegelt einen Mangel an innerer Verbundenheit wider – denn unter dem Einfluss der Liebe wird sexuelle Energie auf natürliche Weise sublimiert.

Wenn Sie hauptberuflich als Coach arbeiten, brauchen Sie selbst einen Coach. Der wichtigste Faktor für Ihre Effektivität ist Ihre eigene Bereitschaft, sich zu verändern und zu heilen. Ich habe schon erlebt, wie überaus begabte Seminarleiter, psychologische Berater und Psychotherapeuten ausgebrannt waren und ihre Arbeit aufgegeben haben. Wenn Sie so unabhängig sind, dass Sie meinen, Sie würden keine Unterstützung brauchen, dann schränkt das Ihre Fähigkeit ein, anderen zu helfen, und Sie sind nicht fähig, sich mit Ihren eigenen blinden Flecken und Problemen auseinander zu setzen, wenn sie auftauchen.

Es ist unverzichtbar, dass Sie engagiert an Ihrer eigenen beständigen Evolution und Transformation arbeiten. Der wichtigste Faktor für Ihre Effektivität ist Ihre eigene Bereitschaft, sich zu verändern und zu heilen. Wie kann jemand anderen helfen, etwas zu heilen, von dem er sich selbst noch nicht befreit hat? Das wäre so, als wollte ein Blinder einen anderen Blinden führen.

Wenn wir psychologische Berater sein wollen, müssen wir uns klar machen, dass die Transformation eine Lebensweise für uns ist. Lesen Sie. Lassen Sie sich von anderen beraten. Suchen Sie sich einen Supervisor. Nehmen Sie an Workshops und Seminaren teil. Seien Sie ein bereitwillig Lernender. Heilen Sie und vergeben Sie; das ist der Weg nach vorn.

Lassen Sie uns Herz und Geist öffnen. Lassen Sie uns selbst

glücklich und erfolgreich sein. Lassen Sie uns ein ausgeglichenes, kreatives Leben führen. Lassen Sie uns etwas von dem, was wir tun, der gesamten Welt schenken, um ihr zu helfen. Lassen Sie uns aufgeschlossen für die Gnade sein und die glücklichsten Beziehungen und Familien schaffen, die wir uns vorstellen können.

Entwickeln Sie Ihre eigene spirituelle Verbindung. Das wird Ihnen helfen, frisch zu bleiben und rasche Fortschritte zu machen. Psychologie ist der schnellste der langsamen Wege. Gnade ist der schnellste Weg überhaupt.

Gnade macht Sie zum Werkzeug der Transformation. Sie ist Gottes Liebe zu Ihnen. Ihnen wird die Gnade geschenkt, die Sie brauchen, um denen zu helfen, die zu Ihnen kommen. Empfangen Sie die Gnade und die Wunder für diese Menschen. Akzeptieren Sie Gott für diese Menschen, damit ihre Probleme gelöst werden können. Der Himmel ist ein Segen und hilft Ihnen bei jedem Schritt auf dem Weg, wenn Sie ihn empfangen. Bitten Sie um ein Wunder, in der Nacht vor der Sitzung mit Ihrem Klienten, am Morgen davor und direkt bevor diese Sitzung beginnt.

Wir wissen nie, wen unsere Arbeit alles anspricht

Als meine Frau und ich vor siebzehn Jahren von den Beziehungsproblemen zwischen Prinzessin Diana und Prinz Charles erfuhren, bedauerten wir, dass wir die beiden nicht kannten. Kein einziges ihrer Probleme war uns fremd; es waren alles Schwierigkeiten, bei deren Überwindung wir anderen Paaren erfolgreich hatten helfen können.

Sechs Monate nach dem Tod von Prinzessin Diana sprach mich ein britischer Geschäftsmann an, der zu ihren persönlichen Freunden gehört hatte. Er hatte gerade einer Zeitung ein Interview darüber gegeben, wie Diana es geschafft hatte, ihre Beziehungen zu verändern und wieder Liebe zu finden.

Der Geschäftsmann, Chef eines größeren Konzerns, berichtete, er habe mit Diana darüber gesprochen, wie deprimiert er sich im Zusammenhang mit seiner eigenen Scheidung fühlte. Er erinnerte sich, wie Diana zu einem großen Bücherregal gegangen war und ein Buch herausgezogen hatte. Von allen Büchern, die sie gelesen habe, so sagte sie ihm, habe dieses ihr am meisten geholfen, und es könne auch ihm helfen.

Er habe das Buch angesehen, sagte der Geschäftsmann, und dann erklärt: »Das kann ich nicht lesen, es ist viel zu dick.«

Aber Diana habe insistiert: »Lies nur die Abschnitte, die ich unterstrichen habe. Sie waren mir die größte Hilfe. Dieses Buch hat mich gerettet; es hat mir geholfen, Liebe zu finden und neue Beziehungen einzugehen.«

Er zeigte mir das Buch. Ich hatte es selbst geschrieben: *Wenn es verletzt, ist es keine Liebe.* Ich hatte es als eine Art »Bibel« für Beziehungen verfasst, die den Menschen helfen sollte, ihre grundlegenden Beziehungsprobleme zu überwinden.

Während der Geschäftsmann mit mir darüber sprach, erinnerte ich mich daran, wie sehr ich mir gewünscht hatte, der Prinzessin helfen zu können, und ich lächelte, als mir klar wurde, dass ich das sogar geschafft hatte, ohne sie persönlich kennen zu lernen.

Der Geschäftsmann sagte: »Als ich die Abschnitte las, die Diana unterstrichen oder mit Randbemerkungen versehen hatte, halfen sie mir, meine Frau zurückzugewinnen. Jetzt sind wir wieder glücklich verheiratet, und meine Geschäfte laufen großartig!«

Als Coach können Sie nie wissen, wie viele Menschen mit Ihren Hinweisen und Lehren in Berührung kommen. Bemühen Sie sich, einen besseren Weg für Ihre Klienten zu finden, und Sie werden Menschen erreichen, die Sie wahrscheinlich nie persönlich kennen lernen.

Das Erkennen der Stadien, der klassischen Unternehmensprobleme und Fallen

Wir alle gehen in unserem Leben durch verschiedene Stadien. Wenn Sie gut zuhören, werden Sie wissen, in welchem Stadium es eine Blockade gibt, und von dort aus können Sie den besten Weg wählen, um darauf zu reagieren. Zwar birgt jede Coaching-Sitzung reichhaltige und komplexe Möglichkeiten der Heilung, aber wenn wir das in Kapitel 4 beschriebene Dreiecksmodell der Evolution kennen, haben wir einen besseren Hintergrund für das Verständnis bestimmter Kernprobleme. Dieser Abschnitt beschreibt besondere Schwierigkeiten, denen wir uns in der heutigen Wirtschaft gegenübersehen. Einige davon werden geleugnet, abgespalten oder anderweitig verborgen. Andere sind klassische Unternehmensprobleme. Jedem der folgenden Punkte wird anschließend ein eigener Abschnitt gewidmet, der Ihnen helfen soll, sich mit dem betreffenden Thema bewusst auseinander zu setzen:

Klassische Unternehmensprobleme

1. Kontrolle und Mangel an Vertrauen,
2. Gefühle der Unzulänglichkeit,
3. Sabotage,
4. Furcht vor dem nächsten Schritt,
5. Knappheit,
6. Mangel an Verantwortlichkeit,
7. Furcht zu versagen,
8. Furcht vor dem Erfolg,
9. Machtkämpfe,
10. sich selbst und andere als Objekte behandeln,
11. das Gefühl, ein Betrüger zu sein,
12. Unzufriedenheit der Angestellten,

13. Autoritätskonflikte,
14. Aufopferung,
15. Mangel an Kommunikation,
16. Desorganisation,
17. Verschwendung von Ressourcen,
18. Autoaggression.

Aktuelle Probleme des Geschäftslebens

1. Stress,
2. Burn-out,
3. Erschöpfung,
4. Geschäftigkeit,
5. Mangel an Vision,
6. Abgestumpftheit,
7. Überarbeitung,
8. Stellenabbau.

Wichtige Themen und Blockaden für die heutigen Unternehmen

1. Kompensation,
2. Distanzierung,
3. Konkurrenz,
4. Dominanz,
5. Verwirrung über Führungsqualitäten,
6. Furcht vor Partnerschaft,
7. Mangel an Verbundenheit,
8. Verlust des Herzens,
9. Abspaltung von Emotionen.

Klassische Unternehmensprobleme

1. Kontrolle und Mangel an Vertrauen. Vertrauen und Erfolg sind gleichbedeutend. Finden Sie das eine, und Sie werden auch das andere finden. Mangel an Vertrauen erwächst aus einer Spaltung des Geistes, die Konflikte verursacht. Statt Verbundenheit und früherer Erfolge, die Vertrauen und Zuversicht erzeugen, erinnern wir uns an Niederlagen und Kummer.

Unsere Überzeugung, dass wir es nicht schaffen können, stammt aus der Vergangenheit. Wenn uns das Vertrauen fehlt, versuchen wir, Kontrolle auszuüben oder als Kompensation hart zu arbeiten. Kontrolle basiert auf Furcht oder fehlendem Vertrauen. Sie führt zu Dominanz, Machtkämpfen, schlechter Kommunikation und Verzögerungen.

2. Gefühle der Unzulänglichkeit. Diese Gefühle sind eine direkte Folge verlorener Verbundenheit. Verlust, Verlassenheitsgefühle, Furcht und Missverständnisse bedeuten alle, dass uns ein bestimmtes Fundament fehlt. Wir fühlen, dass wir kein Gespür für uns selbst haben, und versuchen das gewöhnlich zu kompensieren, indem wir uns selbst unter Druck setzen und zu Perfektionisten werden. Wir haben den Eindruck, dass nichts, was von außen kommt, je genug sein kann, weil wir meinen, dass wir selbst nicht genug sind.

3. Sabotage. Ob bewusst oder unterbewusst, resultiert Sabotage immer aus dem Gefühl, dass wir zu viele Opfer bringen müssen. Zwar sind wir dank unserer eigenen harten Arbeit erfolgreich, aber der Gedanke, auf eine höhere Ebene des Erfolgs zu gelangen, ist anscheinend zu viel für uns. Wir fürchten, dass wir auf dieser neuen Ebene des Erfolgs nur noch mehr Opfer bringen müssen. Deshalb missglückt uns auch der nächste Schritt (siehe unten), sei es nun das große Geschäft oder die Promotion, und ein Teil von uns ist froh darüber, weil wir das Gefühl haben, dass wir ohnehin schon die Grenze dessen erreicht haben, was wir bewältigen können.

4. Furcht vor dem nächsten Schritt. An der Wurzel jedes Problems finden wir die Furcht vor dem nächsten Schritt. Es ist die Furcht davor, dass wir das, was auf uns zukommt, nicht bewältigen können. Weil wir fürchten, nicht über das zu verfügen, was für den Erfolg nötig ist, benutzen wir unterbewusst Probleme, um den Schritt nach vorn zu verhindern.

5. Knappheit. Knappheit ist ein sicheres Zeichen dafür, dass wir unsere Zeit, Energie und Ressourcen schlecht investiert haben. Vielleicht haben wir nicht nach innen gehorcht oder die äußeren Zeichen nicht richtig interpretiert. Vielleicht haben wir uns eines Tages in Kämpfe, Kummer oder die Vergangenheit verwickelt. Der natürliche Flow des Lebens ist Überfluss, und aus diesem Flow sind wir ausgeschert.

Wenn wir geben, werden wir automatisch auch empfangen, aber unsere Aufopferung verfolgt ihre eigenen Ziele; sie ist ein falsches Geben und führt zu Mangelsituationen. Dahinter verbergen sich vielleicht unterbewusste Autoritätskonflikte mit unserer/unserem Lebensgefährtin/-gefährten, mit Geschäftspartnern oder unseren Eltern und unbewusst auch mit Gott.

6. Mangel an Verantwortlichkeit. Verantwortlichkeit ist das Prinzip der Zuständigkeit für unser eigenes Leben und alles, was darin und darum herum geschieht. Es ist ein mächtiges Prinzip, das unsere unterbewussten und unbewussten Ego-Muster, Ziele und Vorteile ans Licht bringt. Es hilft uns, falsche Entscheidungen und Prioritäten aufzudecken, und erlaubt uns, sie zu korrigieren. Es hilft uns, Schuldzuweisungen gegenüber anderen ebenso aufzugeben wie die tieferen, mehr chronischen Selbstbeschuldigungen. Es erlaubt uns, ohne Schuldgefühle die volle Verantwortung zu übernehmen.

Mangel an Verantwortlichkeit ist die schwächste Position, in der wir uns befinden können; sie lässt uns in der Opferhaltung verharren. In dem Maße, wie wir uns weigern, Verantwortung zu übernehmen, werden wir weiterhin Opfer bleiben oder Kontrolle zur Kompensation ausüben. Mangel an Verantwortlichkeit bedeutet, dass wir unsere verborgenen Ziele nicht wahrnehmen. Diese unterbewussten oder unbewussten Ziele führen nicht zum Erfolg. Sie repräsentieren ein Verlangen, ein Leben der Schuldzuweisungen und Klagen zu führen. Das raubt uns Kraft und erzeugt Negativität. Vergangene Zeiten, in denen wir Opfer waren, geben uns die Entschuldigung, zu tun, was wir jetzt wollen, und es mit dem zu rechtfertigen, was damals geschehen ist. Mangel an Verantwortlichkeit kann uns zur Rechthaberei verleiten, ein Opfermuster oder ein kompensatorisches und distanziertes Unabhängigkeitsmuster hervorbringen. Mangel an Verantwortlichkeit verursacht ein Verhalten, das eher reaktiv als stark und transformativ ist. Typischerweise entsteht daraus die unabhängige »Auf-meine-Weise«-Einstellung.

Zwar wird die Vorstellung, dass wir für unser eigenes Leben verantwortlich sind, zunehmend akzeptiert, aber sie wird nicht dahin gehend genutzt, dass sie Einzelpersonen und Unternehmen Kraft verleihen könnte. Die Kraft der Verantwortlichkeit besteht darin, dass sie auf Schuldgefühle und Schuldzuweisungen verzichtet und uns öffnet für unsere Wahrnehmungsfähigkeit, Aufgeschlossenheit und unser Pflichtbewusstsein. Das bringt Freiheit, Zuversicht und eine neue Ebene der Effektivität.

Stellen Sie sich vor, Sie wären Chef eines großen Unternehmens und wüssten, dass Ihr Büro, Ihre Belegschaft und die gesamte Firma Ihren Tao-Index reflektieren. Wenn die Geschäfte nicht gut laufen, würde das zeigen, dass Ihr persönlicher Tao-Index und der Ihrer Mitarbeiter niedrig ist. Sie könnten Ihre Führungsqualitäten nutzen, um die Leute zu inspirieren und enger zu einer Gruppe zu verbinden. Sie könnten sie bitten, auf

Beurteilungen und Klagen zu verzichten, um eine neue Ebene des Zusammenhalts zu erreichen. Sie könnten ihnen helfen, ihre Machtkämpfe durch Kommunikation zu überwinden. Oder Sie könnten die Kraft Ihres Geistes einsetzen, um die Situation durch Vertrauen oder Hingabe zu verbessern. Dann könnten Sie die Firmenprobleme heilen, indem Sie geistig darin eintauchen und das transformieren, was sich darin spiegelt. Verantwortlichkeit führt nicht zu Schuldgefühlen, auch wenn das Ego versucht, sie damit zu verknüpfen. Verantwortung zu übernehmen, eröffnet Chancen für Heilung und Veränderung.

Verantwortung ist kein Gewicht auf Ihren Schultern, sondern verleiht Ihnen Kraft. Wenn Sie auf diese Weise gestärkt sind, können Sie die Situation verbessern und andere ebenfalls stärken. Natürlich muss man einiges lernen, um das zu erreichen. Aber wenn Sie etwas wirklich lernen wollen, beispielsweise Verantwortung zu übernehmen, dann schaffen Sie das auch. Wenn Sie keine Angst vor Ihrer eigenen Stärke haben, dann ist Verantwortlichkeit ein weiteres Instrument, das Sie Ihrem Werkzeugkasten für die Unternehmensführung hinzufügen können. Der Zweck der Verantwortlichkeit besteht darin, alle Menschen wieder in den Zustand der Unschuld zu versetzen, denn Schuldgefühle gehören zu den Wurzeln aller Probleme. Wenn alle Parteien wieder ohne Schuld sind, dann verfügen sie gleichzeitig über Kraft und Verantwortungsgefühl. Verantwortlichkeit ist ein mächtiges Prinzip der Transformation, das für Geschäftsleute und psychologische Berater gleichermaßen eine Hilfe darstellt.

7. Furcht zu versagen. Die Furcht zu versagen stammt aus familiären und ödipalen Mustern. Sie ist gewöhnlich nicht vernünftig zu erklären, sondern hat psychische Gründe. Furcht verleitet uns zu Fehlern, und die Furcht zu versagen lässt uns entweder zu vorsichtig oder zu rücksichtslos vorgehen. Beide Verhaltensweisen führen nicht zum Erfolg. Auf den tiefsten Ebenen unseres Geistes werden wir aus törichten Gründen von genau dem angezogen, was wir fürchten.

8. Furcht vor Erfolg. Die Furcht vor Erfolg stammt direkt aus familiären und ödipalen Mustern. Wir fürchten uns, zu gewinnen oder größere Erfolge zu haben, weil wir alten, falsch verstandenen Schuldgefühlen nachhängen.

Die Furcht vor dem Erfolg kann ihren Ursprung darin haben, dass wir als Kinder bedeutende Siege verzeichnen konnten. Vielleicht hatten wir das Gefühl, wir hätten unsere Mutter dem Vater »gestohlen« oder wir hätten einem unserer Geschwister eine vernichtende Niederlage bereitet. Dann haben wir einen Konflikt mit unserer Mutter angezettelt, der uns erheblichen Kummer machte, um so die Spuren zu verwischen. Jetzt erlauben wir uns nur begrenzte Erfolge, weil ein großer Sieg die alten Schuldgefühle wieder auftauchen lässt.

9. Machtkämpfe. Ein Machtkampf hindert uns daran, vorwärts zu kommen. Wir halten unseren Gegner für das Problem. Wir kämpfen für unsere Interessen und die Befriedigung unserer Bedürfnisse, während unser Gegner dasselbe tut. Auf einer unterbewussten Ebene benutzen wir uns gegenseitig als Hindernisse, weil wir uns vor dem nächsten Schritt fürchten. Wenn wir stattdessen zum Erfolg voranschritten, dann würde jeder gewinnen.

10. Sich selbst und andere als Objekte behandeln. Wenn wir uns selbst oder andere als Objekte behandeln, können wir zwar erfolgreich sein, aber wir zahlen einen hohen Preis dafür. Dieses Vorgehen kann nur funktionieren, wenn wir Erfolg sehr eng definieren. Indem wir andere bei der Arbeit zu Objekten machen, werden wir genauso mit uns selbst und unserer Familie umgehen.

Objekte sind dazu da, dass wir sie benutzen. Wir benutzen andere, um zu bekommen, was wir wollen, und damit sie ihrerseits wieder andere benutzen, die dann unsere Treppe zum Erfolg bilden. Aber uns selbst bleibt nicht erspart, was wir anderen antun. Das führt dazu, dass wir nicht wirklich empfangen oder genießen können – wir können nur nehmen. Wir werden uns selbst und den Menschen in unserer Umgebung fremd, nur um etwas aus der Vergangenheit zu verdecken, was wir nie überwunden haben.

11. Das Gefühl, ein Betrüger zu sein. Oft stellt sich dieses Gefühl ein, wenn wir eine hohe Führungsposition erreicht haben. Wir meinen, wir hätten nicht die nötige Erfahrung und Berechtigung, die uns zugewiesene Funktion auszuüben. Immer wieder überfällt uns die Furcht, unsere Unzulänglichkeiten könnten offenkundig werden. Sie erwächst aus dem Selbstzweifel, der eine Form der Autoaggression ist, sowie aus unseren Rollen, die als Kompensation für Gefühle des Versagens dienen. In dem Maße, wie solche Gefühle auftreten, haben wir das Empfinden, ein Betrüger zu sein. Unser Selbstzweifel ist eine Form von Furcht, die das Ego benutzt, um uns von Partnerschaft und Erfolg fern zu halten.

12. Unzufriedenheit der Angestellten. Unsere Mitarbeiter werden unzufrieden, weil ihnen etwas fehlt. Forschungsergebnisse zeigen, dass die meisten Angestellten nach persönlicher Anerkennung für ihre Arbeit suchen. Natürlich setzt das auch andere gute Arbeitsbedingungen voraus, beispielsweise eine angemessene Bezahlung und eine angenehme Atmosphäre. Jedes

Bedürfnis, das einem Angestellten in seiner Ursprungsfamilie nicht erfüllt wurde, kann jetzt an die Oberfläche kommen und danach verlangen, vom Chef oder anderen Vorgesetzten erfüllt zu werden.

Teamgeist und eine Atmosphäre, in der eine Gemeinschaft von Freunden zusammenarbeitet, können sich in dieser Situation überaus positiv auf ein Unternehmen auswirken, die gegenseitige Verbundenheit fördern und unerfüllte Bedürfnisse aus der Vergangenheit heilen.

13. Autoritätskonflikte. An der Wurzel jedes Problems finden wir einen Autoritätskonflikt. Manchmal weigern wir uns, auf unsere innere Stimme zu hören. Obwohl sie sich nie geirrt hat, wollen wir ihr jetzt nicht folgen.

Wenn wir schon unserer inneren Stimme oder Inspiration die Gefolgschaft verweigern, werden wir noch weniger auf andere hören. Wir wollen uns einfach nicht sagen lassen, was wir tun sollen, vor allem dann nicht, wenn es dem zuwider läuft, wie wir eigentlich vorgehen möchten.

Stellen Sie sich selbst diese Frage über Ihren Chef (oder, wenn Sie der Chef sind, über einen Ihrer wichtigsten Mitarbeiter): Wie gut ist er auf einer Skala von 0 bis 100 Prozent? Die Antwort sagt Ihnen, wie gut Sie als Angestellter oder Chef für ihn sind! Das ist Ihr Autoritätskonflikt, der Sie davon abhält, Erfolg zu haben. Sie können eine andere Entscheidung treffen, wenn es Ihnen nicht gefällt, wie gut Ihr Chef oder Mitarbeiter ist.

14. Aufopferung. Wer sich aufopfert, gibt, aber er empfängt nicht. Dadurch fühlt er sich irgendwann ausgebrannt. Das ist eine psychologische Falle, die verbirgt, was wirklich vorgeht. Es ist nur eine Imitation von Liebe und Geben.

Christus hat dafür gesorgt, dass wir Menschen uns nicht mehr aufopfern müssen. Alles, was wir mit Aufopferung erreichen, schaffen wir auch ohne sie. Aufopferung ist eine Kompensation von Gefühlen der Schuld und des Versagens. Insofern basiert sie auf Wertlosigkeit, die keine Gleichberechtigung und Gegenseitigkeit zulässt. Aufopferung ist Ausdruck eines Verlierer-Gewinner-Spiels, mit dem wir versuchen, uns für die Menschen in unserer Umgebung unentbehrlich zu machen. Als Rolle und Kompensation lässt sie keinen echten Kontakt zu und erzeugt dadurch Gleichgültigkeit. Aufopferung führt zu Überarbeitung und dazu, dass wir uns alles selbst aufbürden, statt uns auf das Team und auf die Gnade zu verlassen.

Aufopferung basiert auf Beurteilungen und Klagen. Insofern ist sie ein versteckter Angriff auf unsere Eltern, Lebenspartner, Familien, Mitarbeiter und auf Gott. Wenn wir uns aufopfern, können wir uns stattdessen genauso gut entscheiden zu geben.

Aufopferung wurzelt in Konkurrenz. Sie sorgt dafür, dass wir uns anderen überlegen fühlen, selbst wenn wir uns ihnen unterordnen.

15. Mangel an Kommunikation. Mangel an Kommunikation führt zum Rückzug, der eine Form von Machtkampf ist. Als Folge wird die natürliche Entfaltung in Richtung auf den Erfolg verzögert oder gestoppt. Kommunikation hat die Fähigkeit, Machtkämpfe zu beenden und die Menschen einander näher zu bringen. Kommunikation überbrückt Differenzen und gestattet allen, sich gemeinsam in dieselbe Richtung zu bewegen.

Kommunikation kann aus einem Unternehmen ein starkes Team mit einer gemeinsamen Vision machen, wogegen das, was zurückgehalten wird, sich niemals verbinden kann und deshalb im Konflikt verharrt.

16. Desorganisation. Desorganisation entsteht, wenn eine bestimmte Form der Arbeitsorganisation entweder die Produktion oder die Arbeiter nicht angemessen unterstützt. Das kann vorkommen, wenn die Organisation zu starr oder unordentlich ist. Man braucht immer Organisationsexperten, um eine Vision und die Pläne für ein Unternehmen praktisch umzusetzen. Burn-out oder häufige Fehlzeiten sind stets ein sicheres Zeichen dafür, dass organisatorische Änderungen nötig sind.

17. Verschwendung von Ressourcen. Wenn ein Unternehmen verschwenderisch mit seinen Ressourcen umgeht, egal, ob es sich um Menschen, Arbeitszeit oder Material handelt, dann wird es bald zu einem bösen Erwachen kommen. Keine Firma kann es sich leisten, ineffizient zu sein, sei es durch Unachtsamkeit oder weil man den wahren Wert der Ressourcen nicht erkennt und sie nicht angemessen nutzt.

18. Autoaggression. Alle Probleme sind eine Form der Autoaggression. Sie weisen darauf hin, dass wir uns selbst beurteilt und als mangelhaft wahrgenommen haben. Folglich attackieren und bestrafen wir uns selbst, als ob uns das besser machen würde. In Wirklichkeit verschärft dieses Verhalten das Problem, und weil es keinen isolierten Angriff geben kann, richten wir unsere Aggressionen am Ende gegen alle Menschen einschließlich jener, die wir am meisten lieben.

Er hatte keine Ahnung

Diese Geschichte zeigt, in welchem Maße Autoaggression unseren Stress erhöht und welchen Schaden sie den Menschen in unserer Umgebung zufügt.

Gustav war ein Perfektionist und meinte, er müsse das sein, weil ein einziger Fehler dazu führen konnte, dass er viel Geld verlor, anderer Leute Geld. Außerdem steckte er voller Autoaggression, denn obwohl er selbst bei seiner Arbeit Großartiges leistete und Karriere gemacht hatte, versagte sein Sohn bei allem, was er versuchte. Erst kürzlich hatte er einen normalen, wenn auch schlecht bezahlten Job gefunden. Gustav hatte das Gefühl, sein Sohn bleibe weit hinter seinen Möglichkeiten zurück, und er gab sich selbst die Schuld daran.

Als Gustav seine Geschichte erzählte, war es nicht schwierig, den zugrunde liegenden Prozess zu erkennen. Er hatte entdeckt, dass seine Frau eine Affäre mit einem seiner Geschäftspartner gehabt hatte. Das erschütterte ihn schwer. Als er sich daraufhin scheiden ließ, war sein Sohn am Boden zerstört. Während Gustav und seine Frau später jeweils andere Partner heirateten und mit ihnen glückliche Ehen führten, konnte der Sohn sich nie ganz erholen. Gustav hatte großen Erfolg und wurde von seinen Geschäftspartnern bewundert, aber im Hinblick auf seinen Sohn fühlte er sich trotzdem als Versager. Nachdem er wieder glücklich verheiratet war, fiel es ihm nun relativ leicht, seiner Exfrau die Affäre zu vergeben. Aber sich selbst hatte er nie verziehen, dass er so viel gearbeitet hatte, weswegen seine Frau schließlich anderswo Trost suchte. Ziemlich unnachgiebig hatte er seine Schuldgefühle gepflegt und sich selbst bestraft. Ich erklärte ihm ein Prinzip, das ich aus *Ein Kurs in Wundern* gelernt hatte – ein Angriff ist niemals isoliert. Sie glauben zwar vielleicht, dass er sich allein gegen die Person richtet, gegen die Sie bewusste Aggressionen empfinden, aber in Wirklichkeit attackieren Sie jeden. Ein Angriff ist keine Pistole, mit der Sie ein ausgewähltes Ziel treffen, sondern eher ein Maschinengewehr, das Sie auf eine Menschenmenge richten – und dazu gehören auch die Menschen, die Sie am meisten lieben. Als Gustav das verstanden hatte, vermittelte es ihm die Motivation, die er brauchte, um eine Schicht seiner Autoaggression aufzugeben und durch Segnung zu ersetzen.

Ich zeigte Gustav, wie sehr er sich durch seine Selbstangriffe unter Stress setzte. Ich machte ihm deutlich, wie eine so starke Autoaggression in seinem Leben zu einem Teufelskreis führte: Schuldgefühle – Selbstangriff – Stress. Aber erst als ich ihm klar machte, dass er mit seinem Selbstangriff auch seine Frau, seine Exfrau, seinen Sohn und alle seine Freunde traf, war er schließlich bereit, auf das alles zu verzichten. Er verstand, dass seine Schuld genau der Schuld entsprach, die sein Sohn und seine Exfrau trugen, und damit verknüpft war. Wenn er sich stattdessen entschied, sich selbst zu segnen, würde er folglich auch seine Exfrau, seinen Sohn und seine jetzige Frau segnen können.

Ich entwarf eine einfache Heilungsübung, bei der er zunächst jemanden umarmte, der seinen Selbstangriff repräsentierte, um dessen Energie auf positive Weise zu integrieren. Während er das tat und schließlich fähig war, sich selbst zu akzeptieren, stieß er einen herzzerreißenden Schrei aus, der die meisten Teilnehmer des Workshops in Tränen ausbrechen ließ.

Voller Qual stöhnte er: »Ich hatte keine Ahnung … ich hatte keine Ahnung …«

Ihm war nicht klar gewesen, dass er seinen Sohn angriff, wenn er sich selbst angriff. Er hatte nicht gewusst, dass seine Schuldgefühle auch seinen Sohn und seine Exfrau in der Falle der Schuldgefühle gefangen hielten.

Schließlich war er bereit, die heilende Gabe der Segnung zu umarmen – statt der Selbstangriffe das Beste für einen anderen Menschen zu ersehnen. Nun konnte er seine Schuldgefühle loslassen, sich selbst segnen und dieses Geschenk des Segens mit seinem Sohn, seiner Frau und seiner Exfrau teilen. Die Erleichterung war so gewaltig, dass die meisten Teilnehmer am Workshop, noch während wir das letzte Lied der Heilungsübung sangen, spontan aufsprangen, um sich ihm anzuschließen, wobei viele wie er Tränen der Dankbarkeit weinten.

Aktuelle Probleme des Geschäftslebens

Bei den folgenden Themen geht es um Probleme und Zusammenhänge, mit denen die Geschäftsleute gegenwärtig zu tun haben.

1. Stress. Stress entsteht dann, wenn wir uns selbst unter Druck setzen und versuchen, etwas zu erreichen, statt uns einfach dem Flow zu überlassen. Stress erwächst auch aus schmerzlichen Erfahrungen der Vergangenheit, die nicht geheilt oder integriert worden sind. Das führt zu Kompensationen, die noch mehr Stress auslösen. Kompensationen lassen uns keine Ruhe, lassen uns nicht empfangen oder Belohnungen annehmen. Wir versuchen, Bedürfnisse, Ängste, Verluste oder Mangel an Verbundenheit durch Forderungen und Erwartungen, Druck auf uns selbst oder Perfektionismus zu kompensieren. Wir versuchen, Niederlagen und Kummer durch Kontrolle, Regeln und Machtkämpfe auszugleichen. Wir versuchen, Gefühle von Schuld, Versagen, verlorener Verbundenheit, ödipaler Konspiration und Aufopferung aufzurechnen, indem wir Rollen übernehmen, mit denen wir etwas zu beweisen versuchen, uns auf Konkurrenzkämpfe einlassen oder der Furcht vor dem nächsten Schritt verfallen, hinter der sich andere, tiefer im Unbewussten liegende Themen verbergen. Kompensationen hindern uns daran zu empfangen. Sie drängen uns in zu viele Richtungen oder zwingen uns dazu, uns vollkommen abzuschotten. Steigt der Stress zu sehr, dann werden wir krank. Distanzierung setzt uns auf ähnliche Weise unter Stress. Sie erzeugt einen Konflikt, indem der abgespaltene unabhängige Teil sich in eine Richtung bewegt, die von den verborgenen Bedürfnissen oder Emotionen wegführt. Aber diese verborgenen Emotionen zehren immer noch an uns, auch wenn wir so tun, als würden sie uns nichts mehr ausmachen.

Stress zeigt uns, dass wir ineffizient und ineffektiv sind und dass wir versuchen, alles selbst zu erledigen. Sich Ziele zu setzen, Konzentration, Entscheidung, Akzeptanz, Vertrauen, Verzicht auf Erwartungen und Rollen, die Integration von Kompensation und Distanzierung und all dessen, was sich dahinter verbirgt, sind effektive Maßnahmen zum Abbau von Stress. Wo immer wir die Verbundenheit wieder erlangen, fällt der Stress von uns ab. Wenn wir wieder zu unserem Herzen finden, erleben wir Inspiration, Flow und Ausgeglichenheit. Das ist die Antithese von Stress, denn es ist das, was uns miteinander verbindet.

2. Burn-out. Burn-out erwächst aus Kompensationen – vor allem Rollen und Überarbeitung –, die uns nicht erlauben zu empfangen, uns zu erneuern und zu regenerieren. Burn-out ist ein sicheres Zeichen dafür, dass wir hart gearbeitet, aber uns selbst und unser Herz zurückgehalten haben, was immer dann geschieht, wenn wir nicht authentisch handeln, sondern eine Rolle leben. Hingabe transformiert dieses Problem.

Burn-out ist eine Wiederholung dessen, was in unseren Familien geschah, als wir in dem Versuch, die Familie zu retten, bestimmte Rollen spielten. Das funktionierte nicht, sondern führte uns zum Burn-out, und wir übernahmen die Rolle des Unabhängigen. Wenn die Übernahme von Rollen zum Burn-out im Beruf führt, dann werden wir noch unabhängiger (was ebenfalls eine Rolle ist).

Das Burn-out ist eine Auswirkung der toten Zone, des Stadiums, in dem wir den größten Teil unserer Energie auf die Arbeit konzentrieren. Rollen, die ödipale Konspiration, Konkurrenz und die Furcht vor dem nächsten Schritt führen alle zum Burn-out in unserer Arbeit, unseren Familien und Beziehungen. Zusätzlich zu den Heilmitteln für Stress und Burn-out, die schon erwähnt wurden, kann es in dieser Situation besonders effektiv sein, durch Partnerschaft, Führerschaft oder Vision zum Flow zu gelangen.

3. Erschöpfung. Diese Falle ist charakteristisch für die tote Zone, Rollen und Kompensationen. Wenn wir die tote Zone erreichen, kommt alles, was wir verdrängt und kompensiert haben, an die Oberfläche. Dazu gehören klassische Gefühle wie Burnout, Erschöpfung, Depression und die Empfindung, wir wären in einem tiefen Graben gefangen.

Ein Beispiel für die Heilung einer großen Kompensation und der darunter liegenden Erschöpfung habe ich selbst vor ungefähr 21 Jahren erlebt, als ich noch aktiv andere Verfahren der Heilung erprobte. Ich praktizierte Rebirthing in einer Badewanne mit warmem Wasser. Man legt sich in die Wanne und atmet durch einen Schnorchel. Dabei hyperventiliert man so lange, bis man einen Zustand der Trance erreicht. Dann kommt vieles von dem, was man verdrängt hat, an die Oberfläche, vor allem Erfahrungen im Zusammenhang mit der eigenen Geburt. Ich hatte davon schon einige erlebt, aber zum großen Durchbruch kam es im heißen Badewasser.

Ich erlebte gerade sehr intensiv noch einmal meine eigene Geburt, als ich mich plötzlich vollkommen erschöpft fühlte. Mir wurde klar, dass ich mich nun in der Phase befand, als die Ärzte meiner Mutter viele starke Medikamente gegeben hatten. Sie verlor dabei vollständig das Bewusstsein und ließ mich erschöpft und mit dem Gefühl zurück, dass ich meine Geburt allein bewerkstelligen musste. Mein Leben lang hatte ich diese Erschöpfung zu kompensieren versucht.

Mit diesem Ereignis bei meiner Geburt hatte ein starkes Muster der Unabhängigkeit begonnen, das ich heilen musste, um zur Partnerschaft fähig zu sein und empfangen zu können. Den Rest des Tages war ich erschöpft, auch noch am Abend, als ich einen Vortrag zu halten hatte. Aber die Akzeptanz dieser ursprünglichen Erschöpfung verlieh mir bald mehr Energie und verringerte mein Bedürfnis, mich zu verteidigen. Dieses Ereignis einfach zu akzeptieren und noch einmal zu erleben, gestattete mir, einen großen Teil der Last, die ich bisher getragen hatte, nun abzulegen. Mein Vortrag war gut; niemand merkte etwas von meiner Erschöpfung.

Weil Arbeit zu den Dingen gehört, bei denen wir Hervorragendes leisten, versuchen wir, sie als Antwort auf jedes Problem zu benutzen. Das führt früher oder später zur Erschöpfung. Wir arbeiten immer härter, weil wir uns vor den Emotionen fürchten, die auftauchen, wenn wir uns mehr Zeit lassen. Ich kenne Manager, die sechs Tage in der Woche zwölf Stunden täglich gearbeitet haben. Sie dachten mit Entsetzen an ihre Freizeit, weil sie dann mit ihrer Erschöpfung, ihren Depressionen und ihren Frauen zurechtkommen mussten.

4. Geschäftigkeit. Geschäftigkeit ist ein sicherer Hinweis darauf, dass wir versuchen, zu viele Dinge zu tun. Wir müssen uns auf das konzentrieren, was wirklich wichtig ist.

Geschäftigkeit ist eine einfache Möglichkeit, Erfolg zu meiden. Sie raubt uns Zeit, die wir eigentlich bräuchten, um Perspektiven zu entwickeln und den nächsten Sprung nach vorn zu machen. Konzentrierte Hingabe bringt Wahrheit, Unbeschwertheit und Freiheit, aber wenn wir uns nicht uneingeschränkt engagieren, verheddern wir uns in Myriaden von Themen und schaffen es nie, uns auf das zu konzentrieren, was wichtig ist.

5. Mangel an Vision. Der Mangel an Vision sorgt dafür, dass wir unser Unternehmen weiter auf althergebrachte Weise führen. Wir verstehen zwar das Bedürfnis nach neuen visionären Produkten und sogar nach neuen Arten von Dienstleistungen, aber wir sind kurzsichtig, wenn es darum geht, den nächsten Schritt im Unternehmen selbst zu vollziehen. Wie würde ein auf Partnerschaft gegründetes Unternehmen aussehen?

Wären wir nicht so auf den Dow-Jones-Index fixiert, dann würden wir alle Zeichen und Signale des Tao-Index erkennen. Dann könnten wir sehen, wo wir den Flow verlassen haben und was nötig ist, um ihn wiederzuerlangen. Unsere bewusste Wahrnehmung des Tao würde die Vision in unser Leben zurückbringen und uns einen positiven Weg nach vorn zeigen.

Visionäre Produkte sind zwar hilfreich, aber nicht ausreichend. Wir treiben unsere Manager und Belegschaften ins Burn-out. Es muss einen besseren Weg geben, als solche Ressourcen mutwillig zu verschwenden.

6. Abgestumpftheit. Die Erfahrung der Lethargie erwächst aus Distanzierung, Kompensation und den vielen Rollen, die uns von dem trennen, was wir tun. Lieber fühlen wir uns lethargisch, als uns mit den Empfindungen des Versagens gegenüber unserer Familie, den Schuldgefühlen im Zusammenhang mit der ödipalen Konspiration, der Konkurrenz und der Furcht, die sie nährt, auseinander zu setzen. Lieber fühlen wir uns lethargisch, als uns der Furcht vor Hingabe, Partnerschaft, Begabung, Erfolg, unserem eigenen Unbewussten, unserem Lebenssinn und unserer Vision zu stellen.

Unsere Gefühle der Lethargie sind eine Verteidigungshaltung. Wir müssen unsere Furcht vor Emotionen überwinden, um wieder zu unserem Herzen zu finden. Das wird uns den Mut zu Liebe und Erfolg geben.

7. Überarbeitung. Wenn wir uns dem Übergang zur gegenseitigen Abhängigkeit nähern, erreichen wir das Stadium der toten Zone. In diesem Stadium ist unsere Überarbeitung eine Verteidigungshaltung. Wenn wir uns überarbeiten, stimmt etwas in unserem Leben nicht. Überarbeitung dient der Verteidigung und Kompensation. Sie ist der Versuch, unsere Furcht vor dem Versagen und – versteckter – unsere Furcht vor dem Erfolg zu kompensieren. Überarbeitung zeigt an, dass wir uns vor dem Leben fürchten, und das führt dazu, dass wir nur noch einen einzigen Weg sehen, wie wir vorankommen können.

8. Stellenabbau. Diese Strategie wurde beim Platzen der »Bubble Economy« angewendet. Was durch Spekulation aufgeblasen wurde, musste wieder auf ein vernünftiges Maß zurechtgestutzt werden. Heute benutzt man sie zunehmend bei den verzweifelten Versuchen, den Bankrott von Unternehmen abzuwenden. Stellenabbau ist eine Operation, zu der man sich entschließt, wenn es eigentlich um andere Probleme wie Desorganisation, Verschwendung von Ressourcen oder Mangel an Vision geht.

Es ist wie beim Tauziehen. Wenn ihre Mannschaft zu verlieren droht und zur Mittellinie gezerrt wird, lassen immer mehr Leute das Seil los. Das erhöht die Arbeitslast für jene, die übrig bleiben, und man bewegt sich noch schneller auf der Verliererstraße. Als Folge des Stellenabbaus muss ein Arbeiter heute die Aufgaben bewältigen, mit denen früher drei Arbeiter beschäftigt waren. Das führt zu Überarbeitung, Stress, Geschäftigkeit, Erschöpfung, Aufopferung, Burn-out und Lethargie.

Es ist zwar stets sinnvoll, ein Unternehmen »schlank« zu halten, aber Stellenabbau ist wie eine Operation, und solche radikalen Maßnahmen dürfen nur sparsam eingesetzt werden. Die gegenwärtigen Überlebensstrategien können zu unbeschreiblichen Härten führen und sich dabei trotzdem als nutzlos erweisen. Sie können den Abwärtstrend gerade in dem Augenblick verschärfen, wo man eigentlich eine Vision bräuchte, um einen besseren Weg zu finden.

Was hinter seinem Wutanfall steckte

Nobuhiro war ein junger Mann mit einer erfolgreichen mittelgroßen Firma in Japan. Es handelte sich um ein Familienunternehmen, dessen Belegschaft er von 250 auf 300 Angestellte aufgestockt hatte, als er die Firmenleitung übernahm. Obwohl er ständig gestresst war, hatte er sich als guter Chef erwiesen. Nobuhiro nahm offenbar gerne an den Workshops der Psychologie der Vision und an den Seminaren teil, die ich veranstaltete, wenn ich in die Stadt kam, denn sie ermöglichten ihm eine kurze Ruhepause und eine Gelegenheit, zu sich selbst zu finden. Die Seminare schienen ihm stets Erleichterung und mehr Erfolg zu bringen.

Sein aktuelles Problem war der Umsatz seiner Firma – in Japan eher ungewöhnlich. Ich fragte ihn, wie oft er einfach durch den Betrieb ging, um seine Angestellten zu begrüßen und ihnen Aufmerksamkeit zu schenken, denn Forschungsergebnisse haben gezeigt, dass persönliche Anerkennung der wichtigste Faktor zur Motivation von Mitarbeitern ist. Nobuhiro antwortete, dafür habe er keine Zeit; seine Arbeitsbelastung sei so groß, dass er jeden Tag von früh bis spät beschäftigt sei. Er sah keine Möglichkeit, das zu ändern. Nobuhiro stand kurz vor dem Burn-out.

Da jedes Problem auf einer gewissen Ebene eine Klage ist, war mir klar, dass das Ausmaß seines Problems und die Art, wie er es artikulierte, auf einen Wutanfall hinwies. Also fragte ich ihn, ob sich hinter seiner Geschäftigkeit vielleicht ein Wutausbruch verberge. Nobuhiro lächelte auf die typische Art, wie Leute es tun, wenn sie sich durchschaut fühlen. Als ich ihn ausdrücklich fragte, worüber er denn so wütend sei, antwortete er, es gehe darum, dass er es nicht schaffe, seine Aufgaben zu bewältigen und dabei wenigstens noch etwas freie Zeit für sich zu behalten. Er sah seine Freundin nur einmal pro Woche – zweimal, wenn er Glück hatte –, denn sie lebte einige Stunden von seinem Wohnort entfernt.

Ich fragte ihn, ob dies eine Situation war, die ihm schon seit seiner Kindheit zu schaffen machte. In seinen Augen leuchtete das Licht der Intuition auf, und er begann zu erzählen, wie einsam er als Kind gewesen war. Seine Eltern waren mit der Firma so beschäftigt gewesen, dass sie nur selten Zeit für ihn hatten. Es fiel ihm leicht, zu erkennen, dass sich in seinem gegenwärtigen Problem eigentlich ein altes Thema manifestierte. Seine Eltern hatten keine Zeit für ihn gehabt, und jetzt hatte er keine Zeit für sich.

Ich fragte Nobuhiro, ob er bereit sei, seine Wut aufzugeben, damit er sein Leben vollständig verändern könne. Er war begeistert von dieser Aussicht, weil ihm klar war, dass seine Eltern dasselbe Problem gehabt hatten. Erst nachdem sie ihm die Leitung der Firma übertragen hatten, konnten sie sich selbst freie Zeit gönnen. Der Gedanke an das Leben seiner Eltern, das seinem jetzigen so ähnlich war, ließ ihn Mitgefühl für seine Eltern wie auch für sich selbst empfinden.

Ich bat ihn, vier Teilnehmer des Workshops auszuwählen, die sein Thema in einem Rollenspiel repräsentieren sollten, einen, der seine Wut darstellte, einen für die Transformation und zwei für seine Eltern. Als Erstes umarmte und integrierte er seine Wut, damit er seine Energie wieder für positive Zwecke einsetzen konnte. Während er das tat, öffnete sich sein Herz, und er weinte um die vielen Jahre seiner Einsamkeit. Er konnte jetzt sehen und spüren, inwiefern sein Problem ein Wutanfall war, in den er sich als Reaktion auf seinen unterdrückten Schmerz gestürzt hatte. Dann umarmte er begeistert die Person, die das Geschenk der Transformation repräsentierte, welche ihm im Austausch für seine Wut angeboten wurde. Schließlich teilte er dieses Geschenk mit den Leuten, die im Rollenspiel seine Eltern darstellten. Innerhalb weniger Minuten strahlten alle Teilnehmer des Workshops und lagen sich gegenseitig in den Armen.

Bei meinem nächsten Besuch in Japan nahmen so viele Leute an meinem Seminar teil, dass ich nicht dazu kam, mit Nobuhiro persönlich zu sprechen, aber mir fiel auf, dass er nicht mehr so gestresst und gehetzt wie früher aussah. Er wirkte nicht mehr so, als würde er sein gesamtes Unternehmen auf den eigenen Schultern tragen. Er ging nicht mehr so gebeugt wie unter einem schweren Gewicht, und er lud mich zu seiner Hochzeit ein. Nobuhiro war ins Leben zurückgekehrt.

Wichtige Themen und Blockaden für die heutigen Unternehmen

1. Kompensation. Kompensation ist eine Abwehrhaltung. Als solche ist sie ineffektiv und führt schließlich genau das herbei, was sie verhindern sollte.

Stellen wir uns beispielsweise vor, dass wir uns als Kind ausgebrannt fühlten, weil wir in der Familie die Rolle des Opfers übernommen hatten. Wie gewöhnlich haben wir sie als Entschuldigung benutzt, um unabhängig zu werden. Aber Unabhängigkeit ist eine Rolle und eine Abwehrhaltung, die uns vor dem Burn-out schützen soll, so wie unsere Aufopferung eine Rolle und eine Abwehrhaltung war, die uns vor Gefühlen der Schuld und des Versagens schützen sollte. Weil unsere Unabhängigkeit uns nicht erlaubt zu empfangen, bringt sie uns in eine Tretmühle. Wir kommen nie wirklich vorwärts, egal, wie schnell wir rennen, und alle Gefühle, denen wir entkommen wollten, befinden sich immer noch in unserem Inneren.

Kompensation spaltet uns von dem ab, was wir in unserem Leben akzeptieren müssen. Ohne Akzeptanz bleiben wir der Vergangenheit verhaftet und meiden im selben Ausmaß die Gegenwart, die ein Ort der Veränderung, der Effektivität und des Empfangens ist. Kompensationen erlauben uns nicht zu empfangen. Kompensation sieht gut aus, weil sie genau das Gegenteil dessen darstellt, wozu sie eigentlich benutzt wird. Aber das Ergebnis ist am Ende dasselbe. Falls eine Mutter sich beispielsweise schuldig fühlt, wenn sie ihr Baby ablehnt, weil sie sich selbst unerwünscht fühlte, dann wird sie ihr Kind verwöhnen. Das Kind fühlt sich niemals angenommen und geliebt und verhält sich entsprechend. Aber diese Emotion ist ein ungelöstes Problem, das bis zur Geburt der Mutter zurückreicht; vielleicht ist es sogar ein Muster, das über Generationen weitergegeben wurde. Kompensationen führen nicht zur Lösung des Problems, sondern versuchen es zu verbergen. Früher oder später wird dann die Kompensation selbst zum Problem. Abwehrhaltungen funktionieren nicht, sondern führen am Ende nur zur Erschöpfung.

2. Distanzierung. Distanzierung blockiert unsere Fähigkeit zu empfangen. Sie ist defensiv und ineffektiv zugleich. Sie erzeugt Stress und Burn-out. Sie schneidet uns von unseren Gefühlen und unserem Herzen ab, was dazu führt, dass wir uns nicht vollkommen engagieren oder unser Leben genießen können. Sie verhindert Erfolg und Partnerschaft. Sie führt zu einem Mangel an Aufgeschlossenheit uns selbst und anderen gegenüber. Sie ist ein Versuch, durch Unterdrückung der schmerzhaften Vergangenheit Niederlagen und Opfer abzuwehren, und führt uns gerade dadurch wieder in die Niederlagen, Opfer und Schmerzen ebendieser Vergangenheit. Distanzierung verbirgt genau die Dinge, die transformiert werden müssen. Das endet damit, dass wir bei allem, wofür wir arbeiten, Niederlagen erleiden.

3. Konkurrenz. Weil die Gesellschaft auf Konkurrenz basiert und weil wir glauben, dass Konkurrenz uns zu Höchstleistungen führt, meinen wir, sie sei der einzige Weg nach vorn.

Früher oder später wird unser kapitalistisches System jedoch einer ökonomischeren und effizienteren Ordnung weichen, die entweder auf Partnerschaft oder auf Gemeinschaft beruht. Sie wird auf dem Kapitalismus aufbauen und ihn nicht missachten. Die Wirtschaft wird lediglich die nächste Stufe der Evolution erklimmen. Der nächste Schritt wird uns zu mehr psychischer Gesundheit verhelfen, weil es auf der neuen Stufe keine Verlierer mehr geben wird. Der nächste Schritt wird die Ethik der Kooperation und gegenseitigen Abhängigkeit zum Inhalt haben.

Konkurrenz versucht, Furcht zu verbergen, und sie scheint nötig, wo Verbundenheit oder Teamwork verloren gegangen sind. Aber Verbundenheit, Teamwork und Kooperation sind außerordentlich gut für die Wirtschaft. Die Konkurrenz will gewinnen, aber sie verfolgt das falsche Ziel; sie sollte stattdessen den Erfolg suchen. Anderenfalls wird der Gewinn schließlich zum Verlust führen.

Konkurrenz ist Teil eines Gewinn-Verlust-Systems. Partnerschaft und Gemeinschaft spielen ein Spiel, das sehr viel mehr Herausforderungen und Belohnungen bietet, denn hier geht es darum, wie alle gewinnen können. Erfolg ist keine Ansammlung von Trophäen, sondern das, was jetzt das größte Glück für die größte Zahl von Menschen ermöglicht. Erfolg basiert auf Partnerschaft und Verbundenheit. Wo es sie gibt, gibt es auch Freiheit und Unbeschwertheit. Dann muss nicht mehr jeder ständig auf der Hut sein, weil andere auf Kosten ihrer Mitmenschen Karriere machen, sondern es herrscht das Prinzip der Hilfsbereitschaft, wo jeder versucht, jedem im Interesse des Teams zu besseren Leistungen zu verhelfen. Alle unsere Muster von Halsabschneiderei und Misserfolg in der Wirtschaft sind aus überholten Verhaltensweisen der Selbstverteidigung und Gewinn-Verlust-Mustern hervorgegangen. Es ist Zeit für die Wirtschaft, zu erkennen, dass es einen besseren Weg gibt.

4. Dominanz. Dominanz, die aus einem Autoritätskonflikt hervorgeht, lässt passive Aggression und Sabotage um uns herum entstehen. Wenn wir uns dominant verhalten, müssen wir Zeit dafür aufwenden, unseren Willen und unsere Vorstellungen durchzusetzen. Dominanz führt uns und die Menschen in unserer Umgebung dazu, sich aufzuopfern. Wir müssen herrschen und die von uns Beherrschten mitschleppen, während wir versuchen, sie dazu zu bringen, dass sie uns helfen.

Gleichberechtigung öffnet hingegen den Weg zur Kooperation, wobei jeder seine Aufgaben erfüllt und sein Bestes gibt. Dominanz basiert auf Konkurrenz, einem System, in dem jeder verlieren muss, damit wir gewinnen können. Wesentlich stärker ist jedoch eine Ökonomie, in der jeder gewinnt. In einem System, wo irgendjemand verlieren muss, müssen alle auf der Hut sein. Dominanz zerstört echte Führerschaft. Sie basiert auf Furcht und Schwäche statt auf Inspiration.

5. Verwirrung über Führungsqualitäten. Das Ego versucht stets, sich selbst zu erhalten und zu stärken, egal, welche Auswirkungen das auf unseren Erfolg hat. Es sorgt immer dafür, dass es stärker wird, ob wir nun andere besiegen, ob wir verlieren oder zu Opfern werden. Erfolg und Intimität lassen das Ego jedoch Stück für Stück dahinschmelzen.

Auf ähnliche Weise bauen auch Führungsqualitäten das Ego ab und erzeugen einen stärkeren Flow im Tao. Wer über Führungsqualitäten verfügt, hört die Hilferufe und reagiert darauf. Das verschafft allen mehr Erfolg und verbessert das Teamwork. Unser Ego versucht, echte Führerschaft und ihren Flow mit den Fallen der toten Zone gleichzusetzen, beispielsweise mit Sprüchen wie »Es ist einsam an der Spitze«, »Damit etwas richtig gemacht wird, müssen wir es selbst machen« oder »Wenn die Zeiten hart sind, ist es Zeit für harte Männer«. Wenn die Lage schwierig wird, meinen wir deshalb, wir müssten alles auf unsere eigenen Schultern laden.

6. Furcht vor Partnerschaft. Diese Furcht ist eine Furcht vor Intimität und Erfolg. Sie ist der irrige Glaube, dass wir unsere Freiheit verlieren würden, wenn wir uns auf eine Partnerschaft einlassen, oder den größeren Erfolg haben als den, den eine solche Partnerschaft mit sich bringt. Das verhindert Gleichberechtigung, Flexibilität, Gegenseitigkeit und Unbeschwertheit. Es hält uns im Zustand der Unabhängigkeit, von allen anderen abgeschnitten und unfähig zu empfangen. Ohne die Partnerschaft mit uns selbst, mit anderen und dem Himmel gibt es keine Führerschaft und keine Vision.

7. Mangel an Verbundenheit. Verbundenheit ist entscheidend. Sie hält Partnerschaften, Freundschaften und Teams zusammen. Wo Verbundenheit herrscht, gibt es kein Problem. Uneinigkeit, Probleme, Auseinandersetzungen und Fallen erwachsen aus einem Mangel an Verbundenheit.

Die Verbundenheit ging verloren, als wir uns in der Kindheit abgespalten haben. Dadurch entstand Unabhängigkeit statt Individuation; dadurch fehlt uns die Zuversicht, die man braucht, um zu Partnerschaft oder Erfolg zu kommen. Verbundenheit vermittelt uns Nähe, Sinn, Unbeschwertheit und Flow. Sie ist eine natürliche Grundlage, welche die Evolution des Bewusstseins fördert und die Veränderung zum Besseren begünstigt. Das Ausmaß der Verbundenheit ist das Ausmaß unseres Erfolgs. Klagen, Beurteilungen und Konflikte zerstören die Harmonie und führen zu einem Mangel an Erfolg.

Abgesehen von praktischen Maßnahmen zur Verbesserung der Arbeitsleistung sollten die Unternehmen stärker auf Verbundenheit achten. Sie vermindert den Widerstand, wodurch alles glatter und einfacher läuft, während sich gleichzeitig mehr Erfolg und Fülle einstellen.

8. Verlust des Herzens. Der Verlust des Herzens ist automatisch mit der Entmutigung verbunden, die wir in der toten Zone erleben. Wir haben den Eindruck, in einem tiefen Graben zu stecken, abgespalten von unseren Gefühlen, die uns in Kontakt mit unserem Herzen bringen könnten. Wenn wir uns entmutigt fühlen, sind Erschöpfung und Burn-out nicht weit. Wenn wir unser Herz verloren haben, haben wir auch den Mut verloren, vorwärts zu gehen.

Der Verlust des Herzens tritt jedes Mal ein, wenn wir uns distanzieren, weglaufen, andere beurteilen oder in irgendeiner Weise zum Angriff übergehen. Solche Reaktionen basieren auf Furcht, die das Gegenteil einer Antwort ist, die aus ganzem Herzen kommt. Unser Herz ist unser Mut und unsere Fähigkeit zur Hingabe. Wenn wir herzlos werden, dann verhalten wir uns grausam und benutzen andere aus der Furcht heraus, vorwärts zu gehen.

Ohne unser Herz können wir keine Vision haben oder kreativ sein. Wir können unseren Lebenssinn nicht erkennen und noch viel weniger leben. Ohne unser Herz gibt es kein echtes Vergnügen, denn dazu brauchen wir die Verbundenheit mit anderen Menschen. Ohne unser Herz haben wir unser Mitgefühl verloren, sind nicht mehr fähig zu empfangen und finden kein Gleichgewicht in unserem Leben. Wenn wir unser Herz so sehr verloren haben, dass wir nicht einmal mehr unsere Gefühle wahrnehmen können, dann sind wir nicht mehr fähig, etwas zu empfinden und zu lieben. Ohne unser Herz spüren wir auch nicht mehr dessen Sehnsucht nach Kreativität. Der Verlust des Herzens führt zur Entmutigung, Niedergeschlagenheit und Depression. Daraus entstehen Erschöpfung und Burn-out. Ohne unser Herz werden wir unbeweglich und fühlen uns alt. Wir mögen zwar ein ausgezeichnetes Portfolio haben, aber ohne unser Herz ist das Leben farblos.

9. Abspaltung von Emotionen. Je mehr wir uns distanzieren, desto wichtiger ist uns Selbstschutz im Vergleich zur Partnerschaft. Und im selben Ausmaß sind wir unfähig zu empfangen. Wir sind von den eigentlichen Wurzeln unseres Problems abgeschnitten und haben keinen Zugang mehr zu dem, was wir brauchen, um zu heilen und unsere Schwierigkeiten zu transformieren. Wir haben eine Verteidigungsmauer um uns errichtet, und es fehlt uns an Aufgeschlossenheit.

Sams Geschichte

Erste Sitzung. Ich hatte einmal einen Klienten namens Sam, der hauptsächlich über Stress klagte. Sein Stress wirkte sich negativ auf seine Arbeit aus, und schließlich war das Problem so überwältigend geworden, dass er kaum noch essen konnte.

Zunächst begann ich, mit ihm auf einer bewussten Ebene zu arbeiten. Ich zeigte ihm, wie Stress durch Erwartungen verursacht wurde und dass er diesen Zusammenhang wirklich erfahren konnte, indem er genau hinhörte, was er sich sagte, wenn er irgendwelche Erwartungen an sich selbst stellte. Jedes Mal sagte er sich dann, er »müsse« etwas tun, oder verwendete Formulierungen wie »Ich sollte …«, »Es ist nötig, dass ich …«, »Ich bin verpflichtet …«, und damit setzte er sich unter Stress. Als er prüfte, wie er mit seiner Arbeit umging, stellte er fest, dass er diese Formulierungen dauernd benutzte. »Ich muss das tun« war ein Mantra, das er ständig wiederholte. Ich brachte ihm bei, stattdessen andere Formulierungen zu benutzen: »Ich habe mich dafür entschieden, dass …« Und: »Ich will …« In diesem Sinne zu denken, verringert den Stress. Ich machte ihm klar, wie er sich mit seinen Erwartungen unter Druck setzte, während Ziele eine anziehende und einladende Wirkung ausüben. Anschließend half ich ihm, sich selbst Ziele zu setzen. Das war wirklich eine große Entlastung, weil er sich von den Aufgaben, die er zu erfüllen hatte, überwältigt fühlte.

Am Ende der ersten Sitzung wirkte er erleichtert; er hatte entdeckt, dass es doch etwas gab, womit er sich selbst helfen konnte.

Zweite Sitzung. In der zweiten Sitzung nahmen wir uns seinen Perfektionismus vor – die wichtigste Ursache für seinen Stress. Als Perfektionist hielt er alles, was weniger als perfekt war, für einen Misserfolg. Ich fragte ihn, wann er zuletzt über das Wasser gegangen sei.

»Nie«, lautete seine Antwort.

Dann fragte ich ihn, wenn er nie über das Wasser gegangen sei, wie lange er sich denn schon als Versager fühle.

»Mein Leben lang«, erwiderte er.

Daraufhin erklärte ich ihm, Perfektionismus sei eine Falle und seinem innersten Wesen nach ein Stresserzeuger. Dahinter steht ein Gefühl der Unzulänglichkeit, das wir durch unseren Perfektionismus zu kompensieren versuchen. Nichts ist uns je gut genug, weil wir das Gefühl haben, dass wir selbst nicht gut genug sind. In dem Maße, wie wir uns selbst antreiben, setzen wir auch andere Menschen in unserem beruflichen und privaten Umfeld unter Druck. Aber nichts, was wir tun oder was sonst jemand tut, kann jemals gut genug für uns sein. Als Perfektionisten stehen wir dauernd unter Stress und quälen uns selbst. Wir haben ständig das Gefühl, dass wir es nie ganz richtig machen.

Wenn wir unsere Erwartungen aber gegen Ziele eintauschen, dann können wir die Falle des Perfektionismus umgehen. Erreichen wir ein Ziel nicht, dann können wir es einfach ohne Stress neu setzen. Als Sam das allmählich verstand, fiel es ihm leicht, auf seinen Perfektionismus zu verzichten und sich stattdessen das Ziel der Perfektion zu setzen.

Anschließend sprachen Sam und ich über den Teufelskreis, in dem er sich befand, gefangen zwischen Gefühlen der Minderwertigkeit und Gefühlen der Überlegenheit. Ich zeigte ihm, dass beide Fallen waren, unauflöslich miteinander verbunden. Wenn Sam aus einem Gefühl der Überlegenheit heraus handelte, dann mochte ihm das als eine bessere Position erscheinen, aber sein Verhalten war dann beleidigend für andere und kontraproduktiv für ihn selbst: »Wenn man die Nase zu hoch trägt, kann jeder sehen, was drin ist.«

Ich erklärte ihm, Gefühle von Minderwertigkeit/Überlegenheit führten dazu, dass er sich selbst oberhalb oder unterhalb der Menschen in seiner Umgebung ansiedelte, eine erfolgreiche Partnerschaft aber nur zwischen Gleichberechtigten zustande kommen könne. Gleichberechtigung sei immer möglich, unabhängig vom Status oder der Funktion, die jemand im Beruf ausübe. Ich zeigte ihm, wie der Teufelskreis von Minderwertigkeit/Überlegenheit auf Vergleichen basiert, die ebenfalls eine Menge Stress erzeugen. Vergleiche bereiten uns früher oder später stets Schmerzen, denn während wir uns einigen Leuten überlegen fühlen, gibt es immer andere, denen wir uns in irgendeiner Hinsicht unterlegen fühlen. Diese Erkenntnis vermittelte ihm ein Gefühl von innerem Frieden und Vollständigkeit, das er lange nicht mehr gehabt hatte.

Dritte Sitzung. Die dritte Sitzung begann damit, dass Sam mir von einer großen Frustration bei der Arbeit berichtete. Ich zeigte ihm, dass Frustration und Enttäuschung klare Zeichen dafür sind, dass man sich im Stadium der Erwartungen befindet.

Wir nahmen uns eine Minute Zeit, seine Erwartungen zu finden. Sobald er bewusst erkannte, was er erwartete, war ihm auch die darin enthaltene Forderung klar, die er nun bereitwillig aufgab. Wir sprachen darüber, dass alle Erwartungen Forderungen implizieren und auf welche Weise diese uns selbst und die Menschen in unserer Umgebung unter Druck setzen. Wir sprachen über sein gegenwärtiges Leben und deckten alle Forderungen auf, die er an sich selbst oder andere Menschen hatte, wobei uns Frustration, Enttäuschung und Entmutigung als Indikatoren dienten.

Anschließend verzichtete Sam auf diese Forderungen. Bald ging es dabei nicht mehr ausschließlich um sein berufliches Umfeld, sondern auch um sein Privatleben. Er wurde sich bewusst, dass seine Forderungen einen Versuch darstellten, seine Vorstellungen darüber, wie die Dinge sein sollten, in die Realität umzusetzen. Damit wollte er seine unerfüllten Bedürfnisse aus der Vergangenheit kompensieren. Nun konnte er erkennen, dass er selbst dann nicht wirklich zufrieden war, wenn er bekam, was er wollte. Sam gab an diesem Abend vieles auf.

Ich brachte ihn auch auf das Thema Emotionen und auf welche Art sie uns Hinweise darauf geben, wo wir Fehler machen. Diese Aufregungen, von denen er angenommen hatte, dass sie auf die Fehler anderer hindeuteten, zeigten ihm in Wirklichkeit seine eigenen Fehler. Ich führte ihn zu der Einsicht, dass er für seine Emotionen selbst verantwortlich war. Wenn er sich aufregte, wurde darin stets eine Situation erkennbar, in der er sich selbst Stress verursachte. An diesem Abend vollzog Sam einen riesigen Schritt zur Reife, indem er die Verantwortung für seine Emotionen übernahm. Das half ihm, die Probleme und den Stress in seiner Umgebung zu überwinden. Am Ende der Sitzung war er glücklich, weil er einen Teil seiner Kraft zurückgewonnen hatte.

Vierte Sitzung. Als Sam zur vierten Sitzung erschien, sah er aus wie jemand, der gerade seinen Hund überfahren hat. Als er sich gesetzt hatte, platzte er heraus: »Ich kann keine Kinder bekommen. Meine Frau und ich wünschen uns seit dem letzten Jahr ein Kind, und schließlich sind wir zum Arzt gegangen und haben ein paar Tests machen lassen. Er hat uns gerade die Ergebnisse mitgeteilt. Meine Spermienzahl ist so gering, dass ich niemals ein Kind zeugen kann.«

»Oh! Das hat er wirklich gesagt?«, fragte ich.

»Ja«, erwiderte er verärgert.

»Na ja, dann wollen wir uns das mal ansehen«, sagte ich. »Falls du wissen könntest, wann du beschlossen hast, dass du niemals Kinder haben würdest, war das vermutlich im Alter von …?«

»Sechs«, antwortete er intuitiv.

»Und falls du wissen könntest, wer dabei eine Rolle spielte, war das vermutlich …?«

»Mein Vater«, sagte er.

»Und falls du wissen könntest, was damals passiert ist und die Ursache für deine Entscheidung war, dass du niemals Kinder haben würdest, dann war das wahrscheinlich …?«

Ich konnte sehen, wie das Licht der Erinnerung in seinen Augen aufleuchtete, als er antwortete: »Wir waren mit dem Schiff unterwegs nach Amerika, und mein Vater lag im Sterben. Ich wollte zu ihm gehen und mich von ihm verabschieden, aber meine Mutter und meine Tanten haben mich nicht gelassen. Sie haben mich zum Spielen rausgeschickt.«

»Und was hast du daraufhin beschlossen?«

»Ich habe beschlossen, dass ich nie wieder spielen würde. Das war das letzte Mal, dass ich gespielt habe.«

»Und was hast du noch beschlossen …?«, fragte ich.

»Ich habe beschlossen, dass ich niemals Kinder haben würde, wenn sie auf diese Weise behandelt werden.«

Ich fragte ihn, ob er immer noch an seinem Vater hänge.

»Ja, immer noch«, sagte er.

Dann machte ich ihm deutlich, dass das Anklammern an jemanden, der gestorben ist, die gegenwärtige Verbindung mit dieser Person und die weitere Evolution der Beziehung blockiert und dass es nicht nur Stress verursacht, sondern auch dazu führt, dass man sich vom Leben abwendet. Ich fragte Sam, ob er seinen Vater genug liebte, um ihn loszulassen.

»Ich weiß es nicht«, antwortete er.

Ich bat Sam, sich vorzustellen, er habe einen Sohn und dieser Sohn würde sich nach dem Tod des Vaters so sehr an ihn klammern, dass er sich weigerte, in seinem eigenen Leben voranzugehen: »Stell dir vor, dein Sohn würde den Verlust empfinden und nicht die Liebe, die du ihm gegeben hast. Wie würdest du dich fühlen, wenn er so mit eurer Beziehung umginge?«

»Entsetzlich«, sagte Sam, »ich würde mich entsetzlich fühlen.«

»Wirst du deinen Vater loslassen, damit du die Liebe fühlen kannst, die er dir gegeben hat?«

»Ja«, sagte er, »das werde ich.«

Dann führte ich ihn in seiner Phantasie zurück in die Zeit, als er sechs Jahre alt war, und ließ ihn seinem Vater alles sagen, was er ihm damals hatte sagen wollen, und ich ließ ihn die Antwort des Vaters hören.

Ich fragte ihn: »Wusste dein Vater auf einer bestimmten Ebene, dass er nicht dein Leben lang bei dir würde sein können?«

»Ja«, sagte Sam, »auf einer bestimmten Ebene wusste er das.«

»Und hat dir dein Vater in deinen ersten sechs Jahren die Liebe eines ganzen Lebens gegeben?«

»Ja«, antwortete er.

»Kannst du diese ganze Liebe jetzt hereinlassen?«

»Ja, das kann ich.« Breit lächelnd, während ihm die Tränen über das Gesicht liefen, tat er das.

Als ich Sam beobachtete, hatte ich den Eindruck, dass sich etwas in ihm öffnete und er sich ausdehnte, wobei er ein neuer Mann wurde. Aber ich wusste, dass es noch einen weiteren Teil in ihm zu heilen gab. In Sams Jubel hinein frage ich: »Sam, als dein Vater starb, ist da gleichzeitig ein Teil von dir gestorben?«

»Ja«, antwortete er intuitiv.

»Wie viele Teile von dir sind damals gestorben, falls du das wissen könntest?«

»Drei«, antwortete er.

»Wo hast du diese drei gestorbenen Teile begraben?«

»In meinen Hoden«, erwiderte er.

»Willst du diese drei Teile in deiner Vorstellung jetzt wieder zum Leben erwecken?«

»Ja, das werde ich jetzt tun.« Und in seiner Vorstellung tat er genau das.

Weil Sam anschließend Urlaub hatte und ich auf Reisen war, sah ich ihn erst nach sieben Wochen wieder.

Fünfte Sitzung. Wie ein Gummiball hüpfte Sam in mein Büro, steckte mir eine Zigarre in die Hand und gluckste vor Lachen: »Du wirst es nicht glauben. Meine Frau ist schwanger.«

»Oh, vielleicht glaube ich es doch«, sagte ich lächelnd.

Sam berichtete, er sei befördert worden und habe eine Gehaltserhöhung bekommen. Wir kamen zu dem Schluss, dass er alle seine aktuellen Ziele für unsere Sitzungen erreicht hatte und dass dies unsere letzte Sitzung sein würde. Wir verbrachten sie damit, Rollen zu heilen, die er bei der Arbeit sowie in der Beziehung zu seiner Frau übernommen hatte und die ihm seine Effektivität, seine Fähigkeit, zu empfangen und sich auf Nähe einzulassen, raubten. Am Ende der Sitzung hatten wir beide das Gefühl, viel erreicht zu haben.

Sams Sitzungen. Ich habe Sam Übungen beigebracht, die er selbständig durchführen konnte. Dadurch hatte er das Gefühl, dass er selbst etwas dazu beitragen konnte, seinen Stress zu verringern und die Verantwortung für seine Erfahrungen und sein Leben zu übernehmen.

In der vierten Sitzung sind wir zum Kern dessen vorgedrungen, was den Stress verursachte: der unbetrauerte Verlust seines Vaters und seine Fehlentscheidung, nie mehr zu spielen. Indem er die

Teile seines Selbst zurückgewann, die während seiner Kindheit in ihm gestorben waren, erlangte er seine Zeugungsfähigkeit zurück.

In der letzten Sitzung hatte Sam sich durch das Stressstadium, mit dem wir begonnen hatten, hindurchgearbeitet, anschließend das Kontrollstadium überwunden und schließlich Themen der toten Zone erreicht, wie seine Arbeit an den Rollenbildern zeigte.

Erfolgsprinzipien zur Transformation von Problemen

In diesem Abschnitt stelle ich eine Reihe von Prinzipien und Anleitungen vor, mit denen Sie sich selbst oder als Coach Ihre Klienten stärken und sich bzw. ihnen bei der Transformation ihrer Probleme helfen können.

Alle Heilung ist Heilung der Vergangenheit. Unerledigte Geschäfte aus der Vergangenheit spielen in die Gegenwart hinein und schaffen hier und jetzt Probleme. Eine Möglichkeit zur Lösung eines Problems besteht darin, zu seinen Wurzeln zurückzukehren. Wenn wir die Wurzel transformieren, löst sich das ganze Thema auf. Schmerz bzw. alles, was weniger als Erfolg ist, weist darauf hin, dass ein Fehler gemacht wurde, denn jeder Schmerz ist eine Art von Missverständnis. Während wir Probleme lösen, bringen wir Verständnis für Vergangenheit und Gegenwart auf, und unsere Geschichte verändert sich wie unsere Zukunft zum Besseren.

Die meisten Probleme sind Wiederholungen von Mustern aus unseren Ursprungsfamilien, die aus dem Unbewussten genährt werden. Sie sind leicht aufzulösen, wenn wir den Wunsch dazu haben und über das erforderliche Wissen verfügen.

Alle Probleme weisen auf die Stelle, wo wir an eine Weggabelung kamen und uns für die Ziele des Egos entschieden haben. Was uns das einbringt, ist oft Unabhängigkeit und Schwelgerei, die Möglichkeit, unserem Lebenssinn auszuweichen, und Kontrolle.

Wir können zu dieser Weggabelung zurückkehren und unsere frühere Entscheidung überdenken – um zu sehen, ob sie uns das gewährt hat, was wir wollten, und ob uns das glücklich gemacht hat. Wenn es uns nicht glücklich gemacht hat, können wir uns für den Weg unseres kreativen Geistes entscheiden. Das gestattet uns, die Gabe anzunehmen, die das Gegenmittel für uns selbst und jeden anderen Menschen ist, der sich in der Versuchung befand, die zu dieser Weggabelung führte.

Er war distanziert und zurückgezogen

Jules war Arzt und ein erfolgreicher Geschäftsmann, der mich schon mehrmals zu Beratungsgesprächen aufgesucht hatte. Trotz seiner Erfolge war er nicht ganz präsent in seinem Leben – irgendetwas fehlte. Als wir die Sache genauer untersuchten, stellten wir fest, dass er distanziert und zurückgezogen war, um seinen Zorn zu verbergen. Wir verfolgten diese Erfahrung zurück zu einem alten Gefühl des Mangels. Weil Jules' Eltern ständig stritten, blieb für ihn und seinen Bruder nicht viel Aufmerksamkeit übrig. Obwohl er sagte, seine Frau liebe ihn, herrschte in seinem Inneren immer noch ein verzweifeltes, leeres Gefühl.

Als wir sein Leben untersuchten, stellten wir fest, dass die Verbindung zwischen seinem Herzen und seinem Sexualzentrum zerbrochen war, nachdem er mit seiner ersten Freundin einen besonders schlimmen Kummer erlebt hatte. Er konnte sehen, dass seine verzweifelte Sehnsucht nach Liebe sie abgestoßen hatte. Sie wurde in dem Maße unabhängig, wie er abhängig wurde. Seine Freundin hatte sich von ihrer eigenen verzweifelten Sehnsucht nach Liebe distanziert, und folglich konnte sie seine Bedürftigkeit nicht ertragen. Am Ende verließ sie ihn wegen eines anderen.

Sein Ego schlug ihm vor, das Problem dadurch zu bewältigen, dass er sich selbst distanzierte. Das trieb ihn in Unabhängigkeit und Rückzug, um auf diese Weise sicherzustellen, dass er nie wieder jemanden so brauchen und so verletzbar sein würde.

Wir sahen uns die Sache noch genauer an und fanden heraus: Die Wurzel seiner Schwierigkeiten lag darin, dass er eine Überzeugung unterdrückt hatte, ein Schatten-Selbstbild, das besagte, er sei ein »Außenseiter«. Dieses Selbstbild stammte aus einem Problemkreis, den er in dieses Leben mitgebracht hatte, um ihn zu heilen, und der das restliche Muster in seiner Herkunftsfamilie bestimmte.

Wir arbeiteten daran, bis er seinen Eltern schließlich vergeben konnte. Auf diese Weise überwand er die Konflikte des Rückzugs, seine Gefühle des »Nie genug«, seine Kontaktschwierigkeiten und seine Schattenfigur des Außenseiters. Im Prozess der Heilung dieser Problemkreise entdeckte er seine Talente zur Delegation und Effektivität, die ihm wieder das Gefühl zurückgaben, dass er sich im Zentrum seines Lebens befand. Er verließ die Sitzung mit einem Lächeln und einem Gefühl der Begeisterung für sein Leben und die Welt in seinem Umfeld. Er verließ mich mit einem Gesichtsausdruck, den ich vorher noch nie bei ihm gesehen hatte.

Als ich ihn das nächste Mal traf, hatte er mit neuen Partnern ein neues Unternehmen gegründet, das Öffentlichkeitsarbeit für Seminare und Schulungen machte. Er schien sich mitten im Zentrum seines Lebens zu befinden und brachte Menschen voller Begeisterung in Kontakt miteinander.

Die Sitzung mit Jules lässt eine Reihe von Prinzipien erkennen. Jules' Beziehung und sein Lebensmuster, sich als Außenseiter zu fühlen, hinderte ihn daran, in der Liebe und im Beruf mehr Erfolg zu haben. Er konnte sich selbst nicht einbeziehen. Dieses Muster erstreckte sich von seiner Herkunftsfamilie über seine Ehe bis in alle Lebensbereiche hinein. Ein Verhaltensmodell, das wie in Jules' Kindheit zu einem Familienmuster wird, hat mit einer unbewussten Einstellung zu tun, die Teil seiner seelischen Lernaufgabe und seines Lebenssinnes ist. Indem er seinen Eltern vollständig vergeben konnte, war es ihm möglich, seine Distanzierung, seinen Zorn und seine verzweifelten Gefühle der Bedürftigkeit und des »Nie genug« zu transformieren, die sich in seinem Inneren aufgestaut hatten.

Alle Probleme reflektieren einen Ort versteckter Emotionen. Wenn alle Emotionen aufgedeckt und durchlebt werden, bis sie verschwunden sind, dann bleiben nur Frieden und Zuversicht zurück. Da das Wiedererleben abgespaltener Emotionen entscheidend dafür ist, dass wir zurück zu unserem Herzen finden, ist es auch ein entscheidendes Element der psychologischen Beratung und Heilung, dass wir die Lektion lernen, unsere weibliche Seite zu schätzen und Partnerschaft zu erreichen.

Um das Problem zu lösen, müssen wir auf Klagen und Beurteilungen verzichten. Klagen und Beurteilungen verbergen tiefere Schichten von Schuldgefühlen. Aus Klagen und Beurteilungen entsteht alles Leiden der Welt. Mit Verständnis, Akzeptanz, Vergebung, Loslassen, Vertrauen, Hinwendung zu anderen Menschen und Verantwortlichkeit bewegen wir uns automatisch jenseits von Beurteilungen und Klagen. Niemand ist »böse« oder »schlecht«, wenn wir uns nicht davor fürchten, vorwärts zu gehen. Wenn wir andere zu Sündenböcken stempeln, ist das stets ein Zeichen dafür, dass wir uns vor dem nächsten Schritt fürchten und unsere Entfaltung durch diese Furcht blockiert wird.

Alle Probleme sind eine Art von Beschwerde und Ausdruck

einer Klage gegenüber einer wichtigen Bezugsperson. In Wirklichkeit benutzen wir diese Klagen als Alibi, um nicht vorangehen zu müssen. Sobald uns das klar ist, verzichten wir auf Schuldzuweisungen, denn wir erkennen, dass wir unsere Klagen über andere dazu benutzen, uns selbst zu blockieren, damit wir unserer Furcht nicht ins Gesicht sehen müssen.

Der Verzicht auf Beurteilungen und Klagen verleiht uns Führungsqualitäten. Er hilft uns und anderen und verbessert unseren Flow, statt uns zu blockieren und im Konflikt zu polarisieren. Beurteilungen erwachsen aus Schuldgefühlen, Konkurrenz und Projektionen. Sie bringen das Tao und den Tao-Index zum Stillstand. Sie sind Angriffe auf andere und uns selbst, führen zu Machtkämpfen, lassen keine Intuition zu und blockieren die Inspiration. Der Verzicht auf Beurteilungen und Klagen öffnet uns für Intuition, Inspiration, Partnerschaft, Mitgefühl, Hilfsbereitschaft und Gnade.

Gegenseitigkeit und Gleichberechtigung sind nötig, um dauerhafte Lösungen zu finden. Wenn wir andere übervorteilen, entstehen daraus in Zukunft Kämpfe, Sabotage und Betrug. Wenn wir Erfolg haben wollen, müssen alle Interessen berücksichtigt werden. Wo Gegenseitigkeit herrscht, gibt es auch Partnerschaft und Teamwork. Wenn wir erkennen, dass unsere besten Interessen und die besten Interessen anderer Menschen stets die gleichen sind, bewegen wir uns vorwärts.

Es gibt keine Partnerschaft ohne Gleichberechtigung. Zwar mögen manche Leute in einer Beziehung oder einem Unternehmen wichtigere Funktionen haben, aber ohne Gleichberechtigung gibt es nur harte Arbeit, und wir empfangen wenig. Ohne Gegenseitigkeit und Gleichberechtigung herrscht keine Fülle, sondern es gibt nur Konflikte, die aus der Konkurrenz erwachsen.

Wer anderen Schmerzen verursacht, erlebt dieselben Emotionen. Jeder Schmerz oder Verlust des Selbst, den Sie irgendwann in Ihrem Leben erlitten haben, wurde Ihnen von Menschen zugefügt, die ihrerseits denselben Schmerz und Verlust ertragen mussten. Diese Menschen verteidigen sich gewöhnlich gegen ihren eigenen Schmerz und agieren ihn dadurch aus, dass sie ihn anderen zufügen.

Jedes Problem ist in unserem eigenen besten Interesse. Jedes Problem zeigt uns etwas, womit wir uns auseinander setzen müssen. Ohne das Problem würden wir dem gegenüber blind sein, was an uns zehrt. Nachdem sich das Problem nun gezeigt hat, kann es transformiert werden.

Wenn wir die Botschaft verstehen, die in einem Problem enthalten ist, und darauf reagieren, dann werden die Symptome überflüssig. Wir können Probleme dankbar annehmen, weil sie uns helfen, ein Thema wahrzunehmen, das wir bisher abgespalten und verdrängt hatten.

Jedes Problem sagt uns, dass wir eine bestimmte Lektion noch nicht gelernt haben. Wenn wir bereit sind, sie zu lernen, wird unser Fehler korrigiert, und das gibt uns die Lösung des Problems. Wir können dann anderen helfen, ebenfalls ihre Fehler zu korrigieren.

Probleme und Schmerzen weisen darauf hin, dass wir einen Fehler machen, der korrigiert werden kann. Heilung und Transformation können sich vollziehen, weil letzten Endes keine wahren Probleme existieren. Es gibt einen besseren Weg, der Wahrheit impliziert und keine Schmerzen und Probleme kennt.

Hinter jedem Problem steht die Furcht vor dem nächsten Schritt. Probleme kontrollieren uns und hindern uns effektiv daran, vorwärts zu gehen. Wenn wir die Furcht vor dem nächsten Schritt heilen, löst sich das Problem auf, das unsere Fortschritte verzögern und uns kontrollieren sollte. Furcht ist eine Folge der Abspaltung, die Bedürfnisse erzeugt. Mit der nötigen Zuversicht, mit Vertrauen, Glauben, Bereitschaft, Verbundenheit und Hingabe schreiten wir ganz automatisch voran.

Je größer das Problem, desto größer ist der Schritt nach vorn, zu dem wir aufgefordert sind, um unseren Widerstand aufzugeben. Wenn unser Widerstand groß ist, sind wir aufgefordert, uns selbst in ein neues, sehr viel erfolgreicheres Stadium unseres Lebens zu gebären.

Akzeptanz heilt Widerstände. Was sich jetzt ereignet oder früher ereignet hat, muss uns nicht gefallen, aber wenn wir es nicht akzeptieren, haben wir das Gefühl, festzustecken, Opfer der Ereignisse zu sein oder eine Niederlage zu erleiden. Akzeptanz erlaubt uns loszulassen, die Dinge in die richtige Perspektive zu setzen und aus jedem Ereignis zu lernen. Jede Verletzung, jeder Kummer und jede Niederlage, die wir nicht akzeptiert haben, entwickelt sich zu einem Muster der Rache. Das macht den Schmerz, den Kummer und die Niederlage nur noch schlimmer. Akzeptanz bringt uns zurück in den Flow und löst die Muster auf der bewussten Ebene auf.

Unsere Begabungen sind Antworten auf unsere Probleme. Jedes Problem verbirgt eine Gabe. Das ist einer der einfachsten Wege, jedes noch so große Problem zu lösen. Unter allen Schichten des Problems wartet immer noch die ursprüngliche Begabung darauf, dass wir sie annehmen. Sie ist das Gegenmittel für die aktuelle Situation.

Unser Ego wollte das Problem, damit es die Gabe verstecken und die Kontrolle behalten konnte. Wenn wir die Gabe annehmen, ersetzen wir die Kontrolle durch Zuversicht. Das erzeugt

Flow für uns und die anderen Menschen, mit denen wir die Gabe teilen.

Jede Begabung, die wir annehmen und mit anderen teilen, schwächt das Ego und öffnet uns für die Gnade. Es ist ein Teil unserer Lebensaufgabe, unser Potenzial in Fähigkeiten umzusetzen und die Fähigkeiten in Talente zu verwandeln, damit sie ein natürlicher Bestandteil unseres Erfolgs werden.

Verbundenheit. Dies ist ein sehr einfaches, aber wesentliches Prinzip: Alles, was Verbundenheit erzeugt, führt mühelos Zusammenhalt und Erfolg herbei. Jedes Problem ist die Folge von Abspaltung. Wenn die Verbundenheit wiederhergestellt wird, löst sich das Problem auf.

Kommunikation baut Brücken zwischen gegensätzlichen Perspektiven. Sie schweißt ein Team zusammen. Kommunikation bedeutet nicht nur Weitergabe von Informationen, sondern Aufbau von Verbindungen.

Wann immer Beziehungen entstehen, erhöht sich der Flow. Innige Verbindung ist das Prinzip, welches erkennt, dass Furcht und Trennung die Wurzel eines jeden Problems bilden. Sie bringt uns auf eine neue Ebene der Partnerschaft. Kommunikation und innige Verbindung überbrücken Differenzen, erzeugen Flow und fördern unseren nächsten Schritt hin zu Partnerschaft und Erfolg.

Wenn wir unser Unternehmen zu einer holistischen Gemeinschaft machen, erzeugt das Erfolg und Harmonie innerhalb der Firma, in ihrem weiteren Umfeld und in der Welt.

Eigenverantwortung ist die Alternative zu Schuldgefühlen. Dadurch erlangen wir unsere Kraft, die Fähigkeit zur Antwort und die Freiheit zurück. Sie beseitigt Schuldzuweisungen, die wir gegen andere Menschen und uns selbst richten, und legt die

Verantwortung für unser Leben und Handeln zurück in unsere eigenen Hände. Sie berücksichtigt alles, was wir verdrängt haben, wohl wissend, dass es ein Fehler war und dass es einen besseren Weg gibt.

Wir ermächtigen uns selbst, indem wir erkennen, dass wir falsche Entscheidungen korrigieren können; wir müssen sie nur ausfindig machen und uns dann neu entscheiden. Das verleiht uns die Fähigkeit, zu verändern, was uns in unserer Welt nicht gefällt, vor allem wenn wir bereit sind, zugunsten der Eigenverantwortung auf die Schuldzuweisungen zu verzichten, die hinter jedem Problem stecken.

Das ist ein sehr starker Faktor, der uns unsere Macht zurückgibt. Mit diesem Prinzip verstehen wir, dass es keinen Zufall gibt und nichts geschieht, für das wir uns nicht entschieden haben. Wir treffen falsche Entscheidungen, haben versteckte Ziele, Lebensskripte, Konspirationen und Selbstangriffe, die uns veranlassen, unsere Begabungen und unseren Lebenssinn zu verbergen und vor Transformation und Transzendenz zu fliehen. Oberflächlich streben wir nach wahrer Liebe und glücklichen Familien, und wir arbeiten hart, um Erfolg und Reichtum zu erlangen. Aber mit unserem gespaltenen Geist haben wir auch noch andere Ziele, die wir gar nicht wahrnehmen.

Mit der Eigenverantwortung übernehmen wir die Zuständigkeit für uns selbst, unser Leben, unsere Ergebnisse und unser Unternehmen. Mit unserer Verantwortlichkeit für uns selbst, die Menschen in unserer Umgebung und unsere Welt wächst auch unsere Kraft. Wir akzeptieren nicht mehr die Schuldgefühle, die das Ego uns einreden will, sondern übernehmen Eigenverantwortung und eigene Zuständigkeit, wodurch wir unsere Unschuld und Freiheit wiedererlangen.

Der Lieblingstrick des Egos besteht darin, dass wir uns selbst beschuldigen, wenn wir aufhören, andere zu beschuldigen. Das ist nur die Kehrseite derselben Falle. Eigenverantwortung macht jeden verantwortlich, angefangen bei uns selbst, aber niemand ist schuldig. Schuldzuweisungen verhindern jeden Fortschritt. Eigenverantwortung verleiht uns die Kraft, frühere Fehler und falsche Einschätzungen zu korrigieren. Ohne Eigenverantwortung werden wir Opfer, beschuldigen andere, unseren Partner, unsere Eltern, unseren Chef, die Firma, die Wirtschaft, den Markt etc. Wenn wir nicht verantwortlich sind, dann sind wir schwach und hilflos. Wir überwinden in unserem Leben niemals die alten Wunden. Wir bleiben gefangen in unseren Opfermustern oder in der kompensierenden Unabhängigkeit.

Woran wir uns klammern, hält uns in der Vergangenheit gefangen. Manchmal kompensieren wir etwas, indem wir uns selbst unter Druck setzen. Woran wir uns klammern, das hält uns davon ab, zu empfangen und erfolgreich zu sein.

Hinter jedem Gefühl von Mangel oder Knappheit verbirgt sich eine Form von Anhaftung. Wenn wir etwas brauchen, hält uns genau diese Bedürftigkeit davon ab, es zu empfangen. Die schmerzliche Vergangenheit und unsere Abhängigkeit von Menschen, Orten und dem, was früher gut war, blockieren das Tao und unsere Fähigkeit, diese Dinge jetzt zu haben.

Es gibt kein Problem, bei dem Anklammern keine Rolle spielen würde. Wenn wir loslassen, ist das Problem gelöst.

Jede Heilung impliziert eine Art von Integration. Es gibt viele verschiedene Integrationsübungen. Einige von ihnen zu lernen, ist sehr vorteilhaft, denn sie helfen uns bei der Heilung innerer und äußerer Konflikte, die sich auf die eine oder andere Weise in jedem Problem widerspiegeln. Das Problem, dem wir uns gegenübersehen, repräsentiert einen Teil unseres eigenen Geistes, mit dem wir uns nicht identifizieren (den stärker unterdrückten Teil) und der sich im Widerspruch mit jenem Teil unseres Geistes befindet, den wir als unser Ich wahrnehmen.

Die Integration heilt Konflikte, indem sie getrennte Teile wieder zusammenführt und zu einem Ganzen verschmilzt, was Frieden erzeugt. Das hebt uns auf eine neue Ebene der Zuversicht und lässt uns den nächsten Schritt nach vorn machen, den unser gespaltenes Bewusstsein uns fürchten ließ. Es verleiht uns eine neue Integrität und eine größere Fähigkeit zu empfangen. Integration transformiert negative Energie in positive und benutzt das, was negativ war, zur Immunisierung vor weiterer ähnlicher Negativität.

Die Heilung von Beziehungen löst Probleme. Sich mit anderen zu verbinden und Beziehungen zu heilen, bringt uns auf einen Weg beschleunigten Wachstums. Da jedes Problem ein Beziehungsproblem ist, löst die Heilung und Transformation von Beziehungsproblemen nicht nur die Schwierigkeiten, die unser Klient mit seinen Mitmenschen hat, sondern sie kann auch andere Probleme im Umfeld lösen.

Einige unserer gegenwärtigen wirtschaftlichen Schwierigkeiten haben in unserer Kindheit mit unseren Eltern begonnen. Wir können unsere gegenwärtigen Beziehungen nutzen, um Probleme zu heilen, oder wir können an der Wurzel der Schwierigkeiten ansetzen, indem wir Vergebung, das Annehmen und Geben von Gaben, erneute Bindungsbereitschaft oder Centering* einsetzen, um die Beziehungsprobleme zu heilen, die uns in die gegenwärtige Situation gebracht haben.

Äußere Konflikte repräsentieren innere Konflikte. Während

* Centering ist eine Methode, bei der das höhere Bewusstsein gebeten wird, uns an einen Ort des Friedens, der Unschuld und Gnade zu versetzen. Dieser Vorgang wird so lange wiederholt, bis die Verbundenheit wiederhergestellt und das Problem aufgelöst ist (A. d. Ü.).

wir unsere Beziehung zu uns selbst transformieren, werden die Menschen in unserer Umgebung transformiert. Wenn wir besser mit uns selbst umgehen und auf Autoaggression verzichten, lösen sich fast alle Probleme auf. Sie zeigen uns lediglich, wie wir uns selbst behandeln.

Unsere Schwierigkeiten zeigen uns auch unsere versteckten oder weniger versteckten Kämpfe mit Gott. Jedes Problem ist nicht nur ein Speicher unserer inneren Schuldgefühle, sondern ebenso ein Finger, der anklagend auf Gott zeigt.

Machtkämpfe heilen. Jeder Kampf, Machtkampf und Wettbewerb reflektiert den Versuch, einen anderen Menschen zur Erfüllung unserer Bedürfnisse zu benutzen und ihm eine Niederlage zuzufügen, damit wir unsere eigene Überlegenheit beweisen können. Dahinter verbirgt sich eine Furcht vor dem nächsten Schritt; außerdem bieten uns solche Kämpfe die Ablenkung eines Dramas, und sie erzeugen Furcht.

Autoritätskonflikte heilen. Ein Autoritätskonflikt ist Ausdruck einer Furcht vor unserer eigenen Autorität. Wir identifizieren uns dabei eher mit dem eigenen Ego – der Rebellion in uns – als mit unserem eigenen höheren Bewusstsein. Ein Autoritätskonflikt ist eine der Wurzeln eines jeden Problems. Er ist ein Kampf gegen andere, uns selbst und Gott.

Die Welt ist unser Spiegel. Die Welt spiegelt unseren Geist, was bedeutet, dass wir die Kraft unseres Geistes einsetzen können, um Probleme und Konflikte in unserer Umgebung zu transformieren. Diese innerpsychische Ebene ermächtigt uns, zwischenmenschliche und alltägliche Schwierigkeiten zu transformieren. Indem wir unsere Projektionen heilen, können wir unser Unternehmen und unsere Welt heilen.

Was sich in unserer Welt ereignet, ist unsere Projektion. Niemand kann uns irgendetwas antun, was wir uns nicht selbst antun. Wir schaffen unsere eigene Realität und schreiben unsere eigene Lebensgeschichte. Indem wir unsere inneren Probleme lösen, lösen wir automatisch die Probleme in unserer Welt.

Wir sind alle auf der geistigen Ebene miteinander verbunden. Unsere Zuversicht und unsere heilenden Gaben können dazu beitragen, unseren Klienten zu transformieren. Wir können uns auf der geistigen Ebene mit unserem Klienten verbinden, um ihm zu helfen, die Menschen und Situationen in seinem Umfeld zu transformieren. Das verleiht uns eine besondere Kraft, mit der wir andere unterstützen und stärken können. Es erzeugt überdies Einheit, und der damit verbundene Erfolg ist unsere ursprüngliche Realität. Das ermöglicht uns Verbundenheit, Freundschaft, Teamwork und unternehmerische Aktivitäten, die auf Gemeinschaft basieren.

Die Macht der Entscheidung. Unser Geist bringt sich in Form von Entscheidungen ein. Jeder Gedanke ist eine Entscheidung; das ist die Art, wie unser Geist sich selbst gibt. Und so, wie er gibt, empfängt er auch; neutrale Gedanken existieren nicht. Sie fördern entweder unser Leben und führen uns zum Erfolg, oder sie schaffen Hindernisse und führen uns in den Tod. Was und wie wir denken, ist entscheidend für unser Unternehmen.

Entscheidungen

Ich erlebte einen dramatischen Fall, der sich 1988 ereignete, als ich gerade angefangen hatte, in Europa Referate über Eigenverantwortung zu halten, die stets zu Fragen über Entscheidungen und den unterbewussten Geist führen. Während die Zuhörer nach dem Referat solche Fragen stellten und ich darauf antwortete, stand eine junge Frau auf und äußerte eine Frage, die zugleich Feststellung war: »Sie meinen, ich mache mich selbst blind?«

Monica hatte im Jahr zuvor allmählich ihr Augenlicht verloren. Ich antwortete: »Ja, aber wenn das stimmt, dann lautet die gute Nachricht, dass Sie das ändern können!« Nun herrschte verblüfftes Schweigen. Anschließend führten Monica und ich eine Heilübung durch.

Wann immer ich während des nächsten Jahres in der Stadt war, kam Monica zu meinen Vorträgen und Workshops. Wir arbeiteten sehr intensiv miteinander, wobei es überwiegend um die Heilung familiärer Dynamiken und Themen rund um die Sexualität ging.

Ungefähr ein Jahr nachdem Monica und ich uns kennen gelernt hatten, war ich wieder in der Stadt und saß mit einigen Freunden beim Lunch in einem kleinen Café. Als ich aus dem Fenster schaute, sah ich, wie Monica die Straße entlangging. Sie hatte weder einen Blindenstock, noch wurde sie von jemandem geführt. Da wurde mir klar, dass Monica ihr Augenlicht und ihr Leben zurückgewonnen hatte.

Entscheidung ist der Schlüsselaspekt der Eigenverantwortung. Es ist wichtig, sich klar zu machen, dass wir alle Entscheidungen sowohl unterbewusst als auch bewusst treffen. Die Entscheidung gibt uns die Verantwortung für unser Leben und unser Unternehmen zurück. Die Entscheidung zerschneidet alle Erwartungen im Sinne von »Ich muss« oder »Ich sollte« und alle Rollenvorgaben der toten Zone. Das erlaubt uns, für das, was wir geben, auch etwas zu empfangen. Die Entscheidung verleiht uns wieder Flexibilität, Aufgeschlossenheit und Kraft. Entscheidungen zu treffen, ist ein sehr einfacher Weg, die Dinge auf ehrliche Weise zu tun und anschließend angemessen zu empfangen.

Als ich 1989 einen Wochenend-Workshop in Vancouver abhielt, hob sich mit einem Mal der Schleier, und ich erlebte einen Zustand erweiterten Bewusstseins. Ich hatte den Entfaltungsprozess des Workshops beobachtet, als ich plötzlich etwas bemerkte, was mich verblüffte. Der kollektive Geist der Teilnehmer des Workshops traf Entscheidungen und beteiligte sich an dem, was dort geschaffen wurde. Ich konnte sehen, wie die Ebene der bewussten Wahrnehmung im Workshop anstieg.

Schließlich fragte ich die Teilnehmer, ob jemand von ihnen bemerkt hatte, dass die gemeinsamen Entscheidungen die Ereignisse im Workshop lenkten. Ungefähr ein Drittel der anwesenden 180 Personen hatte es bemerkt, aber sie waren zu schüchtern gewesen, etwas darüber zu sagen. Wir alle beobachteten, dass ungefähr sechs Sekunden zwischen unserer kollektiven Entscheidung und dem betreffenden Ereignis lagen. Was sich dort abspielte, ging über jede normale Erfahrung hinaus, aber nachdem wir es erlebt hatten, erschien es uns vollkommen natürlich.

Das stimmt mit dem Prinzip der Quantenphysik überein, dass wir alle unsere Wirklichkeit durch unsere Entscheidungen selbst erschaffen.

Ziele setzen. Wenn wir uns Ziele setzen, verringern wir unseren Stress ganz erheblich. Ziele laden Erfolg ein, wogegen Erwartungen, Forderungen und Erfolgsdruck kontraproduktiv wirken. Auf Ziele hinzuarbeiten, erlaubt uns Ruhepausen, Belohnungen und gibt uns das Gefühl, etwas erreicht zu haben. Erwartungen, die vom Gefühl der eigenen Unzulänglichkeit angetrieben werden, können uns niemals befriedigen, auch wenn wir sie erfüllen.

Sich Ziele zu setzen, bedeutet einfach, zu wissen, was man will. Sie bewegen sich mit Ihrem Herzen, Ihrem Geist und Ihrem Handeln auf Ihre Ziele zu. Sie setzen sich nicht unter Druck, sondern konzentrieren sich einfach auf das Ziel. Wenn Sie es nicht erreichen, setzen Sie sich eben ein neues Ziel.

Ihre Ziele ziehen Sie an und laden Sie ein, wogegen Erwartungen und Forderungen Ihnen Stress bereiten und Sie unter Druck setzen. Je näher Sie der Erfüllung Ihrer Erwartungen kommen, desto schlimmer wird es. Der Druck nimmt immer weiter zu, und die Erwartung scheint Sie abzustoßen. Erwartungen führen oft zu Perfektionismus, der Ihren Stress beträchtlich erhöht, während er gleichzeitig Ihre Leistungen als nicht perfekt entwertet. Erwartungen gestatten Ihnen nicht zu empfangen, weil das, was Sie schließlich vollbringen, doch nur etwas ist, was Sie tun *sollten*. Erwartungen und Perfektionismus treiben Sie ohne Pause vorwärts und lassen Ihnen keine Zeit für Perspektiven, Prioritäten, Inspiration, Anleitung oder Partnerschaft.

Ziele

Während der Arbeit an meiner Dissertation befand ich mich im Stadium der Erwartungen und des Perfektionismus. Meine Arbeit bot ein entsprechendes Bild: Ich hatte zwei Jahre gebraucht, um das erste Kapitel zu schreiben. Es bestand aus 49 auf Hochglanz polierten Seiten, aber mir blieben nur noch drei Wochen, um weitere vier Kapitel zu vollenden. Ich steckte in Schwierigkeiten, war total gestresst und machte mir ziemliche Sorgen.

Was mich schließlich rettete, war das Setzen von Zielen. Ich wollte gerade am Ende meines Arbeitstages eine Runde laufen, etwa 5 Kilometer rund um den Golfplatz der Naval Air Station, wo ich als psychologischer Berater beschäftigt war. Gerade bevor ich loslaufen wollte, überkam mich die tiefe Wahrnehmung, dass ich dabei war, einen Weg zu finden, der mir zum Erfolg verhelfen würde. Als ich anfing zu laufen, wurde mir klar, dass ich mich im Hinblick auf das vor mir liegende Joggen genauso fühlte wie beim Gedanken an meine Dissertation: entmutigt, müde und überlastet. Während ich mich die Strecke entlangtrieb, blickte ich nach vorn und sah eine kleine Entfernungsmarke am Straßenrand. Also setzte ich mir das Ziel, bis zu dieser Marke zu kommen. Als ich das geschafft hatte, fühlte ich mich belohnt, weil ich mein Ziel erreicht hatte, und so setzte ich mir ein weiteres, den Baum, den ich vor mir sehen konnte. Und wieder fühlte ich mich mit Energie aufgeladen, als ich den Baum erreichte. Also nahm ich mir als nächstes Ziel den Hydranten vor, der 20 Meter entfernt war.

Ich stellte fest, dass ich aufmerksamer war und mir das Laufen leichter fiel, wenn ich mich auf mein Ziel konzentrierte. Ich lief wie geschmiert, mit Ausnahme einer kurzen Phase der Unstimmigkeit, direkt nachdem ich ein Ziel erreicht und mir noch kein neues gesetzt hatte. Wenn ich ein Ziel erreichte, verlor ich meinen Rhythmus, und es war schwierig, wieder Tritt zu fassen. Also beschloss ich, mir das neue Ziel schon zu setzen, kurz bevor ich das alte erreichte. Auf diese Weise konnte ich mich von Ziel zu Ziel bewegen, ohne je aus dem Tritt zu kommen. Ich begann, den Lauf und den goldenen Nachmittag in San Diego zu genießen, und dadurch konnte ich mein Tempo beschleunigen.

Mir wurde klar, dass dies meine Antwort war. Es war so einfach. Ich würde mir bei meiner Dissertation selbst Ziele setzen, und kurz bevor ich ein Ziel erreichte, würde ich nach vorn schauen, um das nächste zu finden. Auf diese Weise arbeitete ich sehr viel effektiver und konnte ohne irgendwelche Brüche weiterschreiben.

Als ich während der nächsten drei Wochen an meiner Dissertation schrieb, bekam ich nicht viel Schlaf, und ich musste mir für die letzten zwei Wochen sogar Urlaub nehmen, um doch noch fertig zu werden. Aber während dieser Zeit vervollständigte ich meine Literaturübersicht, entwickelte eine qualitative Methodologie, führte meine Forschungsarbeiten durch und formulierte meine Zusammenfassung und Schlussfolgerung. Ich vollendete diese umfangreiche Arbeit in einer schier unglaublich kurzen Zeit und erkannte dabei, wie effektiv es ist, sich Ziele zu setzen. Ich vollendete eine Dissertation, die ein neues Modell der Heilung präsentierte, das sich auf Vision und Kreativität gründete. Als ich das endlich geschafft hatte, fühlte ich mich wert, »Doktor« genannt zu werden.

Verzicht auf Schuldgefühle. Wenn wir uns schuldig fühlen, bestrafen wir uns automatisch selbst. Es gibt kein Problem, zu dessen wichtigsten Wurzeln nicht Schuldgefühle gehören würden. Aber die Probleme, die wir zu unserer Selbstbestrafung benutzen, verstärken nur unsere Schuldgefühle. Schuld ist nicht die Wahrheit, sondern etwas, was wir dazu benutzen, um einfach stehen zu bleiben, wenn wir den Mut zum nächsten Schritt verloren haben.

Klagen sind eine Verteidigungshaltung, hinter der wir unsere Schuldgefühle verstecken. Es gibt kein Problem, an dessen Wurzel sich nicht eine Klage finden ließe. Auf solche Klagen zu verzichten, lässt die versteckten Schuldgefühle verschwinden. Vergebung gilt auch für uns, nicht nur für andere Menschen, denen wir vergeben. Sie befreit uns, macht uns stark und glücklich, und sie hilft gleichzeitig demjenigen, dem wir vergeben haben, zu wachsen, zu lernen und zu heilen.

Hingabe. Wenn wir anderen helfen, sich aus ganzem Herzen hinzugeben, wird ein neuer Schritt zum Erfolg vollzogen. Lassen Sie sich voll auf Ihren Klienten ein. Lassen Sie ihn die Macht der Hingabe lernen, die alle Konflikte und Komplikationen löst.

Hingabe ist die Entscheidung, uns selbst vollständig einzubringen. In der Wirtschaft verbindet sich damit die Kraft, uns ins nächste Stadium zu befördern und Hindernisse, Schwierigkeiten, Ambivalenzen, Konflikte, Machtkämpfe, Konkurrenz, Abgestumpftheit, Rollen, Erschöpfung und Aufopferung zu überwinden.

Es ist paradox, dass unsere volle Hingabe (Aufopferung zählt nicht), trotz aller negativen Emotionen und Hindernisse auf dem Weg, die Macht hat, uns ins nächste Stadium zu befördern. Hingabe lässt das Tao und den Tao-Index fließen. Sie öffnet Türen und sorgt für günstige Gelegenheiten. Sie bringt Authentizität, Vorteile und glückliche Zufälle. Sie lässt uns ein Gebirge und nicht nur einen einzelnen Berg überwinden. Sie hilft uns, einen Problemkreis und nicht nur ein einzelnes Problem zu bewältigen. Wenn wir uns hingeben, fühlen wir uns frei und können trotz unserer Distanzierung ein höheres Niveau von Wahrheit verwirklichen. Hingabe bringt uns Erfolg, Nähe, Partnerschaft, Vergnügen und die Fähigkeit zu empfangen.

Im Laufe der Jahre habe ich häufig erlebt, wie ein Geschäftspartner sich dem anderen auf einem völlig neuen Niveau hingebungsvoll zugewendet hat, trotz aller Schwierigkeiten, die im Umfeld oder zwischen den beiden bestanden. Das hat in jedem Fall die Beziehung verbessert und die Probleme so weit abgebaut, dass sie handhabbar wurden, was schließlich zu größerem Erfolg führte.

Wenn wir uns selbst voll einbringen, überwinden wir alle Fallen der Machtkämpfe und der verschiedenen Stadien innerhalb der toten Zone. Dadurch gelangen wir auf eine neue Ebene der Partnerschaft. Sie überbrückt die Gegensätze, verhilft beiden Seiten zum Erfolg und führt uns heraus aus dem Burn-out und der Sabotage unserer Aufopferung. Hingabe überwindet die Furcht, in der alle Probleme und Krisen wurzeln. Alle unsere Schwierigkeiten, besonders die größeren, spiegeln unsere Furcht vor dem nächsten Stadium. Hingabe heilt diese Furcht vor dem Fortschritt.

Führerschaft. Wir werden zum Motor des Wandels, indem wir lernen, wie wir uns selbst, andere Menschen und jede beliebige

Situation transformieren können. Wenn wir die Führung übernehmen, verpflichten wir uns dem Erfolg des Teams und der Gemeinschaft, der Motivation anderer und dem inspirierenden Zusammenhalt. Wir reagieren aufgeschlossen auf jeden Hilferuf und erhöhen damit den Flow.

Vision. In der Vision geben wir uns selbst so vollkommen hin, oder wir öffnen uns so grundlegend, dass kreative Energie sich in uns ergießt und wir auf eine neue Weise sehen. Von diesem Ort aus werden wir neu geboren und dazu aufgefordert, das, was wir gelernt haben, mit anderen zu teilen. Dann verstehen wir, was wir, unser Team und unser Unternehmen zu tun haben. Das ist die Verwirklichung unserer Lebensaufgabe.

Wenn Sie eine Vision für sich selbst und Ihr Unternehmen haben, verleiht sie Ihnen die Kraft und das Sendungsbewusstsein, sich selbst ganz der Wahrheit und Ihrer Inspiration zu weihen. Der Gegenstand Ihrer Vision mag Ihnen weit jenseits Ihrer Möglichkeiten erscheinen, aber Ihr Sendungsbewusstsein und die damit einhergehende Gnade tragen Sie vorwärts.

Unseren Lebenssinn verwirklichen. Fast 85 Prozent aller unserer Schwierigkeiten treten auf, weil wir uns vor unserer Lebensaufgabe fürchten. Sie anzunehmen, kann leicht einen großen Teil unserer Probleme auflösen. Die trennende Dynamik des Egos setzt alles daran, gegen das vereinigende Prinzip der Verwirklichung unseres Lebenssinnes zu kämpfen. Die Probleme allerdings, die noch übrig bleiben, nachdem wir unseren Lebenssinn angenommen haben, sind integraler Bestandteil dieses Lebenssinns. Was wir bei der Heilung dieser Probleme lernen, ist erforderlich, damit wir unsere Lebensaufgabe erfüllen können.

Während wir unseren individuellen Lebenssinn und den Daseinszweck unseres Unternehmens erfüllen, gelangen wir auf hohe Ebenen des Erfolgs, der Kreativität und der Erfüllung. Auf diese Weise finden wir unsere Funktion und Nische, werden persönlich sehr erfolgreich und leisten einen wichtigen Beitrag für die Welt.

Wenn Sie Ihre Lebensaufgabe kennen und annehmen, hat Ihr Leben Sinn und Bedeutung. Der Lebenssinn schenkt Ihnen Erfüllung, nicht nur in seiner Vollendung, sondern auch auf dem Weg dorthin. Er verleiht Ihnen immer wieder neue Kraft und Energie und inspiriert Sie.

In einer Firma, die ihren Daseinszweck annimmt, finden wir Vision, Kraft, Zuversicht, Kreativität und Transzendenz. Es gibt heroische, künstlerische und wissenschaftliche Ebenen, zu denen wir nur dann Zugang haben, wenn wir unsere Lebensaufgabe erfüllen. Das sorgt für unablässige Inspiration.

Eine Person oder ein Unternehmen, das diese Ebene erreicht hat, operiert gewöhnlich im internationalen Rahmen. Ein Unternehmen mit Vision kennt und findet seinen eigenen Weg. Auf diese Weise wird es zum Beispiel und zur Hilfe für andere Unternehmen, sogar wenn sie in einem ganz anderen Wirtschaftszweig tätig sind. Die Wirtschaft und die Unternehmen sind weltweit miteinander verbunden. Wenn eine Firma einen besseren Weg findet, hilft sie damit allen anderen und macht ihnen Hoffnung.

Unternehmen, die ihren Daseinszweck erfüllen, finden originelle Produkte und einzigartige Wege der Dienstleistung. Ihre Produkte sind dann sinnvoll und entsprechen dem Daseinszweck des Unternehmens.

Es ist wichtig, dass wir nicht der Versuchung erliegen, von diesem Weg abzuweichen, und irgendeinem lukrativ erscheinenden Anreiz folgen, der später dazu führen könnte, dass unserem Unternehmen die Vision verloren geht. Eine Firma, die bei ihrer Vision bleibt, schafft innovative Systeme, die einem ganzen Wirtschaftszweig Aufschwung geben.

Auf ähnliche Weise ist auch eine Person, die ihren Lebenssinn verwirklicht, kreativ und findet Erfüllung. Solche Menschen sind leuchtende Sterne, die den Weg für ihr Unternehmen und die Welt erhellen. Sie sind Pfadfinder. Sie denken auf eine kreative, originelle und transzendente Weise.

Unterscheidungsfähigkeit und Segnungen. Unterscheidungsfähigkeit und Segnungen sind Alternativen zur Beurteilung, aus der alles Leiden hervorgeht. Unterscheidungsfähigkeit erlaubt uns, eine Situation zu bewerten, ohne unseren eigenen Flow anzuhalten. Mit der Segnung erkennen wir an, dass andere, die vielleicht einen Fehler machen, einfach Hilfe brauchen. Segnungen erhöhen das Tao wie auch den Tao-Index. Das ist eine Hilfe für uns selbst und jene, die wir segnen.

Verständnis. Verständnis erzeugt Verbundenheit und heilt auf diese Weise die Erwartungen, welche die Wurzel jedes Problems bilden. Verständnis fördert Teamwork, lässt den Flow einsetzen oder steigert ihn. Verständnis löst die Illusionen auf, die Probleme und Hindernisse entstehen lassen.

Wahrheit. Wo Wahrheit ist, herrscht Gegenseitigkeit, und niemand muss sich aufopfern. Sie befreit uns und bringt Erfolg. Sie zeigt uns den Weg nach vorn. Wo Wahrheit ist, herrschen Partnerschaft, Freiheit und Unbeschwertheit.

Geben. Wo immer es ein Problem gibt, halten wir irgendetwas zurück, das wir leicht geben könnten. Geben erzeugt Flow, fördert unsere Zuversicht, sorgt dafür, dass wir uns gut fühlen, hilft anderen und uns selbst und löst das Problem.

Empfangen. Empfangen ist ein Aspekt unserer weiblichen Seite und der Schlüssel zum Erfolg. Ohne diese Fähigkeit führt all unsere Arbeit zu nichts. Der Mut und die Fähigkeit, zu empfangen, ist einer der leichtesten Wege zum Erfolg.

Die Kraft des Geistes. Die Kraft des Geistes bewirkt Erfolg. Dazu gehören solche Dinge wie gute Absichten, Vertrauen, Glauben, Manifestation, gezielte Entscheidungen, Inspiration, Führung, Vision und Gebet. Die Kraft des Geistes kann unseren Weg zum Erfolg enorm beschleunigen. Wir tragen die Antwort auf jede Herausforderung schon in uns. Es ist entscheidend, dass wir die Kraft unseres Geistes verstehen lernen, um seine Wirkungen auf unser Unternehmen zu maximieren.

Glauben. Wenn Sie an Ihren Erfolg glauben, werden Sie erfolgreich sein. Was es auch sein mag, worauf Sie die Kraft Ihres Geistes richten, das Ergebnis wird dem entsprechen, was Sie investiert haben. Glauben bedeutet, dass wir die Kraft unseres Geistes in eine positive Richtung lenken.

Glauben ist das Gegenteil von Furcht. Wenn wir Furcht empfinden, investieren wir die Kraft unseres Geistes in ein negatives Ergebnis. Indem wir die Kraft unseres Geistes in Furcht erregende Ereignisse investieren, erzeugen wir Furcht. Stattdessen können wir sie auch in ein Ergebnis investieren, bei dem alles erfolgreich ist. Das ist Glauben. Ihr Geist erzeugt das für Sie, worein Sie seine Kraft investieren.

Glauben statt Furcht

Ich arbeitete kürzlich mit einer Frau namens Martha, die so von Furcht beherrscht war, dass sie sich beim Sprechen verstellte. Wenn wir über ein wichtiges, aber Furcht erregendes Thema diskutierten, lenkte sie mich heimlich ab, indem sie ein anderes »saftiges« Thema ansprach. Sie war darin so geschickt, dass sie es leicht geschafft hätte, mich von den Themen wegzubringen, die bei ihr Furcht auslösten, wenn ich mich nicht emotional und energetisch voll auf sie eingestellt hätte.

Für Martha stand eine Veränderung in ihrem Leben an. Es sah so aus, als würde sie ihren Job verlieren oder sich zumindest auf eine Versetzung einstellen müssen. Sie hatte Angst, in sich hineinzuhorchen, und sorgte deshalb dafür, dass sie stets beschäftigt war. Sie fürchtete, man würde ihr etwas sagen, was nicht zu »ihrem Plan« gehörte. Statt nach innen zu horchen, benutzte sie die Entschuldigung, dass sie sich unfähig und verlassen fühlte und sich in ihrem Job nicht genügend einsetzte, aber diese Emotionen kamen nur auf, um sie von Fortschritten in ihrem Leben abzuhalten.

Während unseres Gesprächs zeigte ich ihr, wie sie bei jedem Schritt nach vorn, den sie sich vorstellte, in Furcht statt in Glauben investierte. Ich zeigte ihr, wie sie in negative Überzeugungen und Vorstellungen investierte, statt an positive Möglichkeiten zu glauben. Ich zeigte ihr, wie sie in ihre eigenen Pläne investierte, statt an die Führung des Himmels und ihres eigenen kreativen Geistes zu glauben. Ich forderte sie auf, sich vorzustellen, wie sie in ihrem Leben voranging. Bei jedem Schritt fragte ich sie, worein sie ihren Geist investieren wollte: in Dinge, die zu Furcht und Kontrolle führen würden, oder in ein positives Ergebnis? Am Ende des Gesprächs erkannte sie schließlich, dass sie über die Gabe des Glaubens verfügte, der zu ihrem eigenen Erfolg und zum Erfolg anderer Menschen beitragen konnte.

Im nächsten Monat erreichte diese Geschäftsfrau ein neues Stadium des Erfolgs auf zwei verschiedenen Berufsfeldern. Der Job, den sie zu verlieren gefürchtet hatte, brachte sie voran in ein ganz neues Stadium, und sie erkannte außerdem, wie talentiert sie war, Schulungen in Unternehmen durchzuführen.

Vertrauen. Vertrauen bedeutet, dass Sie Ihren Geist auf positive Weise nutzen, weil Sie wissen, dass jede Situation, egal, wie sie aussieht, sich zu Ihrem Besten entwickeln wird. Vertrauen sorgt dafür, dass sich die Dinge auf eine paradoxe Weise entfalten, sodass die Situation zum Erfolg führt.

Eine Frage des Vertrauens

Im Jahr 1985 führte ich eine Reihe von Unternehmensschulungen für ein internationales Unternehmen in Japan durch. Im ersten Workshop, der fünf Tage dauerte, arbeitete ich mit den leitenden Angestellten der Firma. Der Betriebsleiter sollte die Firma am Ende der Schulung verlassen. Er musste wegen Herzproblemen verfrüht in den Ruhestand gehen. Das war ein Rückschlag für das Unternehmen, denn er wurde von allen Mitarbeitern bewundert und respektiert. Er war die Inspiration und das verbindende Element auf der Führungsebene. Alle bedauerten sein Ausscheiden.

Am vierten Tag des Workshops beobachtete ich, wie sich die Schulung entfaltete, und fühlte mich inspiriert, eine Vertrauensübung für ihn durchzuführen. Ich bat ihn, sich allen anderen gegenüberzusetzen. Dann spielte ich ein Lied ab, während alle Anwesenden den Betriebsleiter mit ihrem Vertrauen erfüllen sollten, dass er glücklich und gesund sein würde.

Mein Dolmetscher und ich waren die Einzigen, die während dieser Übung ihre Augen geöffnet hatten. Alle Teilnehmer hielten ihre Augen geschlossen, während ich sie durch die Übung führte. Nachdem das Lied zu ungefähr drei Vierteln abgespielt war, bog sich der Betriebsleiter über die Lehne seines Stuhls nach hinten, sodass er fast dabei aufstand, und verzog das Gesicht in einem Krampfanfall. Nach ungefähr zwei Sekunden sank er entspannt und mit einem friedlichen Lächeln auf seinen Stuhl zurück. Am Ende dankte er allen und entschuldigte sich auf typisch japanische Weise dafür, dass er ihnen zur Last gefallen sei.

Am folgenden Montag ging er zur letzten Untersuchung zum Betriebsarzt, der plötzlich nicht mehr die Spur eines Herzproblems feststellen konnte. Der Mann war geheilt und konnte weiterarbeiten, sehr zu seiner eigenen Freude und der seiner Kollegen.

Manifestation. Manifestation stellt sich dann ein, wenn wir unseren Geist bewusst nutzen, um die Ereignisse herbeizuführen, die wir haben wollen. Da wir das ohnehin ständig tun, können wir es genauso gut bewusst und gezielt machen. Manifestation ist der Kern der alten spirituellen Kultur von Hawaii. Weil sie diese Kraft erkannt hatten, setzten die Menschen sie ein, um das zu erschaffen, was sie erleben wollten. Heute schreiben viele Leute darüber, die als psychologische oder spirituelle Berater arbeiten.

Manifestation bedeutet, das, was wir wollen, zu visualisieren, zu fühlen, zu hören und sogar zu spüren. Je klarer und konzentrierter unser Geist dabei ist, desto effektiver manifestieren wir. Im Kern geht es darum, sich das Ergebnis so leuchtend wie möglich vorzustellen. Am freiesten ist Ihr Geist direkt vor dem Einschlafen oder morgens gleich nach dem Aufwachen. Aber Sie können die Übung auch immer dann durchführen, wenn Sie ein paar Sekunden Zeit haben. Je unwahrscheinlicher das Ereignis oder die Erfahrung ist, die Sie manifestieren wollen, desto länger wird es dauern, bis Sie das Gewünschte empfangen. Natürlich können Sie nichts manifestieren, was den Gesetzen des Himmels zuwiderläuft, weil so etwas einfach nicht geschehen kann. Die Gesetze der Wissenschaft und der Welt können jedoch transzendiert werden, wenn Sie nur an die Möglichkeit glauben.

Als ich 1981 erstmals darüber nachdachte, nach Hawaii zu ziehen, hatte ich gerade viel Geld investiert, um ein Büro in

Südkalifornien zu eröffnen. Aber Hawaii hatte eine solche Anziehungskraft für mich, dass ich beschloss, ein Leben dort zu manifestieren. Außerdem manifestierte ich, dass jemand mir den Umzug dorthin bezahlen würde. Zweieinhalb Jahre später erhielt ich mein erstes Jobangebot aus Hawaii, wozu auch die Erstattung der Umzugskosten gehörte.

Die Sehnsucht unseres Herzens erschafft das Ersehnte. Wir können das erzeugen, was wir uns aus ganzem Herzen wünschen. Dabei verbindet sich die Kraft unseres Geistes mit dem, was wir lieben. Wenn wir an das denken, was wir wollen, und wenn wir es uns aus ganzem Herzen wünschen, dann entsteht das, was wir lieben.

Dieser schöpferische Effekt ist sehr mächtig. Meine Frau behauptet, sie habe auf diese Weise erreicht, dass ich meine vielen anderen Freundinnen verließ und mich ihr zuwendete. Sie wollte mich aus ganzem Herzen und heilte ihre Furcht davor, mich zu bekommen, damit sie sich voll und ganz für mich entscheiden konnte. Und genau in dem Moment, als sie sich für mich entschied, habe ich mich fast 5000 Kilometer entfernt für sie entschieden.

Gebet. Das Gebet ist die innige Verbindung mit dem Geist Gottes in der Kommunikation. Im Gebet lieben, preisen und flehen wir. Das Gebet erinnert uns an unsere Verbindung mit dem Schöpfer. Es ist wissenschaftlich erwiesen, dass die Gebete einer Gruppe von Menschen überaus effektiv sein können, sehr viel mehr als die Gedanken von Kontrollgruppen, in denen nicht gebetet wird.

Nach meiner Erfahrung können die Gebete von jemandem, der ein »Weltklasse-Beter« ist, einen genauso starken Effekt haben wie die Gebete einer Gruppe. Ich kenne einige solcher Beter, und ich empfinde es als Segen, zu wissen, dass sie mich in ihre Gebete einschließen. Wir alle brauchen Gebete. Ich weiß nicht, was ich ohne die Gebete tun würde, die für mich gesprochen werden.

Die Kraft des Gebets

Bei einem zehntägigen Workshop sprachen wir gerade über die Macht des Geistes, das zu erzeugen, was wir wollen, als sich eine Teilnehmerin meldete und uns unter Tränen mitteilte, ihr Großvater habe eben an diesem Morgen einen dreifachen Herzinfarkt erlitten. Ich bat alle hundertachtzig Teilnehmer, eine Minute lang aus ganzem Herzen für ihn zu beten. Drei Tage später ging es dem Mann so gut, dass er schon quengelte, weil er das Krankenhaus noch nicht verlassen durfte.

Ein ähnliches Erlebnis hatte ich während einer Gebetszeremonie mit einer Gruppe von First Nations, die sich über die gesamte Nacht erstreckte. Ich betete für meine Mutter, die einen Monat zuvor einen Herzinfarkt erlitten hatte. Während ich für sie betete, ergoss sich Licht durch mich hindurch in sie, die sich 1900 Kilometer entfernt aufhielt. Als sie zwei Tage später zu einer Nachuntersuchung bei ihrem Herzspezialisten war, konnte er weder bei den Blutwerten noch im Herzmuskelgewebe einen Hinweis darauf finden, dass sie jemals einen Infarkt gehabt hatte.

Beten Sie aus ganzem Herzen um das, was Sie sich wünschen, denn Gott hört die Gebete Ihres Herzens.

Modelle und Methoden der psychologischen Beratung

Modelle helfen uns, das Problem eines Klienten zu verstehen und auf der geistigen Ebene zu transformieren. So werden Probleme für hilfreiche Interventionen und notwendige Veränderungen zugänglich. In diesem Abschnitt stelle ich Ihnen einige grundlegende Modelle vor, die für jeden, aber ganz besonders für psychologische Berater, nützlich sind. Folgende Modelle werde ich beschreiben:

1. das Eisbergmodell,
2. das Beziehungsmodell,
3. das Projektions- oder Spiegelmodell,
4. das Transferenzmodell und intuitive Methoden,
5. Heilung der Rebellenmethode,
6. das Verantwortungsmodell,
7. das Talentemodell,
8. das Scheidewegmodell,
9. das Modell und die Methode des verlorenen Selbst sowie
10. das Lebensaufgabe-und-Verschwörungs-Modell.

Wenn diese Modelle über eine Reihe von Sitzungen hinweg in Verbindung miteinander benutzt werden, dann helfen sie Ihnen, Ihren Klienten zu stärken und auf seinem Weg nach vorn zu unterstützen.

1. Das Eisbergmodell. Dieses Modell ist von unschätzbarem Wert als Grundlage aller Modelle der Heilung. Es gestattet uns, zu erkennen, dass alles, was sich an der Oberfläche abspielt, seine Wurzeln in viel tiefer liegenden Problemkreisen und Glaubenssystemen hat. Dieses Wissen wird Ihnen helfen, die Wurzeln der Probleme Ihres Klienten zu erkennen und ihm das Konzept, von dem Sie ausgehen, auch so zu erklären, dass er es mühelos verstehen kann.

Als ich an meiner Dissertation arbeitete, hieß es unter den Doktoranden allgemein, dass wir Menschen nur 12 Prozent unseres geistigen Potenzials nutzen. Als ich meine Doktorarbeit abschloss, hatte sich diese statistische Angabe auf 10 Prozent verringert. Vor ungefähr zwölf Jahren sagte man, wir würden nur 4 Prozent unseres geistigen Potenzials nutzen. Ob das nun exakt stimmt oder nicht, diese Zahlen drücken doch metaphorisch aus, dass sich unter der Oberfläche unseres Geistes sehr viel mehr abspielt als darüber.

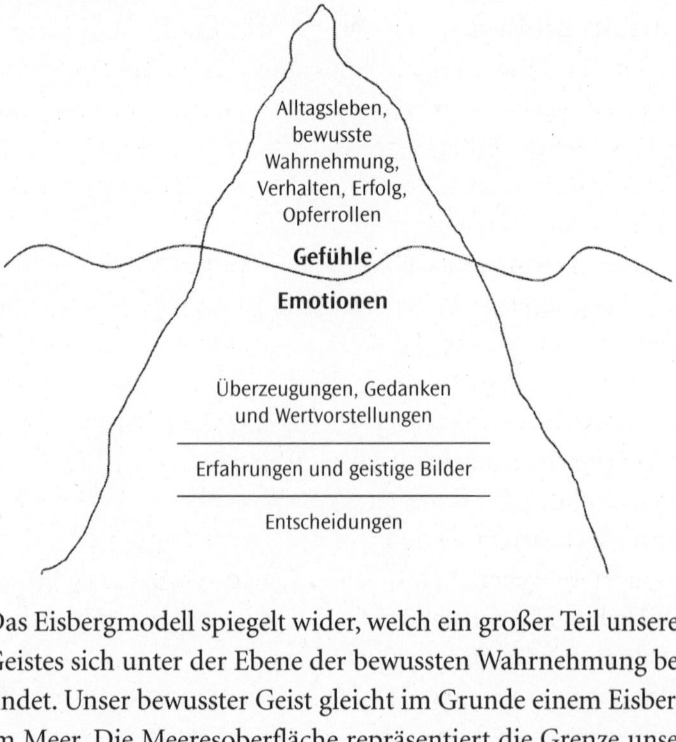

Das Eisbergmodell spiegelt wider, welch ein großer Teil unseres Geistes sich unter der Ebene der bewussten Wahrnehmung befindet. Unser bewusster Geist gleicht im Grunde einem Eisberg im Meer. Die Meeresoberfläche repräsentiert die Grenze unserer bewussten Wahrnehmung. Oberhalb und unterhalb dieser Linie liegen Schichten von Gefühlen und Emotionen; die uns bewussten liegen »sichtbar« über der Wasseroberfläche; die uns nicht bewussten befinden sich darunter. Was im Leben mit uns geschieht, entspringt unseren Gefühlen. Wie wir handeln, wird deshalb ebenfalls durch das bestimmt, was wir fühlen.

Gefühle entspringen unserem Denken, unseren Überzeugungen und Wertvorstellungen, die noch weiter unterhalb der Wasseroberfläche angesiedelt sind. Sie stammen aus einer noch tiefer liegenden Ebene, wo Bilder und Erfahrungen im Bewusstsein eingebettet sind. Sie verstärken laufend das, was uns geschieht, weil unsere Glaubenssätze und Erfahrungen einen Teufelskreis erzeugen.

Auf der nächsten, noch tieferen Ebene stammen die Erfahrungen, die unsere Lebensereignisse hervorbringen, aus den Entscheidungen, die wir treffen. Diese Entscheidungen sind Akte, bei denen wir unseren Geist in eine bestimmte Richtung lenken, um ein bestimmtes Ergebnis zu erzielen oder einen besonderen Vorteil zu erlangen.

Unsere bewusste Wahrnehmung, unser alltägliches Leben, stellt den geringsten Teil unseres Geistes und Bewusstseins dar. Je weniger uns die inneren Abläufe in unserem Geist bewusst sind, desto mehr werden wir auf ein eindimensionales Leben beschränkt. Um es etwas abenteuerlicher zu gestalten, füllen wir unser Leben manchmal mit Schmerz, Dramen oder Phantasien. Offensichtlich gibt es dazu gesündere Alternativen. Wenn wir Zugang zu unserem gesamten geistigen Potenzial hätten und es uns nicht weitgehend verborgen wäre, dann würde unser Leben von Heilung, Faszination und einem süßen, sich immer weiter entfaltenden Mysterium erfüllt sein.

Es gibt drei Arten von Emotionen: bewusste, unterdrückte und verdrängte. Bei unterdrückten Emotionen ist uns der Anlass bewusst, und wir wissen, dass sie mit emotionalen Themen zu tun haben, aber wir halten das Empfinden dieser Emotionen unterhalb der Wahrnehmungsschwelle. Es handelt sich um unerledigte Angelegenheiten. Wir erinnern uns beispielsweise vielleicht daran, dass wir einen Unfall hatten, aber wir wollen mit keiner der damit verbundenen Emotionen in Berührung kommen.

Bei verdrängten Emotionen haben wir die Emotion und den Anlass vergessen, und wir haben vergessen, dass wir es vergessen haben. In diesem Fall erinnern wir uns nicht einmal daran, dass wir einen Unfall hatten. Falls wir viele Emotionen auf diese Weise vergraben haben, ist es wahrscheinlich, dass es einen oder mehrere Bereiche unseres Lebens gibt, in denen wir keinen Erfolg haben, beispielsweise Beziehungen, Gesundheit, Geld, Erfolg, Sex, Familie und so weiter.

In unserem Alltagsbewusstsein meinen wir, dass uns etwas zustößt und wir deshalb Schmerzen empfinden. In Wirklichkeit ist jedoch das genaue Gegenteil der Fall. Wir empfinden Schmerzen, und deshalb erzeugen wir eine Situation, die uns hilft, dieses Gefühl auszuleben. Natürlich glauben wir, dass wir den Schmerz aufgrund dessen empfinden, was uns zugestoßen ist. Aber in Wirklichkeit geschieht das, was uns passiert, als Folge einer alten, nicht abgeschlossenen Angelegenheit aus der Vergangenheit.

Nehmen wir beispielsweise an, dass Sie Angst vor Zurückweisung haben. Was immer Sie fürchten, fühlen Sie schon jetzt. Wenn Sie also Angst vor Zurückweisung haben, dann fühlen Sie beides, die Furcht und die Zurückweisung. Und weil Sie so empfinden, werden Sie sich meist defensiv verhalten, sich beispielsweise zu viel Mühe geben, besonders cool oder lässig wirken wollen (um Ihre wahren Gefühle zu kompensieren) oder einfach weglaufen. Ihre Abwehrhaltung führt jedoch gerade das herbei, wovor Sie sich schützen wollen, und deshalb werden solche Verhaltensweisen Ihnen genau die gefürchtete Zurückweisung eintragen.

Wenn Sie Ihrem Klienten das Eisbergmodell des Geistes erklären, schaffen Sie damit eine solide Grundlage für andere Modelle der Veränderung. Sobald jemand verstanden hat, dass ein so großer Teil unseres Bewusstseins im Verborgenen liegt, ist es einfacher, die unterbewussten und unbewussten Bereiche zu erkunden.

Der innerste Kern seines Unfalls

Diese Geschichte ist besonders interessant, weil mein Klient und ich uns durch viele Schichten arbeiten mussten, um zum Kern seines Problems vorzustoßen. Sein Unfall, herbeigeführt durch ein Burn-out-Muster, war nur die Spitze des Eisbergs. Unsere gemeinsame Sitzung verdeutlicht die Tatsache, dass unter der Oberfläche eines Problems sehr tiefe (oft unbewusste) Wurzeln stecken können.

Bill war kein typischer britischer Geschäftsmann. Wenn sie ihn kennen lernten, erinnerte er viele Leute an einen großen Teddy. Er war eine so liebenswürdige und fürsorgliche Persönlichkeit, dass selbst völlig Fremde ihm schon nach wenigen Minuten ihre Lebensgeschichte erzählten. Bill hatte an vielen meiner Workshops in Großbritannien teilgenommen, und wir hatten auch zahlreiche Einzelsitzungen durchgeführt. Dadurch konnte er die bewussten, unterbewussten und unbewussten Schichten mühelos und mit großer Klarheit auflösen. Innerhalb einer einzigen Stunde bewältigten wir eine Menge Arbeit.

Bill rief mich nach seinem Autounfall aus Großbritannien an. Die Sache war nicht allzu schlimm gewesen, aber er hatte seinen Wagen zu Schrott gefahren und sich das rechte Knie verletzt, sodass er jetzt an Krücken gehen musste. Ihm war klar, dass hinter diesem Unfall mehr steckte, als es oberflächlich den Anschein hatte, und deshalb entschloss er sich zu einer Beratungssitzung. Er hatte sich selbst stark unter Druck gesetzt und stand hart an der Grenze zum Burn-out. Als Folge seines Unfalls hatte er eine wichtige Verkaufspräsentation verpasst. Seine Mitarbeiter bekundeten ihm zwar oberflächlich Sympathie, verhielten sich aber doch so, als hätte er sie im Stich gelassen. Bill fühlte sich so müde und ausgelaugt, dass er einer weiteren großen Präsentation sehr ambivalent gegenüberstand. Auf einer unterbewussten Ebene war ihm klar, dass der Unfall eine gute Entschuldigung sein würde. Wer konnte ihn dafür schon verantwortlich machen?

Die ersten Gefühle, die während unseres Gesprächs in Bill hochkamen, waren Gefühle des Burn-outs. Er hatte das Empfinden, dass er sich nicht weiter so stark unter Druck setzen konnte; er musste entweder einen anderen Job finden oder eine andere Art von Arbeit machen.

Während wir weiterredeten, tauchten in ihm tiefe Gefühle der Desillusion über seine Arbeit, seine Geschäftspartner und seine Lebensgefährtin auf. Bill konnte schon bald erkennen, dass diese Gefühle aus seiner Herkunftsfamilie stammten, weil seine Eltern viel gestritten hatten. Als wir noch tiefer gruben, konnte er sehen, dass all ihre Streitereien dadurch entstanden waren, dass seine Eltern sich vor Intimität fürchteten. Er erkannte, wie das ständig zur Uneinigkeit zwischen ihnen geführt hatte – mit der Folge, dass sich in der gesamten Familie Desillusionierung breit machte. Bill sah, dass dieselben Mechanismen auch in seinem Leben abliefen und dass seine eigene Furcht vor Intimität ihn dazu gebracht hatte, eine bestimmte Distanz zu den Menschen in seiner Umgebung zu halten. Als Folge dieser Distanz füllte er sein Leben mit Arbeit aus. Er trieb sich selbst so unablässig an, dass er sich im Hinblick auf seine Frau desillusioniert fühlte und sein Leben fahl schmeckte.

Nachdem wir dieses Muster in seinem Unterbewusstsein entdeckt und geheilt hatten, gelangten wir zur ersten Schicht des unbewussten Materials. Während wir über seine frühen Familienerfahrungen sprachen, erwähnte er seine schizophrene Schwester, die die Schattengestalt der gesamten Familie war. Wir sahen uns seine Vorfahren etwas genauer an und stellten fest, dass in den Familien beider Elternteile Geisteskrankheiten vorkamen. Während wir dieses Muster heilten, begannen wir mit der Arbeit an seinem eigenen inneren Schattenbild, das sich in seiner Schwester widerspiegelte. Wir fanden eine Reihe von Schattengestalten des »Verrückten« in seinem Inneren und integrierten sie, um seinen versteckten Selbsthass aufzulösen. Menschen, die solche Schatten haben, meinen, andere könnten sie nicht gern haben, wenn sie sie nur wirklich kennen würden. Das führt gewöhnlich zur Verdrängung der Schattengestalten und einer Furcht vor Intimität. Im Verlauf des Gesprächs fanden wir noch eine weitere unbewusste Dynamik, die das Schattenbild des »Verrückten« nährte. Es war eine unbewusste Schicht des Verdammens anderer. Wenn man einen anderen Menschen verdammt, dann verdammt man sich selbst. Bill grub eine Geschichte nach der anderen aus seinem Unbewussten aus, die sich alle darum drehten, dass er andere und damit letztlich sich selbst verdammt hatte und zu der Überzeugung gelangt war, er sei verrückt. Durch bewusste Wahrnehmung und Entscheidungen konnten wir diese alte Schicht des Verdammens transformieren und eine Segnung der Menschen in seiner Umgebung daraus machen.

Aber das war immer noch nicht die Wurzel des Problems. Noch tiefer aus dem Unbewussten tauchten traumähnliche Geschichten auf, in denen es darum ging, dass Bill verschiedene Gelübde abgelegt hatte, die tiefe Muster in seinem Leben erzeugten. Solche alten Gelübde können bisweilen zu einem unangemessenen Abwehrverhalten oder zur Engstirnigkeit führen. Ein Gelübde der

Armut, Keuschheit oder Rache beispielsweise, das wir in einem unbewussten Traum oder einem »früheren Leben« (je nachdem, mit welcher Metapher Sie sich wohler fühlen) abgelegt haben, kann sich auf unser gegenwärtiges Leben auswirken. Bei Bill hatte es dazu geführt, dass er sich von einem konzentrierten, zielbewussten Menschen in jemanden verwandelt hatte, der engstirnig war und andere verurteilte. Als Folge der Enttäuschung und der Gefühle des Mangels, die aus Bills »alten Gelübden« stammten, begann er, andere zu verdammen, und das führte schließlich zur Selbstverdammung. Sie wurde überdeckt von den Schattengestalten des »Verrückten« und der schmerzlichen Familiendynamik, aus der seine Furcht vor Intimität entstanden war.

Oberflächlich betrachtet, war Bill außerordentlich flexibel. Damit kompensierte er die Rechthaberei und Engstirnigkeit in seinem Inneren. Das erklärte auch, warum Bill mit seiner allgemeinen Umgänglichkeit und seiner lockeren Art nicht erfolgreicher war. Er hatte diese Eigenschaften mehr als Abwehr gegen sein Unbewusstes eingesetzt, als damit seinen Erfolg aufzubauen. Die meisten alten Gelübde, die Bill aus den Tiefen seines Inneren hervorholte, hatte er abgelegt, um anderen zu helfen und ihnen zu dienen. Nun trugen sie dazu bei, dass er das tiefe Gefühl hatte, sich aufopfern zu müssen, und ausgebrannt war. Aber diese Gelübde verhalfen ihm auch dazu, sich gegen etwas zu wehren, was noch tiefer lag, etwas Gutes und Mächtiges. Wir stellten fest, dass Bill die Gelübde nutzte, um einen Archetyp in seinem Inneren zu kontrollieren, den er wegen seiner Weiblichkeit und Macht besonders fürchtete. Es war der Archetyp der Göttin.

Als Bill diesen Archetyp schließlich anerkannte und sich nicht mehr vor seiner weiblichen Macht fürchtete, konnte er ein vollständiges Ego-Muster erkennen, das ihn veranlasst hatte, diesen Archetyp zu verdrängen. Als er schließlich den Mut fand, die Göttin in seinem Inneren zu umarmen und zu integrieren, entspannte er sich. Er hatte nicht mehr das Gefühl, er müsse seine Frau, seine Firma oder die ganze Welt auf seinen Schultern tragen. Seine tiefe Sehnsucht, anderen Menschen zu helfen, wurde durch die fürsorgliche, mitfühlende Energie der Göttin, die er jetzt ausstrahlte, befriedigt. Dadurch lösten sich auch die alten Gelübde auf, das Verdammen und der Rest des Musters, das ihn gefesselt und erschöpft hatte. Am Ende der Sitzung erklärte Bill, er fühle sich jetzt freier und unbeschwerter. Er hatte jetzt endlich das Gefühl, dass er sich entspannen und er selbst sein durfte.

Um die tieferen Schichten des Geistes aufzudecken, die wir gewöhnlich so gut vor uns selbst verbergen, müssen wir den Klienten von belastenden Themen befreien, die er nicht allein bewältigen kann.

2. Das Beziehungsmodell. Dieses Modell benutzt man am besten in Verbindung mit dem Projektionsmodell. Es basiert auf folgender Voraussetzung: Was auch immer in unserem Leben eintritt – Erfolg oder Versagen –, hat mit dem zu tun, was in unseren Beziehungen geschieht. Wir können unsere Erfahrungen durch Vergeben verändern; denn alle Probleme und Symptome sind das Ergebnis früherer und jetziger zwischenmenschlicher Themen und Prozesse; alle unsere gegenwärtigen Beziehungen, die mit einem negativen Aspekt behaftet sind, spiegeln nicht abgeschlossene Dinge aus früheren Beziehungen wider; alle unsere ernsthafteren Probleme repräsentieren negative Beziehungsmuster.

Unsere früheren und jetzigen zwischenmenschlichen Beziehungen repräsentieren auch Aspekte unseres eigenen Bewusstseins. Es sind die abgespaltenen, verurteilten und verdrängten Elemente unseres Geistes. Die Menschen in unserer Umgebung, einschließlich jener, die uns zum Opfer gemacht haben, stellen alle einen Aspekt dessen dar, wie wir uns selbst wahrnehmen.

Sie repräsentieren Persönlichkeiten, Rollen, Glaubenssätze und Selbstbilder, die sich in unserem Inneren befinden. Sie sind die Schauspieler in den Lebensgeschichten, die wir schreiben, und sie reflektieren die Vorstellungen, die wir über uns selbst haben.

Alle unsere Beziehungen – und damit auch alle unsere Probleme – repräsentieren unsere Beziehung mit Gott. Unsere Probleme drücken die Klagen und Angriffe aus, die wir gegen ihn richten. Wir geben ihm die Schuld für das, was in seinem Namen getan wurde. Auf Gott projizieren wir auch das, was wir selbst tun oder unterlassen, und wir machen ihn für die Folgen verantwortlich, die uns daraus entstehen. Unsere Beziehung mit Gott ist typischerweise der am tiefsten oder stärksten verdrängte Aspekt eines jeden Problems, das wir haben. Je tiefgreifender wir ein Problem heilen, desto nachhaltiger wirkt sich das auf die Welt aus. Im *Kurs in Wundern* heißt es: »Wenn du Millionen von Menschen helfen willst, dann verzeihe Gott!«

Indem Sie Ihrem Klienten erklären, dass seine Beziehungen der Schlüssel zu seinem Erfolg sind, ermächtigen Sie ihn, die Kraft der Transformation von Beziehungen dafür einzusetzen, dass es zu einem grundlegenden Wandel in seinem Leben kommt. In Verbindung mit dem nachfolgend beschriebenen Projektionsmodell kann dieses Konzept das persönliche und spirituelle Wachstum beschleunigen und dem Klienten zu mehr Erfolg im privaten und beruflichen Leben verhelfen.

Sara und Jack

Diese Geschichte ist ein gutes Beispiel dafür, wie die Klärung von Beziehungsproblemen eines Klienten sich direkt auf seinen Erfolg und sein Unternehmen auswirken kann.

Vor ungefähr zehn Jahren, als ich wieder einmal unterwegs war, baten mich Sara und Jack, ein Paar, das schon an mehreren Firmen-Workshops teilgenommen hatte, um eine individuelle

Coaching-Sitzung. Diesmal befanden sie sich in ernsten Schwierigkeiten. Er war Chef eines Familienunternehmens, und sie war gerade dabei, ihre eigene Firma zu gründen. Sie hatte eine Affäre, und es sah so aus, als würde die Ehe zerbrechen. Ihre Kinder waren sechs und acht Jahre alt.

Sie wussten, dass ich über Forschungsergebnisse referierte, bei denen es um Manager von *»Fortune-500«*-Unternehmen* ging, die einen wesentlichen Teil ihres Erfolgs der Tatsache zuschrieben, dass sie eine erfolgreiche Beziehung hatten. Ein gutes Beispiel dafür ist eine kleine Dienstleistungsfirma, die ihren Jahresgewinn von 250 000 Dollar für Produkte und Dienstleistungen auf 1,5 Millionen Dollar für Produkte allein steigerte. Dann hatte der Firmenchef, sehr zum Ärger seiner Frau, die Vizepräsidentin war, eine Affäre mit einer leitenden Angestellten. Im folgenden Jahr kam es zur Scheidung, und die Firma war nicht mehr erfolgreich.

Sara und Jack steckten in einer scheinbar ausweglosen Situation, und deshalb baten sie mich um Hilfe. Die Zeit reichte, um mit jedem von beiden eine Einzelsitzung und abschließend eine gemeinsame Sitzung mit beiden zusammen durchzuführen.

Sara half ich vor allem dabei, ihre eigene Wahrheit zu finden, denn sie versuchte, sich zwischen ihrem Liebhaber und ihrem Ehemann zu entscheiden. Wie es in solchen Fällen häufig vorkommt, verfügte jeder der beiden über die Hälfte der Eigenschaften, die sie sich bei einem Partner wünschte, und das machte die Entscheidung so schwierig. Ich zeigte ihr vor allem, dass sie sich in ihrer Ehe und ganz allgemein in ihrem Leben in der toten Zone befand. In diesem Stadium gibt es viele Konflikte und manchmal auch Dreiecksbeziehungen. Ich empfahl ihr, vorläufig auf eine Entscheidung zwischen den beiden Männern zu verzichten,

* *Fortune* ist das älteste Wirtschaftsmagazin der USA und veröffentlicht jährlich eine Reihe von Listen, darunter »Fortune 500« mit den 500 gewinnstärksten amerikanischen Unternehmen (A. d. Ü.).

weil eine solche Entscheidung in dieser Situation ihre Entwicklung jahrelang blockieren würde. Ich schlug ihr vor, sich stattdessen ganz auf den nächsten Schritt zu konzentrieren – auf die Wahrheit und auf sich selbst. Das würde sie und die gesamte Situation nach vorn bringen. Wenn sie den Mut hätte, glücklich zu sein und wahrhaft zu lieben, würde sie dadurch zur Antwort finden und ihren wahren Partner erkennen.

Natürlich war Sara in ihren Freund verliebt, weil jede neue Beziehung den Reiz von Romantik und Sex ausstrahlt. Andererseits verband sie mit ihrem Mann, obwohl sich die Ehe gerade in der toten Zone befand, das gemeinsame Leben, das sie sich in den letzten neun Jahren aufgebaut hatten. Dazu gehörten viele wunderbare Erfahrungen, ein schönes Haus und die beiden Kinder. Sara konnte sich mit großer Aufrichtigkeit und Bereitschaft auf das nächste Stadium einlassen, besonders als ich ihr mit einigen Erfolgsgeschichten anderer, die ähnliche Schwierigkeiten überwunden hatten, Mut machte. Außerdem konnte ich ihre Motivation weiter steigern, indem ich ihr zeigte, dass, wenn sie sich wahrhaft auf den nächsten Schritt konzentrierte, sich niemand verletzt oder schuldig fühlen würde, auch nicht die Kinder. Was immer dabei herauskäme, es würde die Wahrheit für alle Beteiligten sein.

Anschließend half ich ihr, einige widersprüchliche Überzeugungen zu überwinden, die sie daran hinderten, sich ganz für ihre neue Firma einzusetzen, vor allem in Hinsicht auf ein ausgewogenes Verhältnis der Zeit, die sie zu Hause mit ihren Kindern verbrachte, und der Arbeit, die in der Startphase ihrer Firma nötig war. Wir gingen zurück zur Wurzel dieses Konflikts, der ein weiteres Symptom der toten Zone ist. Diese Wurzel lag in der Beziehung zu ihren Eltern und ihrer Überzeugung, dass sie nicht zu gleichen Teilen die Liebe von Vater und Mutter bekommen konnte. Wir transformierten eine Reihe von Mustern, die sich daran knüpften, und sorgten für einen Ausgleich. Anschließend bearbeiteten wir die Beziehung zu ihrem Vater, denn obwohl sie sich von ihm innig geliebt fühlte, hatte seine eigene Schwäche nur einen mittelmäßigen geschäftlichen Erfolg zugelassen. Sie erkannte, dass sie sich selbst unter Druck setzte, um seinen Mangel an Erfolg zu kompensieren. Wir konnten diese Haltung mit einer Übung zum Geben und Empfangen korrigieren. Sobald ihr klar geworden war, dass sie in ihrem Inneren über genau das Talent verfügte, von dem sie meinte, ihr Vater habe es ihr nicht gegeben, war es leicht für sie, ihrem Vater das zu schenken, wovon sie meinte, er habe es ihr vorenthalten. Sie erkannte, dass sich, vergraben unter den Gefühlen von mangelndem Erfolg, die sie von ihrem Vater geerbt zu haben glaubte, eine Gabe des Erfolgs befand, mit der sie ihn beschenken konnte. Als sie sich vorstellte, wie sie ihrem Vater dieses Geschenk des Erfolgs machte, fühlte sie sich glücklich und zuversichtlich; und dadurch löste sich das Gefühl auf, dass sie sich unter Druck setzen oder etwas beweisen musste.

In meiner Sitzung mit Jack arbeiteten wir daran, dass er Sara loslassen konnte (nicht »wegwerfen«) und sich nicht mehr an sie klammern musste. Dazu erklärte ich ihm, dass er durch Anklammern seine Chancen und seine Attraktivität für sie verminderte. Seine Bedürftigkeit würde sie abstoßen.

Nachdem er es geschafft hatte, sie loszulassen, zeigte ich ihm, wie er sich für eine erfolgreiche Kommunikation mit ihr öffnen konnte. Dann forderte ich ihn auf, sich voll auf Sara einzulassen, und erklärte ihm, die Dreiecksbeziehung sei dadurch entstanden, dass sie alle drei Angst vor Intimität und Erfolg hatten. Es gelang uns auch, ein ödipales Muster aus der Kindheit zu heilen, das mit zu der gegenwärtigen ödipalen Dreieckssituation beigetragen hatte. Als Folge davon gewann Jack an Zuversicht, Kühnheit und Attraktivität.

Als wir drei unsere gemeinsame Sitzung abhielten, ließ ich Jack und Sara daran arbeiten, ihr Konkurrenzverhalten aufzugeben, das die hauptsächliche Triebkraft ihrer Lethargie und ihrer ödipalen Konspiration bildete. Ich half ihnen dabei, alles loszulassen, was zwischen ihnen stand, und sich auf einer neuen Ebene der Intimität zu verbinden. Ich forderte sie auf, sich auf die gegenüberliegenden Seiten des Raumes zu stellen und aufeinander zuzugehen. Mit jedem Schritt teilten sie sich gegenseitig ihre Beschwerden, Urteile und Klagen mit. Und jedes Mal konnten sie diese Beschwerden, Urteile und Klagen loslassen und den nächsten Schritt aufeinander zugehen. Während sie das taten, waren sie fähig, sich auf eine völlig neue Ebene der Gleichberechtigung und Gegenseitigkeit einzulassen. Sie bewegten sich durch den Raum aufeinander zu, bis sie sich umarmten. Ihr Gefühl der Liebe füreinander war erneuert.

Fünf Monate lang sah ich die beiden nicht mehr, aber als ich danach wieder in die Stadt kam, berichteten sie mir von ihren neuen Erfolgen. Zehn Tage nach unserer letzten Sitzung hatte sich Saras Liebhaber aus eigenem Antrieb auf freundschaftliche Weise zurückgezogen. Geschäftlich ging es Sara und Jack hervorragend. Sara hatte gerade 250 Leute neu eingestellt, und das in einer Stadt, die finanziell so am Boden lag, dass alle anderen Firmen Stellen abbauten und Personal entließen. Jack war zum Vorsitzenden des städtischen Wirtschaftsrats gewählt worden. Er dachte darüber nach, in die Politik zu gehen, weil seine Firma fast von allein lief. Über das alles freute ich mich natürlich, aber was mich am meisten berührte, war das Foto, das sie mir schenkten; es zeigte die beiden, wie sie fröhlich mit ihren Kindern im Pool spielten.

Die Heilung von Beziehungen heilt Krankheiten

Diese Geschichte macht verschiedene Zusammenhänge deutlich. Zunächst zeigt sie, wie die Heilung von geistigen Konflikten gesundheitliche Probleme verändern kann. Zweitens erkennen wir, wie die Heilung von Familien- und Beziehungsmustern erhebliche Auswirkungen auf die berufliche Situation haben und dazu führen kann, dass man die Arbeit macht, zu der man sich berufen fühlt, statt das zu tun, wovon man meint, dazu verpflichtet zu sein.

Vor über zwanzig Jahren rief mich eine Frau an, die so krank war, dass sie es kaum schaffte, in mein Büro zu kommen. Beverly hatte sich bei ihrem Mann mit Aids angesteckt; seine eigene Infektion war das Ergebnis einer homosexuellen Affäre. Sie war Buchhalterin, hatte aber seit drei Wochen nicht mehr zur Arbeit gehen können. Wir beschlossen, einmal pro Woche eine Sitzung abzuhalten, solange ich in der Stadt war. Ich versprach, dass sie während einiger meiner längeren Reisen mit meiner Frau arbeiten könne, sodass sie ständig Unterstützung haben würde. Wir hatten nur drei Sitzungen, aber als ich abreisen musste, konnte sie schon wieder ins Büro gehen. Wir hatten an der unterbewussten Botschaft gearbeitet, dass ihre Krankheit den wichtigen Menschen in ihrem Leben etwas über ihre Beziehung zu ihrem Mann sagte. Ich fand heraus, dass sie gern malte, und so begann ich, ihr bei jeder Sitzung eine künstlerische Heilungsübung zu verordnen. Eine der Übungen bestand darin, ihre Krankheit, den Durchbruch zur Heilung und das endgültige Ergebnis zu malen.

Beverly war die Ernährerin in der Familie, und so war es gut, dass sie wieder arbeiten konnte, aber was sie im Büro erlebte, war sehr unangenehm für sie. Sie wurde behandelt wie eine Aussätzige. Niemand schenkte ihr Zeit oder Aufmerksamkeit, abgesehen von dem, was für den Job unbedingt erforderlich war.

Während der nächsten vier Monate arbeitete ich kontinuierlich mit Beverly, und wir begannen, uns mit ihrer Kindheit sowie ihren Beziehungen zu ihren Kindern und Exmännern zu beschäftigen. Daraufhin verbesserte sich ihr Gesundheitszustand beträchtlich. Es ging ihr so gut, dass ihre Ärzte sie schließlich nicht mehr als »aidskrank«, sondern »nur« noch als »HIV-positiv« bezeichneten. In relativ kurzer Zeit war Beverly im Büro auch von der »Aussätzigen« zur beliebtesten Kollegin geworden. Danach beschäftigten wir uns noch eingehender mit tieferen Kindheitsmustern und Beziehungsproblemen aus ihren früheren Ehen. Während dieser Zeit wurde Beverly zur Büroleiterin befördert, und ihr Chef wollte jeden Tag mit ihr zum Lunch gehen …

Während der letzten Monate unserer Arbeit wirkte Beverly gesund und voller Leben. Sie stand kurz davor, ihren Job zu kündigen und an die Küste zu ziehen. Sie verließ ihren Mann und gab ihren Beruf auf, um ein Kunststudio zu leiten, was ihr die Möglichkeit eröffnete, den größten Teil des Tages zu malen. Sie war glücklich, gesund und folgte ihrem Traum.

Beverly blieb neun Jahre gesund. Als sie mich dann wieder anrief, hatte sie erneut das Vollbild von Aids. Wir begannen mit telefonischen Sitzungen, wenn ich in der Stadt war, und manchmal arbeitete sie mit meiner Frau, wenn ich verreisen musste. Nach vier Monaten war sie wieder gesund und auf den Beinen. Während dieser Zeit hatten wir an ihren früheren Beziehungen gearbeitet, um sie auf eine höhere Ebene der Heilung zu bringen. In diesen vier Monaten hatte sie sich frisch verliebt, und nun war sie gesund genug, um mit ihrem neuen Freund eine Kreuzfahrt zu unternehmen. Beverly hatte wieder zurück ins Leben gefunden.

3. Das Projektions- oder Spiegelmodell. Dieses Konzept ist das Herzstück der Lehren der Psychologie der Vision. Es eignet sich hervorragend, um Menschen über Probleme hinwegzuhelfen, während sie damit beginnen, die Kraft zur inneren Selbstveränderung zurückzugewinnen, um auf diese Weise ihr äußeres Leben zu transformieren. Im Kern geht es bei diesem Konzept darum, dass die äußeren Ereignisse in unserem Leben auf das hinweisen, was in unserem Inneren geschieht. Die äußeren Ereignisse spiegeln innere Entscheidungen, Selbstbilder und Persönlichkeitsanteile wider. Menschen und Situationen, die uns am nächsten sind, werden Spiegel für uns, aber auch globale Ereignisse können uns zeigen, wo wir Problemfelder und unangemessene Selbstbilder haben, die in den unbewussten Teilen unseres Geistes wurzeln.

Das wurde mir zum ersten Mal im Jahr 1975 klar, als ein Seemann zu mir kam und in den ersten beiden Sitzungen seiner Rehabilitation von seiner Angst vor einem atomaren Holocaust und einem nuklearen Winter sprach. Diese Ängste waren bei ihm so ausgeprägt, dass seine persönlichen Probleme vergleichsweise belanglos erschienen.

Plötzlich hatte ich die Intuition, dass er eine innere Erfahrung beschrieb. Als ich ihn aufforderte, sich weiter mitzuteilen, entdeckte ich, dass er schwere Depressionen hatte und gelegentlich sogar an Selbstmord dachte. Es gelang mir, den genauen Punkt in seinem Leben zu finden, an dem die Depressionen begonnen hatten. Als wir diese bearbeiteten und heilten, änderten sich allmählich seine gesamte Weltsicht und seine Erfahrungen. Die Furcht vor einem Atomkrieg war kein Thema mehr für ihn. Am Ende der uns zustehenden Therapiezeit von zwei Monaten erlebte er einen inneren und äußeren Frühling. Glück, Begeisterung und Lebensfreude waren wieder zu ihm zurückgekehrt. Damals habe ich zum ersten Mal erkannt, wie eng die inneren persönlichen Erfahrungsebenen mit den äußeren globalen verbunden sind.

In der Projektionsübung führen Sie Ihren Klienten durch folgende Schritte:

1. *Der erste Schritt* besteht darin, den Aspekt aufzudecken, der uns Sorgen macht.

2. *Der zweite Schritt* besteht darin, die Projektion zurückzunehmen.

3. *Im dritten Schritt* überprüfen wir, ob wir dasselbe tun, was wir bei anderen verurteilt oder auf sie projiziert haben, oder ob wir das niemals tun würden – oder beides. Wenn wir das, was wir bei anderen verurteilt haben, niemals tun würden, dann können wir daraus schließen, dass wir es in unserem Selbstbild kompensiert und eine Rolle darüber gestülpt haben. Jede Belohnung für dieses gute Rollenverhalten gilt nicht uns, sondern unserer Abwehrhaltung, und noch immer strafen wir uns selbst für dieses Selbstbild.

4. *Im vierten Schritt* erkennen wir, dass wir uns unabhängig von unserem Verhalten – ob wir nun kompensieren oder einfach dasselbe tun und es auf andere projizieren – weiterhin selbst quälen.

5. *Im fünften Schritt* entscheiden wir, ob wir uns weiterhin selbst foltern oder lieber der betreffenden Person oder Situation durch unsere energetische Unterstützung helfen wollen. Wenn wir uns entschließen zu helfen, senden wir ihnen unsere Energie, was dazu führt, dass sich die Wahrnehmung/Projektion auflöst und dass wir wie auch das zuvor Projizierte in den Flow gelangen. Anschließend nehmen wir uns die nächste Schicht des Problems oder der Verurteilung auf dieselbe Weise vor. Alles, was weniger ist als vollkommene Liebe oder Erfolg, spiegelt unsere Beurteilungen wider. Die Fähigkeit, sie zurückzunehmen und unsere eigenen Selbstbilder und Glaubenssysteme zu heilen, ist der Schlüssel zur Transformation unserer Probleme und unseres Lebens. Wenn Ihr Klient das versteht, wird er seine Beziehungen als Werkzeug für Veränderungen und Erfolg nutzen können.

4. Das Transferenzmodell und intuitive Methoden. Dieses Modell wird in der traditionellen Psychiatrie häufig benutzt. Es bedeutet, dass alles, was im Leben eines Klienten geschieht, einen Hinweis auf frühere Konflikte darstellt. Ich habe dieses Modell bei meiner eigenen Arbeit entdeckt, bevor ich noch wusste, dass es in der Psychiatrie benutzt wird. Ich fand heraus, dass sich das Problem bereinigte, wenn ich zu seiner ursprünglichen Wurzel zurückkehrte und diese auflöste. Dadurch ließen sich große Probleme rasch transformieren. Damals hatte ich schon die intuitive Methode entwickelt, mit der man das Ego und den bewussten Geist umgeht. Ich stellte fest, dass sie bei Menschen funktionierte, die unter Epilepsie litten, und auch bei Patienten, die durch Elektroschocks einen großen Teil ihrer Erinnerungen verloren hatten.

Diese Methode eignet sich hervorragend zur Bereinigung großer chronischer Probleme und negativer Verhaltensmuster. Sie war eine der ersten Methoden, die ich entwickelte. Man kann sie statt der Hypnose einsetzen, um den bewussten Geist zu umgehen. Ich habe sie entdeckt, nachdem ich während meines Promotionsstudiums an einem Kurs in Hypnotherapie teilgenommen hatte. Sie ist eine große Hilfe, um zur Wurzel eines Problems vorzudringen.

Bei der intuitiven Methode stellen wir die Fragen einfach auf eine Weise, die es dem Klienten erlaubt, sein Alltagsbewusstsein zu umgehen, beispielsweise durch Formulierungen wie: »Falls du die Antwort wissen könntest, wie würde sie lauten?« – Hier sind einige Beispiele:

- »Falls du wissen könntest, wie alt du warst, als diese Falle begann, dann war es wahrscheinlich im Alter von …?«
- »Falls du wissen könntest, wer daran beteiligt war, dann war es wahrscheinlich …?«

- »Falls du wissen könntest, was sich abgespielt hat, dann war es wahrscheinlich etwas wie …?«
- »Falls du wissen könntest, wie sich das auf dich ausgewirkt hat, dann war es wahrscheinlich …?«
- »Falls du wissen könntest, welches Jahr das beste in deinem Leben war, dann war es im Alter von …?«

Blockiert wird die intuitive Methode nur, wenn man versucht, über die Frage *nachzudenken*. Denken und Erinnerungen sind Hausgäste des Egos und werden das Ego folglich nicht betrügen. Lassen Sie den Klienten spontan innerhalb der ersten Sekunden antworten. (»Falls du keine Antwort findest, dann rate einfach …«) Wenn es länger dauert, denkt er nach.

Wenn Ihr Klient die letzte Frage mühelos beantwortet hat, dann ist er bereit für weitere. Wir alle nutzen unsere Intuition den ganzen Tag über, und deshalb sollte es ziemlich leicht sein.

Es handelt sich hier um eine einfache Methode, die mir geholfen hat, die unterbewussten und unbewussten Anteile des Geistes zu erforschen und das Dreiecksmodell zu entwickeln.

Manchmal ist das, was dabei an die Oberfläche kommt, nicht genau das, was geschehen ist, sondern einfach so, wie wir es im Gedächtnis haben. Auch Traumbilder und Phantasien, die wir verdrängt haben, tauchen plötzlich auf, als seien sie real. Da es im Kern um die Transformation geht, ist es nicht so wichtig, ob es sich im buchstäblichen Sinne um die Wahrheit handelt. Solche Bilder sind die psychologische Wahrheit, und sie haben uns und unser Leben programmiert.

Außerdem sollten Sie wie immer bei der Arbeit mit Ihrem Klienten daran denken, dass alles, was er sagt, sich auch auf Sie und Ihr Verhältnis zu ihm bezieht. Das zeigt die zentralen Themen, die Fortschritte im Prozess der Entfaltung verhindern.

Und dieser Prozess ist der wichtigste Aspekt der Transformation. Wenn er gut läuft, wird es Fortschritte bei der Transformation und im Wachstum geben.

Er war gequält worden

Ich arbeitete einmal während eines Wirtschaftsseminars mit einem Mann namens Terry. Er hatte gerade eine größere geschäftliche Niederlage erlitten und saß nun ohne Geld und ohne Hoffnung da. Indem wir seine Intuition nutzten, gingen wir zurück zu der Zeit, in der dieses Muster begonnen hatte. Diese Sitzung macht deutlich, wie tief man mit der intuitiven Methode in bestimmte Bereiche des Geistes vordringen kann, um Probleme aufzudecken und zu heilen.

Terrys Intuition führte uns in eine Zeit, als er vier Jahre alt war und seine Eltern ihn nicht nur geneckt, sondern ernsthaft gequält hatten. Er berichtete, es habe solche Situationen häufig gegeben. Sie machten ihn lächerlich und waren boshaft, und das entmutigte ihn vollständig. Er begann zu glauben, dass seine Eltern ihn nicht liebten oder wollten, weil sie ihn so behandelten. Das ließ seinen so sensiblen jungen Geist erheblich leiden. Es war der Anfang einer Konstellation aus Furcht, Verletzung, Schuldgefühlen, Befangenheit und Scham, die sich von nun an durch sein Leben zog. Terry war erst vier Jahre alt, als er begann, seine gewalttätigen Impulse zu unterdrücken – den Wunsch, sich selbst, seine Eltern und Gott zu töten.

Während wir daran arbeiteten, brach enorm viel Wut und Gewalt aus ihm heraus. Weil er sich davor gefürchtet hatte, diese Gefühle auszudrücken, hatte Terry sie alle gegen sich selbst gerichtet, was schließlich zu seiner geschäftlichen Niederlage führte.

In seiner gegenwärtigen Situation des Misserfolgs war Terry zu den ursprünglichen Gefühlen zurückgekehrt, die er damals als Kind gehabt hatte. Während wir unsere Arbeit fortsetzten, stellten wir fest, dass das, was ihm als Kind passiert war, aus einem Bereich seines Unbewussten stammte. Wir stießen auf eine Reihe von Idolen des Leidens. Ein Idol des Leidens ist ein verdrängter falscher Glaube, der besagt, dass Leiden uns retten oder glücklich machen wird. Idole wirken jedoch stets destruktiver als Abhängigkeiten, und sie können im Licht der bewussten Wahrnehmung und der Vernunft nicht bestehen. Sie sind darauf angewiesen, im Unbewussten zu bleiben. Von dieser tiefen Ebene der Verdrängung aus bringen sie viel Unglück und Schmerzen in unser Leben, erzeugen Trennung und bauen unser Ego auf. Wenn wir ein Idol des Leidens haben, können wir, wie Terry, leicht zu der Überzeugung kommen, dass wir einfach vom Unglück verfolgt werden.

In Terrys unterbewussten Familienmustern hatte er seit dem Alter von vier Jahren das Gefühl, bedrängt, missbraucht, hoffnungslos und ein ewiger Versager zu sein. Aber was ihm mit vier Jahren passiert war, wurde von etwas programmiert, was sehr viel tiefer und dunkler war, von einer falschen Entscheidung für ein Idol, das ein Leben voller Potenzial zunichte gemacht hatte. Ihm war jetzt absolut klar, dass er trotz aller Erfolge, die ihm beschieden waren, immer mit einem Gefühl der Niederlage und des Versagens durchs Leben gegangen war.

Als er sich dafür entschied, seine Idole des Leidens aufzugeben, konnte er sich selbst und seinen Eltern verzeihen. Endlich war er fähig, die Gaben der Unwiderstehlichkeit und des Erfolgs anzunehmen und zu erleben, die er während der ganzen Jahre in seinem Inneren unter den Idolen vergraben hatte. Endlich war er fähig, sich selbst und seine Eltern zu befreien, indem er diese Gaben mit ihnen teilte. Nachdem die Heilung vollendet war, empfand Terry große Erleichterung. Als er den Workshop verließ, sagte er, er könne in seinem Leben wieder Hoffnung empfinden.

5. Heilung der Rebellenmethode. Dieses Modell benutze ich, wenn ich schon eine Weile mit einem Klienten gearbeitet habe. Bei der Methode verwende ich das Transferenzmodell zum Auffinden der Wurzel des Problems in der Vergangenheit durch den Einsatz der intuitiven Methode (wie in Modell 4 beschrieben), wobei wir zunächst im Erwachsenenleben, dann in der Kindheit, bei den Vorfahren und schließlich in früheren Leben nach den Ursprüngen suchen. Dann führe ich das Problem auf eine tiefere Schicht des Unbewussten. Hier zeigt sich die tiefste Wurzel aller Probleme oder Muster als Teil des Autoritätskonflikts, vor allem in chronischen Fällen. Gepaart mit Übungen zum Geben und Empfangen oder Techniken des Scheidewegs, bringt diese Methode Glück, Freude, Unschuld, Liebe und die Erfahrung der Lebendigkeit. Manchmal heile ich jedes Problem, so wie es an die Oberfläche kommt, oder ich gehe einfach in tiefere Schichten, wodurch sich die darüber liegenden Schichten von selbst auflösen.

Die folgenden vier Stadien intuitiver Befragung können Sie einsetzen, um die tiefen Wurzeln von Problemen in diesem Bereich des Geistes aufzudecken. Die Fragen geben Ihnen Zugang zu gut verborgenen Wurzeln aus verschiedenen Teilen des Geistes, sodass Sie diese transformieren und Ihrem Klienten helfen können, neue Entscheidungen zu treffen:

1. »Falls du wissen könntest, wo die Wurzeln des Problems in deinem Leben als Erwachsener begonnen haben, dann war das wahrscheinlich im Alter von …?«
   »Falls du wissen könntest, wer damals bei dir war, dann war das wahrscheinlich …?«
   »Falls du wissen könntest, was damals geschehen ist und einen Teil der Wurzel dieses Problems bildet, dann war das wahrscheinlich …?«

2. »Falls du wissen könntest, wo die Wurzel dieses Problems in deiner Kindheit begann, dann war das wahrscheinlich …?«
»Falls du wissen könntest, wer damals bei dir war, dann war das wahrscheinlich …?«
»Falls du wissen könntest, was damals geschehen ist, dann war das wahrscheinlich …?«

3. »Falls du wissen könntest, ob dieses Muster von der mütterlichen oder väterlichen Seite deiner Familie weitergegeben wurde, dann war es wahrscheinlich …?«
»Falls du wissen könntest, wie viele Generationen der Anfang zurückliegt, dann war das wahrscheinlich …?«
»Falls du wissen könntest, was weitergegeben wurde, dann war das wahrscheinlich …?«
»Was war die Gabe oder waren die Talente, die du auf einer Seelenebene mitgebracht hast, um deine Eltern und Vorfahren zu befreien, falls du das wissen könntest: …?«
»Nimm diese Gabe jetzt an. Erfülle deine Eltern mit dieser Gabe. Gib sie nun weiter an die gesamte Seite der Familie und befreie alle Vorfahren mit dieser Gabe. «

4. »Falls du wissen könntest, in welchem deiner früheren Leben die Wurzel des Problems liegt, dann war es ein Leben, das du in dem Land verbracht hast, das heute … genannt wird.«
»Falls du wissen könntest, ob du damals ein Mann oder eine Frau warst, dann warst du wahrscheinlich …?«
»Falls du wissen könntest, was damals geschehen ist und die Wurzel dieses Musters hervorgebracht hat, dann war das wahrscheinlich …?«
»Falls du wissen könntest, welche Lektion du lernen wolltest, indem du dich für diese Art von Leben entschieden hast, dann war das wahrscheinlich …?«

»Falls du wissen könntest, welche Gabe du in dieses Leben mitgebracht hast, um anderen zu helfen, dann war das wahrscheinlich …?«

»Stell dir dich selbst vor, von Kindheit an, wie du diese Gabe öffnest, sie annimmst und mit allen Menschen teilst, mit denen du in diesem Leben Kontakt hast.«

Die nächste Ebene enthält die tiefsten Fallen des Unbewussten: Elend, Agonie und Qual, um nur einige der schmerzlichen Emotionen zu nennen, die man hier erlebt, außerdem chronische Schuldgefühle, Wutanfälle, Schattengestalten, dunkle Geschichten, Konspirationen, Idole und den dunklen übernatürlichen Rückstand in diesem Teil des Geistes. Wenn ich mit einem Klienten arbeite, nummeriere ich diese Themen gewöhnlich durch. Welche Ziffer(n) der Klient wählt, zeigt mir, wo er feststeckt. Dann mache ich ihm klar, wie er dieses schmerzliche Thema benutzt hat, um ein noch tiefer liegendes Problemfeld zu verbergen – das der Rebellion. Wenn es der Wunsch des Himmels ist, dass wir absolut glücklich sind, dann charakterisiert dies die frühesten Anfänge des Egos.

Ich bitte den Klienten dann, sich anzusehen, was ihm der Weg des Egos eingebracht hat – wie glücklich ihn die Entscheidung für diese Richtung gemacht hat. Und dann frage ich ihn, ob er das alles aufgeben und sich dafür entscheiden will, glücklich zu sein, dem Weg des höheren Geistes statt jenem des Egos zu folgen.

6. Das Verantwortungsmodell. Dieses Modell geht davon aus, dass alles, was uns passiert, das Ergebnis unserer eigenen Entscheidungen ist. Unsere kollektiven Entscheidungen haben die Welt hervorgebracht, in der wir gegenwärtig leben. Das ist ein mächtiges Prinzip, und dieser Weg eignet sich nicht für jeden.

Aber mit seiner Hilfe gelingt es, die Menschen aus ihrer Opferhaltung herauszubringen, welche die schwächste und schmerzlichste aller Einstellungen ist. Außerdem befreit diese Methode von Schuldgefühlen, weil sie uns die volle Eigenverantwortung für alles zuschreibt, was geschehen ist und geschieht. Sie geht davon aus, dass jeder Mensch verantwortlich und unschuldig ist. Denn wenn Sie jemanden beschuldigen (Ihre eigenen Schuldgefühle auf ihn projizieren), dann verstärken Sie Ihre eigenen Schuldgefühle. Wenn ein Klient die Verantwortung für sein Leben und Handeln übernimmt, dann können Sie ihn stärken und ihm helfen, die meisten Probleme zu transformieren.

In dem Film »What the Bleep do we (k)now!?«* erklären Quantenphysiker, wie wir unsere Wahrnehmung erzeugen und was wir durch unsere Entscheidungen erfahren. Ich habe bei meiner Untersuchung des Geistes und bei meiner Arbeit mit Klienten dasselbe festgestellt.

Wir wählen selbst unsere Realität und das, was uns geschieht. Den größten Teil dieser Information halten wir vor unserem Alltagsbewusstsein verborgen, und damit zerstören wir die Verbindung zu uns selbst. Verantwortlichkeit war das wichtigste Werkzeug, wenn ich Menschen helfen wollte, die schrecklichsten und lähmendsten Ereignisse zu transformieren. Ich habe mit Menschen gearbeitet, denen Entsetzliches geschehen war, und dabei beobachtet, wie sie sich befreien und zu ihrer Stärke finden konnten. Genau darum geht es bei der Eigenverantwortung. Sie ist eine große Hilfe, wenn man damit aufhören will, andere anzuklagen, weil man zum Opfer geworden ist, und wenn man die Klagen/Abhängigkeiten loswerden will, die dazu geführt haben, dass man zum Opfer wurde. Wenn es keine Kla-

* Etwa: »Was glauben wir eigentlich zu wissen?«, vgl. www.bleep.de.

gen mehr gibt, öffnet sich der Weg für Gnade, Veränderung und sogar Wunder.

Der Grund für die Existenz unseres unterbewussten/unbewussten Geistes liegt darin, dass es bestimmte Dinge gibt, die wir vergraben wollen, wobei wir von der Annahme ausgehen, dass die Welt uns nur als die Person identifiziert, als die unser bewusster Geist und unser Ego uns darstellen.

Als Coach müssen Sie vor allem erkennen, dass ein Mensch, der zum Opfer geworden ist, Liebe und Unterstützung braucht – und nicht jemanden, der versucht, den Psychologen zu spielen. Wenn der Klient später das erste Stadium hinter sich gebracht hat und *selbst* mehr in die Tiefe gehen und heilen *will*, können Sie ihn unterstützen, indem Sie ihm helfen, seine eigene Verantwortung in der Situation zu erkennen.

Bedenken Sie dabei, dass das Ego, wenn es aufhört, andere zu beschuldigen, zur Selbstanklage übergeht. Aber auch die eigenen Schuldgefühle entsprechen nicht der Wahrheit. Ich habe erlebt, wie Menschen, nachdem sie das Prinzip der Eigenverantwortung kennen gelernt hatten, ihre Freunde im Krankenhaus besuchten und sie fragten, warum sie sich das angetan hatten. Wäre ihnen klar gewesen, was Eigenverantwortung wirklich bedeutet, dann hätten sie gewusst, dass sie genauso für die Krankheit ihres Freundes verantwortlich waren wie dieser Freund selbst. Jeder ist verantwortlich, und niemand ist schuldig.

Eigenverantwortung zu verstehen, bedeutet, zu erkennen, dass alles, was wir zu tun meinen, was getan wird oder was in unserer Welt geschieht, einen bestimmten Sinn für uns hat. Es gestattet uns, zu tun, was wir tun wollen, oder es sorgt dafür, dass wir nicht tun müssen, was wir nicht tun wollen.

Eigenverantwortung ist das Gegenteil der Opferhaltung. Wenn wir die volle Verantwortung für unser Leben übernehmen könnten, dann wären wir erleuchtet. Wo Eigenverantwortung herrscht, gibt es kein Problem. Sobald wir die volle Verantwortung für ein Problem übernehmen, egal, wie groß es sein mag, können wir es unverzüglich an unseren höheren Geist weitergeben, damit es rasch gelöst wird.

Nachdem ich vor über dreißig Jahren die intuitive Methode entdeckt hatte, kamen mir immer wieder die Antworten in den Sinn, die mir meine Klienten gegeben hatten, und das führte mich schließlich zu der Erkenntnis, was Eigenverantwortung in Wahrheit ist. Nachfolgend werde ich einige der am weitesten verbreiteten Triebkräfte eines jeden Problems darstellen. Je größer das Problem ist, desto mehr ist es ein Versuch, uns vor unserer Lebensaufgabe zu verstecken. Nachdem ich mir zehn Jahre lang Antworten aus dem Unterbewusstsein angehört hatte, kam ich zu der Überzeugung, dass die Flucht vor unserer Lebensaufgabe aus Furcht vor der eigenen Unzulänglichkeit das Kernthema darstellt, um das herum unser Ego unsere psychische Struktur aufgebaut hat:

1. das Verstecken vor unserer Lebensaufgabe,
2. in das Ego investieren,
3. unabhängig werden,
4. die Ödipuskonspiration, deren Dynamik noch tiefer liegt,
5. ein Versuch, unsere Furcht zu schützen,
6. Schuld abtragen,
7. ein Versuch zu nehmen,
8. Mangel an Integrität,
9. Furcht vor Veränderung,
10. Belastungen,
11. Bedürfnis nach Schwierigkeiten,
12. zu viele Richtungen,
13. Erwartungen,
14. Druck auf sich selbst,

15. Machtkampf,
16. Überzeugungen,
17. Habgier,
18. Manipulation,
19. verborgenes Selbst,
20. Kompensation,
21. Transferenz (Übertragung),
22. Stress,
23. Autoaggression,
24. Mangel an Gleichberechtigung,
25. Aufopferung,
26. Furcht vor Verlusten,
27. Unterstützung des Egos,
28. Zorn,
29. Mangel an Selbsteinbeziehung,
30. Konkurrenz,
31. Furcht vor dem nächsten Schritt,
32. schlechte Einstellung,
33. Wertsysteme,
34. Klagen,
35. Beurteilungen,
36. in Konflikte investieren,
37. Furcht vor Versagen,
38. Furcht vor Erfolg,
39. Familienrollen,
40. Rückzug,
41. Perfektionismus,
42. Verlust von Verbundenheit,
43. sich selbst und andere kontrollieren,
44. ein Versuch, Aufmerksamkeit zu erlangen,
45. Rechthaberei,
46. Rollen,

47. Wertlosigkeit,
48. Angriff,
49. Schattengestalten,
50. Projektion,
51. Depression,
52. Konflikt,
53. Rebellion,
54. Rache,
55. Regeln,
56. Bedeutungslosigkeit.

In diesem Modell erkennen wir die versteckten Vorteile, die wir aus negativen Ereignissen ziehen. Zwar scheinen die Ergebnisse dieser negativen verborgenen Aspekte des Bewusstseins in gewisser Hinsicht für uns zu »funktionieren« (sie können beispielsweise unsere Rachegelüste befriedigen), aber sie werden uns niemals wirklich glücklich machen.

Es gibt verschiedene Möglichkeiten, diese verborgenen Aspekte der Ego-Strategien unseres Geistes aufzuspüren. Ich stelle hier eine Methode vor, die in der Psychologie der Vision häufig benutzt wird. Sie heißt das »Stell-dir-vor-dass-…-Spiel«.

Und so funktioniert sie: Führen Sie Ihren Klienten mithilfe der intuitiven Methode durch den Prozess. Fordern Sie ihn auf, sich ein Ereignis vorzustellen, das er nicht gewollt hat. Erklären Sie ihm, Sie wüssten, dass er es nicht wirklich gewollt hat, aber für diese Übung würden Sie von einer anderen Annahme ausgehen. Dann stellen Sie ihm die folgende Frage: »Wie kommt es, dass du dieses Ereignis gewollt hast?«

Für den Klienten liegt der Schlüssel darin, dass er seine Überzeugung aufgibt, er habe dieses Ereignis nicht gewollt. Fragen Sie ihn: »Warum könntest du dieses Ereignis vielleicht doch gewollt haben?« Um das Alltagsbewusstsein zu umgehen, fordern

Sie ihn auf, einfach das zu sagen, was ihm dazu spontan einfällt. Sie können auch die folgenden Fragen stellen:

- »Was hat dieses Ereignis dir erlaubt zu tun?«
- »Was musstest du aufgrund dieses Ereignisses nicht tun?«
- »Was hast du mithilfe dieses Ereignisses zu bekommen versucht?«

Die Antworten zeigen die verborgenen Gründe und Wünsche, die den Klienten in diesem Bereich zurückhalten.

Der »Lone Ranger«

Jack war psychologischer Unternehmensberater und Schulungsleiter an der Westküste. Einige Jahre lang hatte er hin und wieder mit mir gearbeitet, wenn sein Stress und seine Gefühle des Burnouts ihn zu überwältigen drohten. Eines Tages rief er mich an und bat um einen Termin, weil er sich in einem Zustand der Depression befand und unter Gefühlen der Unzulänglichkeit litt. Als wir schließlich unsere Sitzung durchführen konnten, sagte er, seine Depression sei in der Woche zuvor so stark gewesen, dass er sich vorgestellt habe, er würde einen Herzinfarkt bekommen und sterben, um endlich frei zu sein. Gerettet hatte ihn ein sehr erfolgreicher Kurs am Wochenende, den er mit einigen seiner Klienten durchführte. Er fühlte sich immer noch stark belastet, aber die Depression und die Gefühle der Unzulänglichkeit waren verschwunden. Er hatte jetzt den Eindruck, er könne wieder etwas besser mit der Last fertig werden, zu der sein Leben für ihn geworden war.

Diese Sitzung demonstriert unter anderem die Macht der Verantwortlichkeit und deren Schlüsselrolle beim Aufdecken der wahren Wurzeln von Problemen. Es geht um die Frage, warum wir wollten, dass bestimmte Ereignisse genau so eintreten.

In seinem letzten Kurs hatte Jack mit der Gruppe an persönlichen Mythen gearbeitet, einem Konzept, mit dem ich ihn vor einigen Jahren vertraut gemacht hatte. Persönliche Mythen sind mythologische Skripte, nach denen wir unser Leben als Kompensation für Kindheitstraumata unbewusst ausrichten. Das können Mythen sein wie Robin Hood, König Arthur, Christus, Dschingis-Khan, Cinderella, Johanna von Orléans und so weiter. Sogar die scheinbar erfolgreichsten persönlichen Mythen sind Abwehrhaltungen und können uns deshalb nie die Belohnung für all unsere harte Arbeit gewähren. Manche persönlichen Mythen sind überhaupt nicht erfolgreich. Beispielsweise kannte ich einmal einen Geschäftsmann, dessen persönlicher Mythos Blackbeard, der Pirat, gewesen war und der sein Unternehmen entsprechend geführt hatte. Sein Ende war nicht ganz so dramatisch und endgültig wie das von Blackbeard, aber immerhin verlor er seine Firma.

Es stellte sich heraus, dass Jacks persönlicher Mythos der von »Lone Ranger« war. Dies ist die Geschichte eines Helden, der ein Texas Ranger gewesen war, bis seine gesamte Truppe von Gesetzlosen ausgelöscht wurde. Er selbst war verwundet, wurde aber von einem Indianer, Tonto, gerettet, der anschließend als sein Gefährte mit ihm durchs Land zog. Sie vollbrachten gute Taten und kämpften gegen böse Gauner. »Lone Ranger« trug stets eine Maske, damit ihn niemand erkannte. Er ritt immer davon, bevor ihm jemand danken konnte. »Wer war der maskierte Mann?«, fragten die Leute regelmäßig, wenn »Lone Ranger« und Tonto am Ende ihrer Vorstellung in der Ferne verschwanden.

Jack war Witwer, lebte aber seit sieben Jahren mit seiner Freundin zusammen. Diese Freundin hatte jetzt verschiedene gesundheitliche Probleme. Nach einer schwierigen Kindheit führte sie ein sehr unabhängiges Leben, bevor sie zu Jack gezogen war. Sie hatten gute Zeiten miteinander gehabt, aber beide mussten in ihrer Beziehung mit Unabhängigkeit und emotionaler Distanz kämpfen. Jacks Freundin konnte sich sehr kalt und distanziert verhalten, vor allem wenn Jack beruflich einige Zeit unterwegs gewesen war und dann zurückkehrte.

Jack beschrieb sich selbst als »Klette«, weil er sich immer wieder aufopferte, sich nicht abgrenzen konnte und in Koabhängigkeiten geriet. Er hatte das Gefühl, niemals ein glückliches Leben führen zu können oder genug Zeit für sich selbst zu haben, weil er sich ständig um die Bedürfnisse anderer Leute kümmerte. Jack steckte in einem Teufelskreis von Unabhängigkeit/Aufopferung/Schwelgerei. Er hatte das Gefühl, andere Menschen zu brauchen, und das machte es ihm sehr schwer, wirklich unabhängig zu sein. Infolgedessen fühlte er sich von Zeit zu Zeit ausgebrannt, überwältigt von den Opfern, die er bringen zu müssen meinte, um anschließend wieder eine unabhängige Phase zu erleben.

Da Jack und ich schon ziemlich viel zusammengearbeitet hatten, konnte ich ihm eine »Verantwortlichkeits«-Frage über seine heftigste Beschwerde stellen. Ich sagte ihm, er solle sich vorstellen, er wünsche sich seine Freundin kalt und distanziert, wenn er von seinen Schulungen zurückkehrte. Auf welche Weise würde ihm das helfen?

Er antwortete: »Ich muss mich nicht auf sie einlassen oder ihr zuhören. Ich kann tun, was ich will.«

Jack hatte häufig Phantasien darüber, dass er einen radikalen Schnitt in seinem Leben machen, an die Ostküste ziehen und noch einmal ganz von vorn beginnen könnte. Ich machte ihm klar, dass er sein Problem mitnehmen würde, denn sein Problem bestand darin, wie er dachte und handelte. Er sprach davon, dass er sich wegen dieser Geschichte wie »ein elender Schwächling« fühlte. Ständig sagte er den Leuten, er könne nicht den nächsten Schritt machen, könne nicht tun, was er wirklich wolle, weil er sich um so viele andere Menschen kümmern müsse. Er war es leid, sich selbst in seinem Leben nicht wichtig zu nehmen und das Gefühl zu haben, er müsse so viele andere »tragen«.

Ich fragte Jack, wie hoch die Last auf seinem Rücken sei.

Er sagte: »Zweieinhalb Meter plus meine Freundin.«

Bei unserer gemeinsamen Arbeit entdeckten wir, dass die Last eine Abwehrhaltung war, hinter der Jack eine völlig neue Ebene von Unwiderstehlichkeit verbarg, vor der er sich in Wirklichkeit fürchtete. Jack war unwiderstehlich für seine Freunde und die Leute, die in seine Workshops kamen, aber diese Gabe war ihm offensichtlich zu groß. Er war bei seinen Schulungen witzig und charismatisch, fürchtete sich aber davor, ein Star zu sein, weil das seinen Ruf verbessern und ihm noch mehr Klienten einbringen würde; und er dachte, das würde seine Last noch erhöhen. In unserer Sitzung konnte er die Gabe seiner neuen Attraktivität endlich annehmen. Ich ließ ihn mit der Energie dieser Gabe der Unwiderstehlichkeit seine imaginären Lasten berühren, und als er das tat, verschwanden sie. Dann forderte ich ihn auf, seine neu gewonnene Unwiderstehlichkeit mit seiner Freundin, seinem besten Freund und seiner Mutter zu teilen, weil sie alle in seinem Skript als »Lone Ranger« eine Rolle spielten.

Er begann, mit seinem persönlichen Mythos vom »Lone Ranger« zu arbeiten, der eine Kompensation für den Schmerz war, den er in seiner Kindheit empfunden hatte, wenn seine Eltern stritten. Damals hatte er das Gefühl gehabt, er selbst könne seinen Eltern nicht helfen, aber der »Lone Ranger« könne es. Persönliche Mythen lassen nicht zu, dass wir Belohnungen empfangen, weil sich alle unsere Anstrengungen nur darauf richten, Abwehrmauern aufzubauen.

Wir integrierten den »Lone Ranger« in den Schmerz seiner Kindheit, um eine neue Ebene von Zuversicht und Vollständigkeit zu erzeugen.

Dann erinnerte ich Jack erneut an seine »Verantwortlichkeit«

und fragte ihn, welchen Vorteil er aus seiner aktuellen Situation zog. Nachdem Jack erst einmal erkannt hatte, dass er nicht das Opfer war, sondern die Situation tatsächlich selbst zu einem bestimmten Zweck geplant hatte, war er auch motiviert, seine Klagen aufzugeben und stattdessen nach einem Ausweg zu suchen. Wir setzten dann das Prinzip der Gaben ein: Hinter jedem Problem steckt eine Gabe, ein Talent, eine Fähigkeit. Je größer das Problem, desto größer die Gabe. Ein Problem ist eine Abwehrmauer gegen die Gabe, weil wir uns davor fürchten, begabt zu sein, uns »zu zeigen« und unseren Lebenssinn zu verwirklichen, zu dessen Schlüsselfunktionen es gehört, dass wir unsere Fähigkeiten entwickeln und sie einsetzen, um uns selbst und anderen zu helfen.

Hinter jedem Problem steckt ein Talent. Dieses Talent zu finden – und anzunehmen –, ist einer der leichtesten Wege zur Überwindung der Schwierigkeiten. Jack überwand seine Lethargie; dieser Problemkreis gehört für Menschen in leitenden Positionen zu den größten Minenfeldern. Angesichts der zahlreichen Schichten von Lethargie, die in diesem Wachstumsstadium geheilt werden müssen, war davon auszugehen, dass er später noch häufiger mit ähnlichen Schwierigkeiten zu kämpfen haben würde, aber dies war ein großartiger Anfang für ihn.

7. Das Talentemodell. Dieses Modell habe ich vor achtzehn Jahren entdeckt, als ich die familiären Triebkräfte und damit verbundenen Konspirationen untersuchte. Die Familienkonspiration ist eine der besten Fallen, die das Ego aufgebaut hat, um sich selbst aufzublähen, und ich habe fast siebzehn Jahre gebraucht, um das Unterbewusstsein zu verstehen und Methoden zu finden, die während der Heilung von Beziehungstraumata und den von ihnen erzeugten familiären Fallen größere Veränderungen herbeiführten.

Hinter jedem Trauma, jeder Falle und jedem Problem steckt ein Talent, dessen Potenzial darauf wartet, realisiert zu werden. Zu diesem Zweck muss das Problem aufgelöst werden, denn es existiert nur deshalb, weil es das Talent verbergen soll. Das Problem wurde erzeugt, um unser Ego zu stärken, das Prinzip der Trennung, Konkurrenz und Besonderheit.

Jedes Problem verbirgt also ein Talent, und die Größe des Problems zeigt uns die Größe der Begabung. So verbirgt beispielsweise das Missverständnis, sich unerwünscht zu fühlen (was eine Projektion ist), die Gabe der Unwiderstehlichkeit. Die »Ich-habe-ihr-Leben-ruiniert-Konspiration« verbirgt neben der Unwiderstehlichkeit die Gabe des Erfolgs und der Fülle. Hinter sexuellem Missbrauch versteckt sich eine Gabe der Sexualität, der sexuellen Führerschaft oder die Fähigkeit eines sexuellen Heilers zusammen mit einigen anderen Talenten, die speziell dazu dienen, den Missbrauch zu heilen und der Familie zu helfen.

Sobald wir uns die Gabe zu Eigen machen, können wir sie in unserer Vorstellung jedem schenken, der bei diesem Trauma Teil der Situation oder des Missbrauchs war, bevor das Ereignis stattfand. Dadurch wird stets das Trauma, das eine Ego-Lösung war, geheilt und transformiert. Sobald wir diese Gabe mit einer Person geteilt haben, die an der Wurzel des Problems eine wichtige Rolle spielte, wird uns klar, dass wir dieses nun erkannte Talent, das Teil unserer Lebensaufgabe ist, jetzt mit allen Menschen teilen können.

Manchmal setze ich die intuitive Methode ein, um an die Wurzel des Problems zu gelangen, das ja nicht zufällig aufgetreten ist, sondern gewöhnlich auf ein selbstzerstörerisches Muster hinweist. Unser Lebenssinn dreht sich darum, dass wir alle unsere Talente in dieser Welt verwirklichen. Wenn wir das getan haben, wird uns unsere Vergangenheit wie ein einziger Segen vorkommen, und unsere Zukunft wird rosig sein.

Versagen der Vorfahren und Selbstliebe

Daniel hatte ein neues Unternehmen gegründet, nachdem seine vorherige Firma zwei Jahre zuvor in einem Bankrott untergegangen war. Zu Beginn unserer Sitzung sprach er davon, wie sehr ihm in dieser schwierigen Zeit die zärtliche Zuwendung seiner Frau geholfen hatte, seinen Misserfolg zu überwinden. Er berichtete, wie er als Ältester gern etwas für seine jüngeren Brüder tun würde, die ebenfalls nicht erfolgreich waren. Seine Geschichte illustriert, in welchem Ausmaß das energetische Geben unserer Talente Schmerzen und Misserfolge transformieren kann, selbst wenn sie weit über die Generation unserer Eltern in die Vergangenheit zurückreichen.

Daniel erzählte, seine Eltern hätten die meiste Zeit gestritten und sein Vater sei ein Alkoholiker gewesen, der auch körperlich gewalttätig wurde. Wenn der Vater getrunken hatte, geriet er in heftigen Zorn und schlug Daniel und seine Mutter. Oft griff Daniel ein, wenn seine Eltern stritten, oder er warf sich zwischen seinen Vater und seine Brüder, um den Zorn des Vaters auf sich zu lenken und seine Mutter und die Brüder vor den Schlägen zu schützen. Als ich ihn fragte, woher all die Misserfolge im Leben seines Vaters stammten, antwortete er: »Es hat schon Generationen vorher begonnen.«

Daniel berichtete, wie er bei der Rückkehr von seiner Grundausbildung einen der Gewaltausbrüche seines Vaters beendet hatte. Am nächsten Tag war sein Vater gestorben. Wenn er seine Wut nicht nach außen abreagieren konnte, dann richtete er sie nach innen. Sein Vater, so erzählte Daniel, sei niemals bei irgendeiner Arbeit erfolgreich gewesen, und wie bei einem Familienfluch sei es den Brüdern des Vaters ganz ähnlich ergangen.

Die Heilungsübung war sehr schlicht. Daniel sollte durch den Raum gehen, um seine Seelengabe der Selbstliebe zu umarmen, die das Mittel gegen die über Generationen währenden Misserfolge der Familie war. Er sollte diese Gabe mit seinem Vater teilen und sie dann an alle seine Vorfahren weiterreichen, um sie von ihren negativen karmischen Mustern zu befreien.

Während Daniel durch den Raum ging, brach er schluchzend in einem Weinkrampf zusammen. Er weinte so heftig, dass er nicht aufstehen konnte und von drei starken Männern gestützt werden musste. Unter zornigen Schreien brach der emotionale Schmerz aus ihm heraus, der sich durch die körperliche Gewalt und die dunkle Familiengeschichte in ihm aufgestaut hatte. Schließlich schaffte er es, seine Gabe der Selbstliebe zu erreichen. Viele andere Teilnehmer des Workshops weinten inzwischen ebenfalls, und einige von ihnen stießen ähnlich wie Daniel laute, herzzerreißende Schreie aus. Wir hielten Daniel aufrecht und stützten ihn, sodass er jeden Schritt machen konnte, sobald er sich dazu bereit fühlte. Schließlich gelang es ihm, seine Gabe der Selbstliebe zu umarmen. Sie wartete auf ihn in Gestalt einer Frau, die genauso freundlich und mitfühlend war, wie Daniel seine Ehefrau beschrieben hatte. Als er bei ihr ankam, waren Daniel und die Männer, die ihn stützten, körperlich und emotional völlig fertig. Unsere Hemden waren zerknautscht und durchgeschwitzt. Nasse Taschentücher markierten den Weg, den Daniel gegangen war, um die Gabe der Selbstliebe zu erreichen.

Der Weg zu seinem Vater war weniger dramatisch, aber Daniel war genauso mit dem Herzen dabei. Während immer neue Schichten von Zorn und Schuldgefühlen aus ihm herausbrachen, konnte er endlich die tiefe Liebe spüren, die er für seinen Vater empfand. Er teilte seine neu gefundene Seelengabe der Selbstliebe mit seinem Vater. Und wie es so oft in einem Workshop geschieht, hatte der Mann, der bei dieser Übung die Rolle des Vaters spielte, eine ähnliche Geschichte mit seinem eigenen Vater erlebt. Vater und Sohn umarmten sich und hielten sich gegenseitig, während Daniel seine Selbstliebe auf den Vater übertrug. Anschließend gab er sie an jede vorherige Generation weiter, bis das Erbe der Misserfolge endgültig aufgelöst war.

Am Ende der Übung sprangen die Leute spontan von ihren Stühlen auf, umringten Daniel in der Mitte des Raums, lachten, weinten Tränen der Dankbarkeit und umarmten sich gegenseitig.

8. Das Scheidewegmodell. Dieses Modell habe ich im letzten Jahr mit großem Erfolg eingesetzt. Es funktioniert sehr einfach. Jeder Rückschlag ist das Ergebnis einer falschen Entscheidung an einem Scheideweg unseres Lebens. Ich habe entdeckt, dass wir vor dem Auftreten eines Traumas oder eines Problems jeweils an einen Scheideweg in unserem Leben gekommen sind. Wir hatten die Wahl, dem Pfad unseres Egos oder unseres höheren Geistes zu folgen. Wenn anschließend ein Problem auftritt, haben wir offensichtlich den Fehler gemacht, dem Pfad unseres Egos zu folgen.

Bei der Anwendung dieses Modells habe ich, natürlich intuitiv, festgestellt, dass das Ego lügt und betrügt, indem es Versprechungen macht, die es nicht halten kann oder will. Es bietet uns auch Dinge an, die uns nicht glücklich machen, beispielsweise, uns zu verstecken, uns klein zu machen oder uns die perfekte Entschuldigung zu geben, sodass niemand je von uns erwarten würde, dass wir unsere Lebensaufgabe erfüllen.

Wenn ein Klient unter einem Problem leidet, dann sollte der Coach ihn mithilfe der intuitiven Methode an den Scheideweg zurückführen, wo er die falsche Entscheidung getroffen hat, und herausfinden, was in dieser Situation vor sich ging. Gewöhnlich frage ich die Menschen, was das Ego ihnen versprochen hat, damit sie seinem Weg folgten. Dabei stellen wir meist fest, dass das Ego sie in irgendeiner Weise belogen oder getäuscht oder ihnen etwas versprochen hat, beispielsweise Unabhängigkeit, die Möglichkeit, sich vor einem wichtigen Talent oder dem Lebenssinn zu verstecken, den eigenen Willen durchzusetzen oder Kontrolle auszuüben, dass es sie aber nie glücklich gemacht hat. Dann lasse ich sie neu wählen, denn sie wissen jetzt, dass sie damals dem Weg des Egos gefolgt sind.

Oft lasse ich die Klienten, nachdem ich sie an den Scheideweg zurückgeführt habe, die »Hand ihres Selbst« ergreifen, wenn sie ihre Entscheidung neu treffen. Diesmal folgen sie dann dem Weg ihres höheren Bewusstseins, machen sich die angebotene Gabe zu Eigen, teilen sie mit den Menschen in der gegebenen Situation, sodass auch diese befreit werden können, und schlagen nun den Weg des kreativen Geistes ein, dem sie bis in die Gegenwart folgen.

Er war erschöpft

Diese Geschichte illustriert, wie die Scheidewegmethode helfen kann, neue Entscheidungen zu treffen und sein Leben zu transformieren.

Johns Problem war offensichtlich, sobald er während eines Workshops darüber sprach: Er war erschöpft und steckte in der toten Zone fest. Seine Frau war vorübergehend arbeitslos, weil ihre Firma Stellen gestrichen hatte, und er musste den finanziellen Engpass auffangen. Das war kein allzu großes Problem für ihn, weil er ziemlich gut verdiente, aber der emotionale Aspekt machte ihm offenbar zu schaffen. Deshalb hatte er beschlossen, mehr zu arbeiten. Seine Frau, die nun viel Zeit zu Hause verbrachte, kochte für die Familie, kümmerte sich um die halbwüchsigen Kinder und beschäftigte sich damit, das Haus umzugestalten.

Er berichtete der Gruppe, er habe ungeheuer viel arbeiten müssen, um an diesem Workshop teilnehmen zu können. Am Vortag hatte er noch ein größeres Projekt fertig gestellt, sei dann zum Essen nach Hause gefahren, habe gepackt und sei am nächsten Morgen sehr früh aufgebrochen. Abends sei er eine Stunde zu spät aus dem Büro gekommen und dann zu erschöpft gewesen, um die Mahlzeit genießen zu können, die seine Frau für ihn gekocht hatte. Das hatte sie verletzt und eine entsprechende Reaktion ausgelöst, die genauso viel damit zu tun hatte, dass er am nächsten Tag zu diesem Workshop fahren wollte, wie damit, dass es ihm an Vitalität und Aufgeschlossenheit fehlte. Er hatte einfach nicht mehr die Kraft gehabt, sie zu trösten. Früh am nächsten Morgen war er losgefahren; die Zeit hatte gerade gereicht, kurz eine Tasse Tee zu trinken, seine Frau zu küssen und aus der Tür zu stürzen.

John hatte das Gefühl gehabt, er müsse zu diesem Workshop kommen. Dies war einer der zwei Orte, an denen er bei seinem hektischen Lebensstil überhaupt noch ein wenig Ruhe finden konnte. Seine Batterien waren leer. Es war der dritte Tag des Workshops, und er war der achte Teilnehmer, der nun im Mittelpunkt stand und als solcher Empfangen und Fülle repräsentierte. Er musste an das wunderbare Abendessen denken, das seine Frau für ihn zubereitet hatte und das er vor lauter Erschöpfung nicht essen konnte. Dabei wurde ihm klar, dass er seine Ausgangslage perfekt beschrieb: Er war so müde, dass er es sogar als Anstrengung empfand, etwas zu empfangen. Seine Kinder waren halb verärgert, halb besorgt über seinen Zustand. Obwohl er ziemlich erfolgreich war, erschöpfte sein Tempo auch die Menschen in seiner Umgebung, die versuchten, mit ihm Schritt zu halten.

Während wir an seinen Problemen arbeiteten, wurde klar, dass er als kleiner Junge innerlich zerbrochen war, was die Wurzel dafür bildete, dass er jetzt in der toten Zone feststeckte. Ich fragte ihn, ob er intuitiv wisse, welchen Anteil der toten Zone er bisher geheilt habe. Er antwortete, es seien nur ungefähr 20 Prozent, obwohl er schon so viel transformierende Arbeit dafür aufgewendet habe. Dann fragte ich ihn, wie alt er gewesen sei, als er innerlich zerbrochen war.

Er antwortete: »Drei Jahre alt.«

An diesem Punkt erkannte ich, dass er sich damals an einem Scheideweg befunden und den Weg des Egos eingeschlagen hatte. Ich fragte ihn, welchen Vorteil es ihm eingebracht habe, diesen Weg zu gehen und sich für so eine dramatische Zersplitterung seines Geistes zu entscheiden.

Er antwortete: »Es hat mich von meiner Kreativität und von meinem Lebenssinn fern gehalten, und ich konnte mich verstecken.«

Ich führte ihn zurück an den Scheideweg, an dem er im Alter von drei Jahren gestanden hatte. Er wählte unter den Teilnehmern des Workshops einen aus, der seinen Ego-Pfad und sein inneres Zerbrechen repräsentierte. Dann ließ ich ihn einen anderen Teilnehmer auswählen, der sein drei Jahre altes Selbst darstellen sollte, und einen dritten, der den Pfad des höheren Geistes und der Selbstintegration repräsentierte. Letztere stellt eins der Elemente dar, die, wenn wir sie uns voll zu Eigen machen, die tote Zone heilen.

John umarmte sein drei Jahre altes Selbst am Scheideweg, und dann forderte ich ihn auf, erneut seine Wahl zu treffen, welchen Weg er einschlagen wollte, wobei er ja schon wusste, was passiert war, als er sich für den Ego-Pfad entschieden hatte. Diesmal wählte er, mit seinem drei Jahre alten Selbst an seiner Seite, den Weg des höheren Geistes und umarmte die Gabe der Selbstintegration. Während er das tat, kam der Teilnehmer, der den Ego-Pfad repräsentierte, zu ihm hinüber, damit auch dieser Teil mit integriert und mehr Vollständigkeit geschaffen werden konnte. Während er seine Wahl traf, schienen ihm höhere Ebenen der Konzentration, Unbeschwertheit und Freude offen zu stehen.

An diesem Tag habe ich gelernt, dass ein chronisches Feststecken in der toten Zone die Folge einer Selbstzersplitterung sein kann und wie leicht sich dieses Problem durch den Einsatz des Scheidewegmodells transformieren lässt.

9. Modell und Methode des verlorenen Selbst. Die Methode des verlorenen Selbst stammt aus Forschungen und Entdeckungen, die ich im vergangenen Jahr gemacht habe. Es geht dabei einfach um Folgendes: Wenn wir irgendwelche Teile unseres Selbst verloren oder »weggeworfen« haben, was gewöhnlich durch Schmerz oder Trauma geschieht, dann sind wir im selben Ausmaß in unserem gegenwärtigen Leben nicht präsent. Wir können nicht geben oder empfangen, sondern nur Rollen spielen, die alle eine Art von Aufopferung sind. Genauso wenig können wir uns selbst in unser Leben einbringen, weil es nichts gibt, was wir einzubringen hätten. Dies ist die Kernursache von Aufopferung, Wertlosigkeit, Misserfolg und Depression. Daraus können Gefühle der Verzweiflung und Vernichtung entstehen, wenn wir nicht für Kompensationen sorgen, wie sie vor allem in der toten Zone zu finden sind. Je mehr wir uns selbst zurückgewinnen, desto vollständiger, wertvoller, reicher und verfügbarer sind wir in unserer Beziehungsfähigkeit und Bereitschaft zum Erfolg.

Bei diesem Modell nutzen Sie einfach die intuitive Methode, um Ihren Klienten zu fragen, wann er sich selbst zum ersten Mal verloren hat. Wenn es zwischen der Geburt und dem Alter von zwei Jahren war, dann wirkt sich dieser Verlust auf das gesamte Selbstgefühl aus und ist so sehr Teil der Persönlichkeit geworden, dass eine Veränderung unmöglich scheint. Wenn ich feststelle, dass der Verlust des Selbst in der Zeit zwischen der Empfängnis (wenn er im Mutterleib geschehen ist, dann weist dieser Verlust auf ein wichtiges Seelenmuster hin) und dem Alter von zwei Jahren stattgefunden hat, dann frage ich den Klienten, was er damals über sich selbst, sein Leben, seine Beziehungen und seinen Erfolg zu glauben begonnen hat und was er von diesem Zeitpunkt an tun zu müssen meinte.

Diese Fragen offenbaren die innersten Glaubenssysteme, die

automatisch aufgelöst werden, wenn das verlorene Selbst zurückkehrt. Jeder, der sein Selbst verliert, leidet unter starken Depressionen und dem Gefühl, ein Versager zu sein. Das sind die Elemente, aus denen die tote Zone besteht.

Sobald die Klienten jene Anteile ihres Selbst, die sie in einem bestimmten Alter verloren haben, wieder willkommen heißen, lasse ich sie dasselbe für jeden anderen Menschen tun, der sich in dieser Situation befand. Dann nehme ich das Modell des Gebens und Empfangens hinzu und lasse sie die Gabe erkennen, die ihr höherer Geist ihnen damals angeboten hatte. Ich lasse sie diese Gabe annehmen und ebenfalls mit allen anderen Menschen teilen, die sich in dieser Situation befanden.

Dann gehe ich intuitiv das gesamte Leben einer Person durch, um zu sehen, ob sie irgendwelche weiteren Teile ihres Selbst verloren hat, lasse sie auch diese willkommen heißen und mit anderen Menschen, die mit in dieser Situation waren, teilen sowie die angebotenen Gaben akzeptieren und mit den anderen teilen.

Das steigert nachhaltig die Kraft und Zuversicht der Klienten und erfüllt sie mit den verlorenen Teilen ihres Selbst, sodass sie schließlich zur Integration kommen und empfangen können.

10. Das Lebensaufgabe-und-Verschwörungs-Modell. Die natürliche Lebenserfüllung entsteht, wenn wir das tun, wozu wir berufen sind. Sie ergibt sich aus der Erfüllung der Blaupause dessen, was wir in diesem Leben werden sollen. Gleichwohl haben die meisten von uns sehr viel Angst vor ihrer Berufung. Unser Ego sagt uns, dass wir eine großartige Lebensaufgabe haben, und dann erklärt es uns, wir könnten sie unmöglich erfüllen, weil sie so gewaltig sei. Auf diese Weise täuscht uns das Ego, und wir tappen in die Falle.

Jeder Mensch hat eine großartige Lebensaufgabe, selbst wenn

sie ganz simpel ist. Sie kann beispielsweise einfach darin bestehen, glücklich zu sein. Wenn das Ego uns aber sagt, dass wir diesen Lebenssinn verwirklichen *müssen*, dann empfinden wir das als Arbeit, als eine Bürde oder ein Kreuz, das wir zu tragen haben. Jeder wahre Sinn wird jedoch nicht von uns, sondern durch uns erfüllt. Wir verwirklichen ihn mühelos durch Gnade, mit Inspiration und göttlicher Hilfe, wenn wir das aus ganzem Herzen wollen und vollkommen darin aufgehen.

Die meisten unserer Probleme werden von unserem Ego geschaffen, weil es uns daran hindern will, zu erkennen, wer wir wirklich sind. Chronische und komplexe Probleme werden als eine Verschwörung dagegen organisiert, dass wir unsere Lebensaufgabe entdecken. Wenn wir erst einmal die Verbindung mit unserem Lebenssinn aufgenommen haben, bleiben nur noch die Probleme übrig, die uns helfen sollen, eine bestimmte Lektion zu lernen. Diese Lektionen unterstützen uns bei der Verwirklichung unseres Lebenssinns. Erfüllung und Unbeschwertheit sind sichere Zeichen dafür, dass wir unserem Sinn entsprechend leben.

Im Jahr 1981 eröffnete ich eine psychologische Beratungspraxis in Orange County, Kalifornien. Zum ersten Mal sah ich Menschen über einen längeren Zeitraum und nicht nur für ein oder zwei Therapiesitzungen, um akute Probleme zu lösen. Als meine Klienten und ich begannen, chronische Beziehungs-, Familien-, Geld- oder Gesundheitsprobleme zu überwinden, zeigte sich eins immer deutlicher: Nach jedem großen Problem, das wir gelöst hatten, tauchte ein Weg auf. Der Klient vernahm deutlich einen inneren Ruf, sich in eine bestimmte Richtung zu bewegen oder eine bestimmte Aufgabe zu vollbringen. Je größer das Problem war, das wir gelöst hatten, desto größer war der Sprung, den der Klient ganz von selbst zu seiner Lebensaufgabe hin machte.

Als das immer wieder geschah, wollte ich natürlich wissen, was es zu bedeuten hatte. Schließlich begann ich, die Probleme nicht nur als solche zu sehen, sondern ich erkannte, dass sie dazu dienten, den Klienten davon abzuhalten, den Sinn und die Aufgabe seines Lebens zu erkennen. Ich stellte fest, dass die Probleme wie in einem Netzwerk zusammengeballt waren und dazu dienten, die Seelenaufgabe zu verbergen und die Ausrichtung der Seele auf ihren Sinn und die persönliche Erfüllung, die aus seiner Verwirklichung erwächst, zu behindern. Ich begann darin eine Verschwörung gegen den Lebenssinn zu sehen – sie sollte verhindern, dass der Mensch verwirklichte, wozu er berufen war, und die Person wurde, die er sein sollte. Allmählich erkannte ich auch, dass wir alle gefangen sind in solchen Verschwörungen gegen unsere Lebensaufgabe, die wir freiwillig übernommen haben, gegen unsere eigene Größe und Begabung. Aufgrund dieser Verschwörung gegen die Erfüllung unserer Aufgabe fristen die meisten Menschen ein unkreatives, unerfülltes Leben, denn sie verbergen ihre Bestimmung.

Ich nannte diese Verschwörung gegen unseren Lebenssinn den »Jona-Komplex«. So wie Jona erhielten wir eine Aufgabe (übernahmen sie freiwillig), die uns zum Glück führen sollte. Es sieht so aus, als hätten wir die Aufgabe zwar akzeptiert, dann aber wie Jona kalte Füße bekommen. Wie Jona haben wir zwar beschlossen, uns aufs Meer zu wagen, aber dann erhob sich ein Sturm von Konflikten und warf uns über Bord. Wir wurden von einem »Walfisch« an Problemen verschluckt und hatten drei Tage Zeit (im Alten Testament eine Metapher für Transformation), zu entscheiden, ob wir unsere Mission ausführen oder sterben wollten. Die meisten von uns haben sich aus Angst vor der Größe ihrer Lebensaufgabe dafür entschieden, im Bauch des Wals (der Probleme) zu verharren, statt das zu verwirklichen, wozu sie auf die Welt gekommen sind.

Durch die Überwindung von Blockaden zum Lebenssinn finden

Joanna war ein Mensch, der im Mittelpunkt stand – sie war diejenige, die durch ihre Bereitschaft, sich mitzuteilen, der Gruppe ihre Themen vorgab. Sie war der einzige Teilnehmer in diesem Workshop für leitende Angestellte, dessen Karte zweimal hintereinander gezogen worden war. Als sie zum ersten Mal den Mittelpunkt des Workshops bildete, war sie ein Symbol der Sondierung gewesen, hatte einen neuen Schritt nach vorn und Führung auf dem Weg versinnbildlicht. Jetzt, in der zweiten Runde, verkörperte sie die echte Beziehung zu sich selbst und anderen Menschen in ihrem beruflichen und privaten Leben. Ihre Geschichte macht deutlich, wie wichtig es ist, unseren wahren Lebenssinn zu entdecken und anzunehmen.

Die erste Gruppensitzung mit Joanna als Mittelpunkt fand morgens statt, die zweite war am Nachmittag. Sie dachte kurz darüber nach, was sie uns mitteilen wollte, und präsentierte der Gruppe schließlich eine weitere Geschäftsidee. Die meisten Teilnehmer waren davon nicht sonderlich beeindruckt, denn sie kannten weder die Frau noch ihre bisherigen Erfolge. So war die Mehrheit der Meinung, die Idee sei nebulös und würde nicht funktionieren. Das veranlasste Joanna zu einem leidenschaftlichen Vortrag von zwei Minuten, in dem sie darstellte, wie sie ihre Idee mutig umsetzen würde. Die Zuhörer waren keineswegs beeindruckt. Nur eine weitere Person aus der Gruppe glaubte danach, sie würde Erfolg haben. Ich wusste, dass ich jetzt eingreifen musste, weil sich bei ihr wie bei der Gruppe Frustration breit machte.

Sie hatte die Vorstellung ihrer Geschäftsidee mit folgenden Worten eingeleitet: »Ich muss das nicht machen. Ich habe jede Menge Geld. Ich habe jede Menge Liebhaber. Ich muss das alles nicht tun.« Ich spürte, dass ein Teil ihrer Unklarheit damit zusammenhing, dass dies nicht nur eine weitere Geschäftsidee war.

Für sie würde dieses Projekt ihr gesamtes Leben ändern; es gehörte mit zu ihrer Lebensaufgabe. Sosehr sie sich auch dagegen sträubte, irgendetwas fehlte in ihrem Leben, was mit diesem Projekt zur Erfüllung kommen sollte. Ich hatte auch die starke Intuition, dass sie im Rahmen dieses Projekts die wahre Liebe finden würde.

Ich ließ am anderen Ende des Raums jemanden den Sprung zur Verwirklichung ihres geschäftlichen Traums und ihre Öffnung für die wahre Liebe in ihrem Leben darstellen. Die Entfernung zwischen ihr und dieser Person repräsentierte symbolisch, wie weit sie von der Verwirklichung dieses nächsten Schrittes entfernt war. Während ich sie auf ihrem Weg durch den Raum unterstützte, bewegte sie sich durch zahlreiche Schichten lähmender Furcht. Schließlich kamen wir zu einem Schritt, bei dem sie einen enormen Druck auf ihren Schultern und auf dem Kopf empfand. Sie hatte das Gefühl, nicht weiter gehen zu können.

Joannas Problem bestand darin, dass sie dachte, sie müsse selbst dafür sorgen, dass sich ihr Lebenssinn verwirklichte. Ich erklärte ihr, jeder Lebenssinn sei zu groß, als dass jemand ihn aus eigener Kraft realisieren könnte. Man braucht dazu immer Gnade. Als sie schließlich die Person umarmte, die ihre Lebensaufgabe und die wahre Liebe darstellte, weinte sie Tränen der Dankbarkeit.

Diese Übung beseitigte die Furcht, die sie davon abgehalten hatte, jenen großen Schritt in ihrem Leben zu vollziehen. Ich öffnete ihr Herz und verhalf ihr zu der Leidenschaft und Vision, die sie brauchte, um ihren Traum zu realisieren. Am Ende der Übung erhoben sich alle im Raum, um ihr stehend Beifall zu spenden, denn jetzt glaubten sie, dass sie Erfolg haben würde.

7. Ein Fünfzehn-Tage-Kurs zur Förderung von Erfolg und Vision

Nun haben Sie eine ziemlich gute Vorstellung vom TAO, von den Prinzipien der Psychologie der Vision und den Methoden der psychologischen Unternehmensberatung, und Sie werden verstehen, wie groß die Macht des Geistes und seine Fähigkeit ist, Ihre Welt zu verändern und Probleme zu transformieren. Höhere Ebenen des Erfolgs befinden sich damit in Ihrer Reichweite. Dieser kurze Kurs für mehr Erfolg soll Ihnen einen Vorgeschmack darauf geben, wie die Methoden der Psychologie der Vision Ihnen helfen können, glücklicher zu werden und Ihr Leben unbeschwerter und ausgeglichener zu führen. (Es gibt einen vollständigen Erfolgskurs mit hundert Lektionen, der online, aber nicht in deutscher Sprache angeboten wird [siehe die Quellenangaben am Ende des Buchs].)

Machen Sie sich keine Sorgen, wenn Sie so etwas bisher noch nie getan haben. Bleiben Sie einfach geistig offen und neugierig auf das, was passiert, wenn Sie die Prinzipien in Handeln umsetzen. Das psychologisch-spirituelle Modell der Psychologie der Vision ist überkonfessionell – die Übungen funktionieren auch, wenn Sie nicht religiös sind. Sie können das Wort »Gott« durch Ausdrücke wie »Universum« oder »Großer Geist« ersetzen oder sich darunter einfach eine kreative Kraft vorstellen, die größer ist als wir. Für manche entspricht es auch einfach dem Gefühl, das sich einstellt, wenn sie sich im Flow befinden und inspiriert sind. Lassen Sie nicht zu, dass sich Ihre Überzeugungen und Urteile zwischen Sie und den Erfolg stellen.

Ich wünsche Ihnen großen Erfolg und viel Glück.

Lektion 1: Was bedeutet Erfolg für mich?

Zu Beginn möchte ich Sie bitten, einmal zu definieren, was Erfolg für Sie bedeutet: Wie sieht er aus? Diese Übung mag Ihnen sehr schlicht vorkommen, aber in Wirklichkeit ist es schwieriger, als Sie denken, zu entscheiden, was Sie als Erfolg ansehen. Es ist eine wichtige Frage. Halten Sie Ihre Definition so einfach und knapp wie möglich und schreiben Sie dazu nicht mehr als ungefähr 25 Wörter. Nehmen Sie sich Zeit für Ihre Überlegungen. Arbeiten Sie daran, bis sich die Definition richtig und gut anfühlt, bis sie tatsächlich Ihre Vorstellung von Erfolg ausdrückt. Sie können das für Ihr persönliches Leben definieren, aber genauso gut für Ihr Unternehmen:

Erfolg ist …

Wenn Sie Ihre Vorstellung perfekt formuliert haben, hängen Sie das Blatt Papier an einen Platz, wo Sie es häufig sehen, beispielsweise über Ihren Schreibtisch. Das erinnert Sie daran, in welche Richtung Sie unterwegs sind, und hilft Ihnen, sich darauf zu konzentrieren, was Erfolg für Sie bedeutet: Was verstehen Sie unter Erfolg? Was wollen Sie wirklich erreichen?

Lektion 2: Ziele setzen

Wenn Sie kein Ziel haben, wissen Sie nicht, wohin Sie gehen, und landen willkürlich irgendwo. Ziele geben Ihnen eine Richtung vor. Indem Sie ihnen Aufmerksamkeit widmen, verkürzen Sie die Zeit, die Sie brauchen, um dorthin zu gelangen, wo sie hinwollen. Wenn Sie sich unter Druck gesetzt oder gestresst fühlen, müssen Sie sich Ziele setzen. Es könnte sogar sein, dass

Sie Ihre Ziele in Erwartungen umgewandelt haben, die auf Forderungen und Bedürfnissen basieren. Erwartungen sind die Hauptursache für Stress, und deshalb ist es wichtig, sich stattdessen Ziele zu setzen.

Ziele setzt man sich sehr einfach. Sobald Sie sich in Kontakt mit dem befinden, was Sie wollen, richten Sie Ihren Blick und Ihre Aufmerksamkeit darauf, diese Ziele zu erreichen. Am besten schreiben Sie Ihre Ziele auf. Es gibt einige Kategorien, die Ihnen bei der Einordnung helfen könnten: Beziehungen, Familie, Karriere/Beruf, Erfolg, Gesundheit, Geld, Sex, Resultate, körperliche Erscheinung, Urlaub/Freizeit, Glück und Spiritualität. Denken Sie eine Weile über alle diese Ziele nach.

Anschließend legen Sie Ihre Zehn-Jahres-Ziele fest, also das, was Sie in zehn Jahren erreicht haben wollen. Schreiben Sie das präzise und knapp auf. Anschließend schreiben Sie auf, was Sie in den nächsten fünf Jahren erreichen wollen. Danach legen Sie Ihre Drei-Jahres-Ziele fest. Nun überlegen, Sie, was Sie in einem Jahr erreicht haben wollen, in sechs Monaten; und schließlich schreiben Sie auf, was Sie in einer Woche und in einem Tag erreichen wollen. Drücken Sie dabei immer so klar wie möglich aus, was Sie wollen.

Am Abend eines jeden Tages lesen Sie Ihre Ziele durch und formulieren neue für den nächsten Tag. Jeden Morgen lesen Sie zum Tagesbeginn Ihre gesamte Liste rasch durch und entscheiden sich, Ihre Ziele umzusetzen. Am Ende des Tages und auch am Ende jeder Woche, jedes Monats, jedes Quartals und so weiter sehen Sie sich Ihre Ziele an. Machen Sie sich klar, was Sie erreicht haben. Gratulieren Sie sich selbst und feiern Sie Ihren Erfolg.

Kritisieren Sie sich nicht, falls Sie das eine oder andere Ziel nicht erreichen. Wenn ein Ziel nicht mehr angemessen ist, lassen Sie es einfach fallen. Ist es immer noch wichtig, stellen Sie es in einen neuen Zeitrahmen. Wählen Sie Ihr Ziel noch einmal. Wenn Sie beginnen, Stress zu empfinden, ist das ein Zeichen dafür, dass Sie sich nicht mehr an Ihren Zielen orientieren, sondern sich unter Druck setzen. Das wird kontraproduktiv für Ihren Erfolg sein.

Ziele wirken anziehend. Sie geben Ihnen Energie. Sie ziehen Sie vorwärts. Zielsetzungen sind die produktivste und hilfreichste Art, dorthin zu gelangen, wo Sie sein möchten.

Lektion 3: Sich vorstellen, das Ziel schon erreicht zu haben

Dies ist eine weitere Technik, mit deren Hilfe Sie schneller erlangen können, was Sie wollen. Stellen Sie sich einfach vor, Sie hätten Ihr Ziel schon erreicht. Das verkürzt die Zeit, die Sie brauchen, um zu positiven Ergebnissen zu kommen. Stellen Sie sich vor, wie es sein wird, wenn Sie Ihr Ziel erreicht haben. Spüren Sie, wie sich das anfühlt. Was sagen die Leute zu Ihnen? Was sagen Sie sich selbst? Wie schmeckt dieser Erfolg? Wie riecht dieser Erfolg? Wie kommt Ihnen das Leben jetzt vor?

Anfangs können Sie für diese Übung einige Minuten brauchen. Aber mit jeder Wiederholung benötigen Sie weniger Zeit dafür, während die Effektivität jedes Mal zunimmt.

Lektion 4: Kompensationen brechen zusammen

Wir haben gesellschaftlich einen Entwicklungszustand erreicht, in dem viele Menschen sich im letzten Stadium der Unabhängigkeit befinden. Wenn wir nicht die Richtung zu mehr Gleichgewicht und Partnerschaft einschlagen, ist dieses Stadium die Endstation. Die erste Phase ist die schwierigste, weil hier unsere Kompensationen zusammenbrechen. Dazu gehören Rollen, Regeln und Pflichten, die uns vor Gefühlen der Wertlosigkeit, Depression, Aufopferung, Misserfolgen und Schuldgefühlen schützen sollten. Sogar die »Betriebsamkeit« unserer Existenz kann zusammenbrechen und dabei ihre innere Wertlosigkeit offenbaren.

All das lässt uns ganz automatisch härter und schneller arbeiten, damit wir uns nicht mit dem Gefühl auseinander setzen müssen, dass wir Betrüger sind, und damit wir die Todessehnsucht nicht spüren, die aus den dunklen, unverhüllten Emotionen aufsteigt. Wenn wir nicht bewusst wahrnehmen, was geschieht, kann dieses Stadium zur Erschöpfung, zum Zusammenbruch oder zum Bankrott eines Unternehmens führen. An dieser Stelle verlieren wir viele gute Manager und leitende Angestellte. Sie sind in einer Sackgasse gelandet und können keinen weiteren Schritt in die emotionale Unabhängigkeit machen.

Wenn man sich dessen nicht bewusst ist, erkennt man nicht, dass ein Wechsel der Ebene nötig ist – eine völlig neue Sicht auf das Leben. Manche Menschen finden den Weg dorthin ganz natürlich, bringen ihr Leben ins Gleichgewicht, wissen die Partnerschaft und das weibliche Element zu schätzen und bringen sich selbst in ihr Leben und ihren Erfolg ein. Andere brauchen dagegen einen ernsthaften Weckruf, bevor sie beginnen, ihre Prioritäten zu ändern. Wer zum Wandel nicht bereit ist, rennt mit dem Kopf gegen die Mauer am Ende der unabhängigen Ebene, er geht entschieden zu weit; und was dann passiert, das wissen Sie.

Es ist wesentlich, diesen Zustand bewusst wahrzunehmen, denn sonst führt er leicht zum Burn-out, von dem wir uns, wenn überhaupt, nur sehr langsam erholen. Viele Forschungsergebnisse belegen, dass wir bei Überforderung zusammenbrechen und dichtmachen. Nach einer Weile startet unser System wieder durch, und wir sind dann automatisch flexibler und belastbarer. Aber wenn es um Veränderungen geht, müssen wir uns nicht nur von einem Stadium zum nächsten, sondern auch von einer Ebene zur nächsten bewegen, und nach einem Zusammenbruch kann es Monate oder sogar Jahre dauern, bis wir wieder handlungsfähig sind, sofern wir uns in der toten Zone überhaupt wieder erholen. Brechen jedoch nur unsere Kompensationen zusammen, äußert sich das vielleicht darin, dass wir uns vorübergehend entmutigt fühlen, wenn wir uns auf einem Weg der Transformation befinden oder spirituelle Nahrung erhalten.

Sobald wir die tote Zone erreichen, müssen wir zumindest einen Teil unseres Bewusstseins in den Zustand der Meisterschaft versetzt haben, bevor wir sie vollständig hinter uns lassen können. Und im Zustand der Meisterschaft bearbeiten wir unsere Gefühle der Wertlosigkeit, wobei wir hin und wieder auch einen Blick zurück auf Themen der toten Zone werfen, beispielsweise Aufopferung, Schwierigkeiten und andere Formen der Kompensation.

Hier folgen nun einige der Prinzipien, mit deren Hilfe wir die tote Zone überwinden können. Wählen Sie ein beliebiges aus, und es wird Sie auf die nächste Ebene bringen. Benutzen Sie während der nächsten acht Tage jeweils eins dieser Prinzipien:

- *Hingabe:* Widmen Sie sich voll und ganz Ihrer Arbeit und Ihrer Beziehung.
- *Partnerschaft:* Gegenseitige Unterstützung und das Erkennen gemeinsamer Interessen bringt Sie zum Erfolg.
- *Wahrheit:* Wahrheit durchschneidet den gordischen Knoten

von Schwierigkeiten und Zwangsvorstellungen und zeigt uns den Weg nach vorn zu Erfolg und Freiheit.

- *Authentizität:* Seien Sie ehrlich mit sich selbst und anderen. Seien Sie wahrhaftig gegenüber sich selbst und anderen und vor allem gegenüber der Wahrheit.

- *Bringen Sie sich selbst ein:* Ohne sich selbst einzubringen, werden Sie niemals Ihre weibliche Seite ins Gleichgewicht bringen und fähig sein zu empfangen.

- *Wünschen Sie sich Ihr Herz zurück:* Heilen Sie Ihre Abspaltung. Wünschen Sie sich Ihr Herz aus ganzem Herzen zurück. Finden Sie heraus, was Sie inspiriert. Ohne Ihr Herz werden Sie niemals Ihren Lebenssinn, Partnerschaft oder wahren Erfolg kennen lernen.

- *Finden Sie heraus, was Sie aufrecht hält:* Folgen Sie dem Weg der Transformation und finden Sie Ihre spirituelle Nahrung in dem, was Ihre Wahrheit ist.

- *Gnade:* Gnade macht alles leicht. Mit Gnade wird alles durch Sie und nicht von Ihnen vollbracht, und außerdem wird alles für Sie getan. Gnade ist Gottes Liebe zu Ihnen. Wenn Sie es ihr erlauben, wird sie Ihnen bei allem helfen, was in Ihrem Leben gut ist.

Lektion 5: Ihr Erfolg hilft allen Menschen

Ihr Erfolg ist für andere inspirierend. Er ist ein lebendiges Beispiel für das, was Sie selbst erreichen können. Er gibt Ihnen die Erlaubnis, ebenfalls erfolgreich zu sein. Weil Ihr Erfolg ein echter Schritt nach vorn ist, hilft er dem gesamten Reich des menschlichen Bewusstseins. Unser persönlicher Erfolg fördert den Erfolg im Allgemeinen. Er gehört mit zur Evolution der Menschheit, weil wahrer Erfolg Partnerschaft und Kooperation voraussetzt. Das erlaubt uns eine Partnerschaft mit dem Himmel und lässt mehr Liebe und Gnade auf die Erde kommen. Unser Erfolg ist eine Erfolgslektion. Er fördert die Möglichkeit des Erfolgs. Er erweitert das gesamte Feld des menschlichen Bewusstseins.

Blicken Sie auf einige Ihrer früheren Erfolge zurück. Wem haben sie geholfen? Wen haben sie inspiriert? Sehen Sie sich einige Ihrer gegenwärtigen Erfolge an. Wem helfen Ihre Erfolge? Wie helfen sie anderen Menschen? Wen inspirieren Ihre Erfolge?

Echter Erfolg überwindet Konkurrenz. Er ist auf Kooperation aufgebaut und bringt insofern jeden Menschen dem Erfolg näher. Genießen Sie heute Ihren Erfolg in dem Bewusstsein, dass er gut für alle Menschen ist und ganz besonders für jene, die Ihnen am nächsten stehen.

Lektion 6: Spüren Sie die Macht

Die meisten fürchten sich vor ihrer eigenen Macht und der Macht im Allgemeinen. Sie empfinden sie als überwältigend. Andere haben dagegen eher den Eindruck, sie könnten Macht missbrauchen.

Kürzlich führte ich einen Workshop unter dem Titel »Haben, was wir wollen« durch und stellte dabei gemeinsam mit den Teilnehmern fest, dass es bei vielen von uns unter anderem unsere Furcht vor der Macht ist, die uns davon abhält, zu bekommen, was wir wollen.

Viele unserer Selbstbilder sind durch Furcht und Unzulänglichkeit gekennzeichnet. Das ist die Ursache für Überarbeitung,

Perfektionismus, Geschäftigkeit, Aufgeben oder Zögern. Wenn Sie sich Macht als Vollständigkeit oder Zuversicht vorstellen, dann wird die Furcht davor zusammenschmelzen. Wenn Sie sich klar machen, dass Machtmissbrauch nichts mit Macht zu tun hat, sondern ein Zeichen von Furcht, Schwäche und Dominanz ist, dann werden Sie verstehen, dass wirkliche Macht ein Gegengift gegen all das bildet. Wenn Sie erkennen, wie viel spirituelle Hilfe Ihnen zuteil wird, dann fällt es Ihnen schwer, die Furcht zu empfinden, die zu Dominanz, Kontrolle oder Machtmissbrauch führt. Wie *Ein Kurs in Wundern* es beschreibt: Würden Sie erkennen, wer neben Ihnen geht, dann könnten Sie sich gar nicht fürchten. Sobald Sie schließlich die Verantwortung für Ihre Macht an den Himmel oder an Ihren eigenen höheren Geist übertragen, dann ist es ausgeschlossen, dass Sie diese Macht missbrauchen. Alle Macht kommt von Gott, und folglich wird uns Macht verliehen, damit wir andere ermächtigen können. Das ist Heilung.

Lassen Sie die Macht heute durch sich hindurchfließen, um Sie zum Erfolg zu führen. Lassen Sie sich von Gottes Macht ermächtigen. Lassen Sie sich davon erfüllen, um andere zu ermächtigen. Indem Sie andere befreien, befreien Sie sich selbst. Genießen Sie heute Ihre Macht. Empfangen Sie sie. Spüren Sie sie. Teilen Sie sie mit anderen. Haben Sie Erfolg mit ihr.

Lektion 7: Klagen oder Erfolg?

Im Laufe der Jahre habe ich einiges über den Zusammenhang zwischen Problemen und Klagen gelernt. Eine der Wurzeln jedes Problems ist die Klage über irgendeinen anderen Menschen. Das gilt für geschäftliche Probleme ebenso wie für persönliche.

In einem meiner Wirtschafts-Workshops in Taiwan habe ich

die Teilnehmer aufgefordert, die Augen zu schließen und sich die Person aus ihrem beruflichen Umfeld vorzustellen, über die sie sich in einer Weise beklagten, dass diese Klagen die Wurzel ihres gegenwärtigen geschäftlichen Problems bildeten. Dann bat ich sie, sich paarweise auf beiden Seiten des Raumes gegenüberzustellen. Mit der Absicht, die andere Person nicht mehr als Alibi für eigene Hemmungen zu benutzen, sollten sie durch den Raum gehen und ihren Partner umarmen. Überflüssig, zu sagen, dass es eine mächtige emotionale Übung war, die eine unglaubliche Erleichterung und Freiheit mit sich brachte.

Dann ließ ich die Teilnehmer diese Übung wiederholen, diesmal für jemanden, mit dem sie keine geschäftlichen Verbindungen hatten, über den sie sich aber ebenfalls beschwerten, was zu dem Problem beitrug, das sie heilen wollten. Bei der Wiederholung der Übung stellten sich viele Teilnehmer ihren Ehepartner oder einen Elternteil vor. Ich forderte sie auf, diese Beschwerden nicht zu benutzen, um dahinter ihre Furcht vor dem Erfolg zu verstecken, sondern stattdessen mit dem Gefühl der Vergebung durch den Raum zu gehen, um sich selbst und die Person, über die sie sich beklagten, zu befreien. Diese Übung wirkte noch stärker als die erste. Schließlich forderte ich die Teilnehmer auf, sich vorzustellen, dass sie selbst auf der anderen Seite stünden, wo sich ihr Partner befand, denn hinter jeder Klage verbergen sich eigene Schuldgefühle: »Wenn Sie bereit sind, sich selbst zu vergeben, dann gehen Sie durch den Raum und umarmen sich selbst.«

Mit unseren Schuldgefühlen bestrafen wir uns selbst und die Menschen, die wir lieben. Unsere Autoaggression entspricht ihrer Autoaggression. Nur indem wir uns selbst vergeben, können wir uns selbst und die Menschen, die wir lieben, befreien. Für viele Teilnehmer des Workshops erwies sich diese Übung als die größte Herausforderung.

Was ich hier beschrieben habe, könnten Sie auch selbst durchführen. Machen Sie eine Liste Ihrer geschäftlichen oder auch sonstigen Probleme, die Sie alle in einer Spalte untereinander schreiben. Daneben notieren Sie in einer zweiten Spalte den Namen der Person aus Ihrem beruflichen Umfeld, über die Sie sich im Zusammenhang mit dem jeweiligen Problem beklagen. In eine dritte Spalte schreiben Sie den Namen der wichtigen Bezugsperson aus Ihrem Privatleben, über die Sie sich in diesem Zusammenhang beklagen, und in der vierten Spalte notieren Sie – intuitiv geraten –, welches Schuldgefühl sich hinter den Klagen verbirgt.

Jedes Problem hat ein starkes Element der Projektion. Wenn Ausagieren bei Ihnen besser wirkt, dann stellen Sie sich vor, wie die Person aus Ihrem beruflichen Umfeld, über die Sie sich beschweren, Ihnen auf der anderen Seite des Raums gegenübersteht. Wenn Sie bereit sind, ihr zu vergeben, sie nicht mehr länger als Alibi für Ihre eigene Hemmung zu benutzen und vorwärts zu gehen, dann durchqueren Sie den Raum und umarmen Sie diese Person in Gedanken.

Anschließend tun Sie dasselbe mit der wichtigen Bezugsperson aus Ihrem Privatleben: Stellen Sie sich diese Person auf der anderen Seite des Raums vor, und wenn Sie bereit sind, ihr zu vergeben und sie nicht mehr länger als Alibi für Ihre eigene Furcht vor dem Erfolg zu benutzen, dann gehen Sie durch den Raum und umarmen Sie diese Person in Gedanken.

Danach stellen Sie sich vor, wie Sie selbst auf der anderen Seite des Raums stehen; und wenn Sie bereit sind, sich zu vergeben und Ihre Furcht nicht mehr länger hinter Ihren Schuldgefühlen zu verstecken, dann durchqueren Sie noch einmal den Raum und umarmen Sie sich selbst in Gedanken.

Achten Sie darauf, wie sich Ihre Gefühle verändern. Achten Sie darauf, was Sie für die Menschen empfunden haben, denen

Ihre Klagen galten, und was Sie jetzt für diese Menschen und für sich selbst empfinden. Achten Sie auch auf die Veränderungen, die sich in der folgenden Woche in Ihrer Umgebung zeigen.

Lektion 8: Trägheit im Geschäftsleben

Wenn es so aussieht, als würden wir im Geschäftsleben, in unserer Karriere oder unserer Beziehung alles richtig machen, und trotzdem scheint nichts zu funktionieren, dann kann das sehr verwirrend sein. Wir haben alles getan, was für den Erfolg nötig und wichtig war, aber nichts geht voran. Wir scheinen in einer Flaute zu stecken, oder unser Schiff kommt nicht an. Wir arbeiten hart, aber nichts funktioniert richtig. Wenn wir eine Menge Energie aufbringen, nur um auf der Stelle zu treten, dann hält uns eindeutig die Furcht auf, auch wenn es vielleicht anders aussehen mag.

Furcht behindert uns. Sie lässt unsere Kraft dahinschmelzen, und wir haben das Gefühl, dass sich in unserem Inneren ein Leck befindet. Es bleibt verborgen unter Machtkämpfen, Rollen, dem Ödipuskomplex und der Konkurrenz. Furcht ist die Ursache dafür, dass sich die Entfernung zu unserem Ziel nicht verringert oder auf unserem Weg dorthin sogar noch größer wird.

Manchmal passiert etwas in unserem Leben, und wir können die Furcht davor nie überwinden. Wir leiden dann unter einem posttraumatischen Stresssyndrom, mit dem wir nur fertig werden, weil wir es auf eine handhabbare Ebene bringen konnten. Aber weil wir nie seine Wurzel bearbeitet haben, bleibt die Furcht davor ein Teil unseres Lebens, auch wenn wir sie gar nicht mehr bewusst wahrnehmen.

Lassen Sie uns nun darangehen, die Wurzel dieser Furcht

aufzulösen. Stellen Sie sich die folgenden Fragen und vertrauen Sie auf die Antworten, die Ihnen dazu einfallen:

- »Falls ich wissen könnte, wie alt ich war, als das geschah, was meine größte Furcht hervorgerufen hat, dann war es wahrscheinlich im Alter von …?«
- »Falls ich wissen könnte, wer damals in dieses Ereignis verwickelt war, dann war es wahrscheinlich …?«
- »Falls ich wissen könnte, was damals passiert ist, dann war es wahrscheinlich …?«

Sagen Sie sich jetzt: »Falls ich wissen könnte, wie dieses Ereignis mein Leben beeinflusst hat, dann war es so, dass …«

Dann gehen Sie zurück zu diesem Ereignis und bitten Ihren höheren Geist, Sie und alle anderen an diesem Ereignis beteiligten Personen in ihr Zentrum – einen Zustand des Friedens und der Unschuld – zu versetzen. Sehen Sie sich an, wie das Ihr Bild und Ihre emotionale Erfahrung des Geschehens verändert.

Bitten Sie nun Ihren höheren Geist, Sie in ein höheres und tieferes Zentrum zurückzubringen.

Wie sieht die Szene jetzt aus und was empfinden Sie dabei?

Bitten Sie Ihren höheren Geist noch einmal, Sie in ein drittes Zentrum zu versetzen – eines, in dem noch mehr Licht und Gnade herrschen.

Kehren Sie in Gedanken noch einmal zu der Szene zurück. Wie sieht sie jetzt aus und was empfinden Sie dabei?

Bitten Sie Ihren höheren Geist nun, Sie in ein viertes Zentrum zu versetzen, das höher und tiefer ist – einen Ort größerer Liebe und Freude.

Wie sieht die Szene jetzt aus und was empfinden Sie dabei?

Sie können die Szene in so viele Zentren versetzen, wie es nötig ist, um die gesamte Situation in eine zu verwandeln, in der

Freude oder sogar Licht herrschen. Wenn Sie den Eindruck haben, dass Sie diesen Vorgang häufig wiederholen müssen, um an einen Ort des Friedens zu gelangen, dann hat das mit einem früheren Vorfall in Ihrem Leben zu tun, oder dieses besondere Ereignis wird durch etwas genährt, was sich auf der Ebene Ihrer Vorfahren oder Ihrer eigenen früheren Leben abgespielt hat. Kehren Sie mit dem Ereignis, an dem Sie arbeiten, einfach immer wieder in das Zentrum zurück; es wird dann auch den früheren Vorfall beeinflussen. Sie können stattdessen auch Ihre Intuition benutzen, um zu dem ursprünglicheren Vorfall zurückzugehen und ihn mithilfe derselben Fragen und des Centering-Verfahrens zu klären.

Machen Sie diese Übung während der nächsten drei Tage mindestens einmal täglich, um alle Ereignisse zu transformieren, die Ihnen einfallen, damit Sie Frieden und eine neue Ebene der Zuversicht finden. Das wird Sie aus der Flaute herausführen und Ihre Segel wieder unter Wind setzen.

Lektion 9: Heilung der Auflösungskonspiration

Die Auflösungskonspiration gehört zu jenen, die unseren Erfolg direkt sabotieren. Diese Sabotage findet entweder statt, wenn wir privat oder beruflich gerade eine neue Ebene des Erfolgs erreicht haben oder wenn wir kurz davor stehen. Falls ganz plötzlich alles auseinander fällt, dann ist das ein sicheres Zeichen dafür, dass hier zumindest eine Auflösungskonspiration am Werk ist.

Ich erinnere mich noch genau an den ersten Tag, an dem ich über die Auflösungskonspiration zu schreiben begonnen hatte. Das war 1988. Sobald ich fertig war, fuhr ich über den Berg nach Honolulu zu meinem Reisebüro. Unterwegs dachte ich die ganze Zeit über die Auflösungskonspiration nach. Ich hatte das Gefühl, als wolle mich jemand warnen, sie zu offenbaren – als würde ich damit ein Tabu brechen. Ich parkte meinen Wagen an einer Stelle, wo bald darauf während der Hauptverkehrszeit ein Halteverbot gelten würde, aber ich war mir sicher, es würde nur zehn Minuten dauern, mein Ticket abzuholen. Doch der Reisebüroinhaber telefonierte, und dann gab es noch Schwierigkeiten mit meinem Ticket, sodass ich mich ungefähr 35 Minuten im Reisebüro aufhielt. Während dieser Zeit – genau zwölf Minuten bevor ich das Büro verließ – trat das Halteverbot in Kraft. Mein Wagen war bereits abgeschleppt worden. Der Inhaber des Reisebüros fuhr mich dorthin, wo ich mein Auto wieder auslösen konnte, und nachdem ich den Strafzettel und die Abschleppgebühren bezahlt hatte, machte ich mich in dem Bewusstsein auf den Heimweg, dass ich einer wichtigen Sache auf der Spur war.

Die Auflösungskonspiration ist wie ein Kind, das seine Bauklötze zu einem Turm stapelt, nur um dann wieder alles umzuwerfen. Aber die Bauklötze eines Kindes sind eine Sache; Karriere, Leben und Beziehungen sind etwas anderes. Hassen Sie es nicht einfach, wenn alles, wofür Sie gearbeitet haben, auseinander fällt. Die Auflösungskonspiration bildet sich gewöhnlich aus, wenn wir ungefähr drei Jahre alt sind. Auch wenn es sich dabei nur um eine primitive Ego-Abwehr eines dreijährigen Selbst handelt, ist sie extrem destruktiv und verursacht große Frustration, wenn Ihre gesamte Arbeit und all Ihre Investitionen zunichte gemacht werden. – Fragen Sie sich jetzt selbst:

- »Falls ich wissen könnte, wie viele Auflösungskonspirationen ich habe, dann sind es wahrscheinlich ...?«
- »Falls ich wissen könnte, zu welchem Zweck sie mir dienen, dann habe ich sie wahrscheinlich, damit ich ...?«

Sie erkennen, welche Folgen es hat, wenn Ihr Leben in Stücke bricht. Sie können eine andere Wahl treffen und jetzt all Ihre Auflösungskonspirationen loslassen. Sie können sich entscheiden, sich voll und ganz für Ihren Erfolg und Ihre Lebensaufgabe einzusetzen. Sie können sich verpflichten, vorwärts zu gehen und sich dabei von allen Fallen und Konspirationen zu befreien.

Lektion 10: Erfolg kommt vom Zuhören

Was Sie wahrhaft für sich selbst wollen, ist Erfolg. Was der Himmel für Sie will, ist Erfolg. Lediglich Ihr Ego hält Sie davon ab. Es hat andere Vorstellungen davon, was Erfolg ist. Sie brauchen sich nur Ihr Leben anzusehen, um zu wissen, wessen Rat Sie gefolgt sind.

Im fünften Kapitel erwähnte ich schon in dem Abschnitt »Visionen erlangen« den Chef eines Multi-Milliarden-Dollar-Konzerns in Japan. Er kam zu den Workshops, um seine Inspiration und Vision zu verbessern. Er gestand mir, dass er 75 Prozent seines Arbeitstages damit verbrachte, sich in seinem Stuhl zurückzulehnen und zu träumen. Das Wichtigste, was er für seine Firma tun könne, so sagte er, sei, den Weg nach vorn zu finden. Alle anderen könnten andere Aufgaben übernehmen, die seiner Ansicht nach weniger wichtig waren als das, was er dazu beitrug, das Unternehmen vorwärts zu bringen.

Wenn wir uns die Zeit nähmen, auf unseren eigenen kreativen Geist und das zu hören, was uns der Himmel durch ihn mitteilen will, dann könnten wir schneller zum Erfolg kommen. Wir könnten lernen, zwischen der bösartigen, reaktiven Stimme des Egos und der ruhigen, aber inspirierten Stimme des kreativen Geistes zu unterscheiden. Häufig hat das Ego scheinbar gute Ideen, aber sie führen uns nur weiter in die Aufopferung. Wenn wir den Unterschied zwischen der Stimme des Egos und der unseres höheren Geistes erkennen, dann werden wir ganz von selbst erfolgreich.

Bei dieser Übung lernen wir das Zuhören. Dadurch wird einerseits Stress abgebaut, und andererseits hören wir auf die Wahrheit, die uns befreit und uns das Leben leicht macht. Sie führt uns zu immer größerem Erfolg: Nehmen Sie sich morgens, mittags und abends einfach zehn Minuten zum Zuhören. Wenn Sie wenig Zeit haben, lohnt es sich, dafür entsprechend früher aufzustehen, denn diese Übung kann Ihnen enorm helfen. Vielleicht fangen Sie gleich beim Aufwachen damit an, weil das Ego dann weniger Einfluss auf Sie hat als später, wenn Sie vollkommen wach sind. Richten Sie Ihre gesamte Aufmerksamkeit auf den höheren Geist und vertrauen Sie Ihr Ego dem Himmel an. Und dann hören Sie einfach zu. Wenn Ihr Geist beschäftigt oder von den Aufgaben erfüllt ist, die Sie zu erledigen haben, legen Sie ein Notizbuch griffbereit. Schreiben Sie ein oder zwei Stichworte auf, um sich später darauf zu konzentrieren, und fahren Sie dann fort, auf einer tieferen Ebene zuzuhören. Sich Zeit zum Zuhören zu nehmen, ist eine großartige Investition in sich selbst.

Lektion 11: Wenn Ihr Geist zu beschäftigt ist

Wenn Ihr Geist zu beschäftigt ist und Sie sich besessen, überwältigt oder gestresst fühlen, ist es wichtig, dass Sie sich eine Auszeit gönnen. Wenn Sie das nicht tun, werden Sie auf eine ineffiziente und desorganisierte Weise weiterarbeiten. Wenn Sie extrem gestresst sind, ist der Versuch, sich selbst weiter unter Druck zu setzen, das Schlimmste, was Sie tun können. In diesem Zustand ist es wichtig, zu erkennen, dass Sie vom Weg abgekommen sind. Nehmen Sie sich Zeit, um sich selbst zu befreien. Wenn Ihr Geist klar ist – Sie sich also im Hier und Jetzt befinden –, können Sie sich konzentrieren und effektiv sein.

Bei dieser Übung schließen Sie einfach die Augen und beobachten Ihren Geist. Jeder Ihrer Gedanken stammt von einer Persönlichkeit, die ein vollständiges eigenes Glaubenssystem hat, welches Ihnen sagt, dass Sie erfolgreich sein werden, wenn Sie dieses oder jenes vollbringen. Das ist weit von der Wahrheit entfernt, weil die Tretmühle, in der Sie sich befinden, einfach keinen Erfolg und keine Kreativität zulässt. Sagen Sie bei jedem Gedanken, der Ihnen in den Sinn kommt: »Dieser Gedanke spiegelt ein unechtes Ziel wider, das mich vom Erfolg abhält.« Wenn Sie das zehn oder fünfzehn Minuten lang tun, wird Ihr Geist sehr klar werden. An jenem Punkt sagen Sie sich einfach selbst: »In diesem klaren Geisteszustand möge mir mein Erfolg gezeigt werden!«

Nun sind Sie bereit, mit größerer Effizienz und Effektivität noch einmal von vorn zu beginnen.

Lektion 12: Aus ganzem Herzen wollen

Stellen Sie sich vor, die größten Ziele zu erreichen, würde Ihnen genauso leicht fallen wie das Erlangen der einfachsten Dinge. Jeder nimmt in allem unterschiedliche Schwierigkeitsgrade wahr, aber es gibt eine Möglichkeit, die so genannten Regeln der Welt ganz einfach zu beugen. Weil wir nichts als vollkommen erstrebenswert wahrnehmen, entstehen die verschiedenen Schwierigkeitsgrade. Weil wir uns selbst keine volle Wertschätzung zugestehen, gibt es nichts, was wir voll und ganz wollen. Unser Geist ist so zersplittert, dass wir zu viele Dinge wollen, und darunter befinden sich viele unsinnige Wünsche. Wir müssen uns nur unsere Träume ansehen. In ihnen reflektiert sich Wunscherfüllung, sogar die Erfüllung unserer entsetzlichsten Wünsche. Viele unserer Träume sind deshalb chaotisch, weil wir widersprüchliche Wünsche haben. Auch die Wachträume unseres Alltagslebens zeigen uns die Erfüllung unserer Wünsche. Wenn es in unserem Leben etwas gibt, wovon wir meinen, dass wir es nicht wollen, dann ist das einfach ein Ego-Plan, der gewöhnlich verdrängt wird, damit wir unsere Fehler nicht mit der Präzision und Kraft unseres bewussten Geistes erkennen.

Etwas aus ganzem Herzen zu wollen, bedeutet, sich darauf zu konzentrieren. Ich hatte während meines Promotionsstudiums an der Universität einen Freund. Er forschte über die Konzentration beim Sport. Dabei stellte er fest, dass die Intensität der Konzentration den Leistungen bei sportlichen Wettkämpfen entsprach. Aber was uns die Konzentration ermöglicht, ist unser Verlangen, etwas ganz und gar zu haben. Das weckt unseren Willen und heilt die Zersplitterung unseres Geistes.

Heute üben Sie, etwas Kleines aus ganzem Herzen zu wollen. Tun Sie das mindestens einmal täglich, bis Sie davon überzeugt sind, dass Sie über die Macht verfügen, mühelos alles zu bekommen, was Sie haben möchten.

Anschließend richten Sie Ihre Wünsche aus ganzem Herzen auf Ihre großen Ziele. Nehmen Sie sich morgens und abends fünf Minuten Zeit, die Verwirklichung dieser Ziele voller Hingabe zu wollen. Achten Sie auf alle Gedanken, die während dieser fünf Minuten aufkommen und Sie ablenken. Wenn solche Gedanken auftauchen, bitten Sie Ihren kreativen Geist, dieses Selbstbild und jedes ähnliche zu integrieren. Sobald diese Energie erst einmal transformiert ist, werden Sie fähig sein, sie auf positive Weise zu nutzen. Das hat einfach mit der Zersplitterung unseres Geistes zu tun. Aber schon eine einzige Sekunde reinen

Wollens aus ganzem Herzen kann Sie Ihrem Ziel näher bringen. Wann immer Sie im Laufe des Tages an Ihr Ziel denken, sollten Sie es einfach aus ganzem Herzen erreichen wollen.

Lektion 13: Aufstieg zum nächsten Stadium des Erfolgs

Wir haben in unserem Leben einen Zustand erreicht, in dem wir entweder zuversichtlich sind oder gerade lernen, zuversichtlich zu werden. Wenn wir uns noch in der Lernphase befinden, haben wir weiterhin Probleme. Diese sind ein Versuch des Egos, uns von Fortschritten abzuhalten. Wenn unser Wille, das nächste Stadium zu erreichen, stärker wird als unsere Furcht, verschwinden diese Probleme, denn unser Wille zum Erfolg wird dann stärker als ihre Fähigkeit, uns aufzuhalten.

Ob wir ein neues Stadium des Erfolgs erreichen oder auf dem Weg dorthin sind, hängt von unserem Willen dazu ab. Häufig verfängt man sich. Ob wir in zahllosen Problemen stecken bleiben oder nur in der Lethargie unserer eigenen abgestumpften Gefühle, das neue Stadium hält in jedem Fall eine Antwort auf alle diese Symptome der Furcht bereit.

Wenn wir uns in dem Stadium, in dem wir uns gerade befinden, zuversichtlich fühlen, uns das nächste Stadium aber noch nicht zutrauen, dann empfinden wir vielleicht Furcht oder Unzulänglichkeit im Hinblick auf weitere Fortschritte, was nur dazu dient, uns zurückzuhalten. Es fällt uns schwer, uns vorzustellen, wie wir auf der nächsten Stufe erfolgreich sind. Da wir nicht wissen, welchen Problemen wir dann gegenüberstehen, sind wir nicht sicher, ob wir sie bewältigen können. Manchmal machen wir aus Furcht nur winzige Schritte statt der großen Sprünge, zu denen wir fähig wären.

Nehmen Sie sich einen Moment Zeit, um Ihr Leben zu überdenken. In welchem Stadium befinden Sie sich jetzt? Denken Sie darüber nach, wie Ihre nächste Erfolgsstufe aussehen könnte. Was wäre der nächste Sprung nach vorn für Sie? Sind Sie bereit, diesen Sprung zu wagen? Wenn ja, dann widmen Sie sich voll und ganz diesem Sprung. Lassen Sie sich aus ganzem Herzen darauf ein. Wollen Sie diesen Sprung nach vorn aus ganzem Herzen?

Entscheiden Sie sich für diesen Sprung, egal, ob Sie dabei positive oder negative Gefühle haben. Der Sprung ist nichts, was *Sie* unbedingt aktiv tun müssen. Er ist etwas, was zu Ihnen kommt, wenn Sie dazu bereit und entschlossen sind. Akzeptieren Sie nun dieses neue Stadium. Auf Sie wartet eine Lebensweise, die leichter und erfolgreicher ist.

Lektion 14: Ihre Investitionen

Sie werden Erfolg haben, wenn Sie in Erfolg investieren. Falls es für Sie etwas Wichtigeres als Erfolg gibt, dann werden Sie darein investieren, und die Energie, die in den Erfolg fließen sollte, geht anderswohin.

Nehmen wir beispielsweise an, Sie wollen Erfolg bei der Arbeit haben, aber Sie erreichen ihn nur zu 78 Prozent. Die restlichen 22 Prozent gehen also verloren. Sie könnten nun fragen, in was Sie diese anderen 22 Prozent investiert haben, und kämen zu der Erkenntnis, dass es beispielsweise Klagen aus der Vergangenheit und ein Verlangen, sich zu verstecken, waren. Das bedeutet, dass Ihnen die Klagen und das Verstecken mehr wert waren als der Erfolg. Fragen Sie nun, was Ihnen die Klagen einbringen, dann lautet die Antwort vielleicht: Unabhängigkeit und noch mehr Verstecken. Machen Sie diese Übung jetzt für sich selbst. Sie können sie für verschiedene Bereiche Ihres Lebens durchführen. In was haben Sie Ihren Geist investiert?

Nachdem nun deutlich geworden ist, dass Sie in etwas anderes als Erfolg investiert haben, können Sie überlegen, ob diese Investitionen Sie glücklich machen. Wenn das nicht der Fall ist, können Sie jetzt die Entscheidung treffen, Ihre Klagen, Ihre Unabhängigkeit und das Bedürfnis, sich zu verstecken, aufzugeben, damit Sie stattdessen Erfolg haben können.

Wenn Sie alles aufgeben, in das Sie bisher investiert haben, statt sich auf Ihren Erfolg zu konzentrieren, dann können Sie sich erneut fragen, wie Ihr Erfolgsquotient jetzt aussieht. Wenn er unter 100 Prozent liegt, fragen Sie sich wieder, in welche anderen Felder Sie investiert haben. Was immer es sei, geben Sie es auf. Investieren Sie ausschließlich in Erfolg, und Sie werden im selben Ausmaß Erfolg haben.

Lektion 15: Gnade

Wenn es irgendwelche Schwierigkeiten in unserem Leben gibt, dann ist das ein Zeichen dafür, dass wir versuchen, die Dinge selbst zu tun, und auf der tiefsten Ebene unseres Geistes allein sind. Das macht uns eher zu einem Ego als zu einer zeitlosen Schöpferkraft. Dies ist die tiefste und letztlich einzige Realität, die wir erfahren werden. Wir sind eine Seele in der Zeit und entscheiden uns ständig zwischen unserem Geist und der Liebe einerseits und dem Ego und dem Alleinsein andererseits. Wenn wir das Ego wählen, kommen wir nicht weiter als bis zur Unabhängigkeit. Es verhindert unsere Evolution zur Partnerschaft und zu spirituelleren Stadien. Es begrenzt unsere Macht, und folglich benutzen wir unsere Glaubenssysteme im Dienst des Egos.

Wenn wir Schwierigkeiten in unserem Leben haben, versuchen wir, irgendeine Art von Schuld abzutragen. Zwar müssen wir alle hin und wieder Schwierigkeiten bewältigen, aber manchmal kommen wir an einen echten Scheideweg, wo es darum geht, in unserem Leben einen wahrhaftigeren, leichteren und lohnenderen Kurs einzuschlagen oder auf dem ausgetretenen Pfad zu bleiben, auf dem wir älter und ausgelaugter werden, ohne dass wir dafür besondere Fortschritte verbuchen könnten.

Gnade in unserem Leben bedeutet, dass wir uns selbst als Kind eines liebenden Gottes betrachten, das als solches alles Gute verdient. Gnade ist die Erkenntnis, dass Schwierigkeiten weder dem Willen Gottes noch unserem eigenen wahren Willen entsprechen. Gnade ist Gottes Liebe zu uns, die alles leicht macht. Unsere Liebe akzeptiert diese Gnade für uns selbst und die von uns geliebten Menschen, die sie brauchen.

Seien Sie nicht bestürzt, wenn Schwierigkeiten auftreten. Geißeln Sie sich dafür nicht selbst. Wir alle haben Schichten von Schuldgefühlen und Schwierigkeiten in unserem geistigen Gepäck, die aus unserer Lebensgeschichte, unserer Seelenreise oder unseren von den Vorfahren übernommenen Mustern stammen. Sich selbst zu verurteilen, bedeutet, in eine Ego-Falle zu tappen und zu vergessen, dass Heilung ein Teil unserer Lebensaufgabe ist und dass Transformation einen der Ecksteine auf dem Weg zum Erfolg bildet. Schwierigkeiten markieren einen Scheideweg. Sie zeigen uns, wo wir in der Vergangenheit falsche Entscheidungen getroffen haben, die wir jetzt nutzen, um uns selbst zu bestrafen. Das ist vollkommen unnötig. Wir können die Gnade annehmen, die uns geschenkt wird, und uns von dieser Gnade den Weg zeigen lassen. Wir können uns von der Gnade aus unseren gegenwärtigen Schwierigkeiten herausführen lassen. Lassen Sie die Gnade das für uns vollbringen, während sie es durch uns vollbringt. Manche Ebenen der Heilung, die in besonders schwierigen Situationen auftauchen, überraschen uns vielleicht. Solche Zeiten eignen sich am besten, um alle Ebenen zu absolvieren, bis wir geheilt sind und unser Leben leichter wird.

Denken Sie daran, dass jede Schwierigkeit einen Scheideweg darstellt. Sie treffen die Wahl, ob Sie meinen, etwas selbst tun zu müssen, oder zulassen, dass die Gnade es für Sie vollbringt. Wenn Sie die Gnade wählen, entscheiden Sie sich für sich selbst als Kind Gottes. Das gibt Ihnen die Zuversicht, Wundern Zutritt zu Ihrem Leben zu gestatten, die dann durch Sie auch in das Leben anderer Menschen eintreten können. Beides spart Zeit und schenkt uns sehr viel Unbeschwertheit und Belohnungen. Sie können jede Schwierigkeit nutzen, um auf eine neue Ebene zu gelangen, nicht, indem Sie Lasten und Konflikte auf sich nehmen, sondern indem Sie sich dafür entscheiden, sich selbst auf eine neue Weise wahrzunehmen – als geistiges Wesen, ein Kind Gottes, der Ihnen seine Hilfe stets in Form der Gnade anbietet. Lassen Sie zu, dass die Gnade jedes Problem verwandelt. Lassen sie zu, dass die Gnade es für Sie vollbringt.

Wer sind Sie, Ego oder geistiges Wesen? Wenn Sie sich für das Ego entscheiden, müssen Sie sicher alles selbst vollbringen, bis Sie in eine Schwierigkeit geraten, die zu groß für Sie ist, und dann gehen Sie unter. Es gibt einen leichteren Weg. Es gibt einen besseren Weg, wenn Ihr Ego nicht darauf besteht, alles selbst zu vollbringen, oder darauf beharrt, dass alles in seinem Interesse vollbracht werden muss. Gnade ist Gottes Liebe zu Ihnen. Wir werden geliebt. Wollen Sie sich für diese Liebe öffnen?

Üben Sie, es zuzulassen, dass die Gnade in Zukunft alles für Sie und durch Sie vollbringt. Wenn große Aufgaben zu bewältigen sind, lassen Sie die Gnade das für Sie tun. Wenn es Schwierigkeiten gibt, überlassen Sie es der Gnade, sie zu klären. Es gibt kein Problem, das die Gnade nicht lösen könnte.

Ausblick

Der Tao-Index soll Ihnen eine Vision für die Wirtschaft und die psychologische Unternehmensberatung vermitteln. Dieses Buch will Ihnen helfen, die Trends zu erkennen und zu verstehen, individuell, in Ihrem Unternehmen und in der Wirtschaft. Eine Vision ist ein Samenkorn, das man entweder ignorieren oder nähren kann. Selbst wenn sie ignoriert wird, kann eine Vision Wurzeln schlagen, das Samenkorn kann aufgehen und wachsen, weil es genügend eigene Kraft hat. Wenn eine Vision aber genährt wird, bekommt sie die Chance, so zu gedeihen, wie es ihr zugedacht war.

Ein Buch über Prinzipien, wie es *Der Tao-Index* darstellt, kann Ihnen Ideen präsentieren, die das Bewusstsein erweitern. Es kann Ihnen auch eine neue Perspektive für Ihre zukünftige Weltsicht vermitteln. Einige Leser fühlen sich von dem Buch vielleicht direkt angesprochen. Sie empfangen nicht nur eine Sammlung von Prinzipien, sondern die Werkzeuge für eine neue Art zu leben.

Jeder Mikrokosmos enthält den Makrokosmos. Veränderung ist notwendig. Das TAO entfaltet sich in jedem Moment, wenn Sie Augen haben, es zu sehen. Dieses Buch wird Ihnen helfen, neue Ebenen der Wahrnehmung zu öffnen, die Ihnen eine neue Meisterschaft in Ihrem privaten und beruflichen Leben gewähren.

Möge *Der Tao-Index* Ihnen in Ihrem Unternehmen und im Leben ein hilfreicher Freund sein. Ich wünsche Ihnen großen Erfolg und das wärmste Aloha.

Dank

Ich möchte mich bei den vielen Menschen bedanken, die durch ihre Einsatzbereitschaft und ihre Hilfe beim Tippen dazu beigetragen haben, dass dieses Buch erscheinen konnte. Mein Dank geht an Peggy Mueller, Charlie Netherton, Carol Butterfield und Kim Gordian. Vor allem aber möchte ich Hollie Prior würdigen, die durch ihre brillante redaktionelle Betreuung und ihr Teamwork dafür gesorgt hat, dass die Endfassung des Manuskripts so elegant und leicht gelingen konnte.

Die Danksagung wäre nicht vollständig ohne die Erwähnung meines deutschen Agenten Wulfing von Rohr. Ebenso möchte ich meiner Frau Lency und meinen Kindern Christopher und J'aime für ihre unablässige Inspiration, Liebe und Unterstützung danken. Ohne euch könnte ich nicht tun, was ich tue.

Und schließlich möchte ich noch einmal darauf hinweisen, wie sehr ich das Geschenk zu schätzen weiß, das *Ein Kurs in Wundern* für mein Leben darstellt. Es ist immer da, um mich aufzurichten und mir den Weg zu zeigen.

Kontakt/Quellen

Kontakt zur Psychology of Vision: Dr. Chuck Spezzano und seine Frau Lency halten Vorträge und veranstalten Seminare in aller Welt. Nähere Einzelheiten über den internationalen Veranstaltungskalender und angebotene Produkte finden Sie auf den folgenden Webseiten:

Internationale Webseite: www.psychologyofvision.com

Informationen über Veranstaltungen und Produkte der Psychology of Vision sowie Kontaktmöglichkeiten

Das Psychology-of-Vision-Online-Heilungsprogramm: www.gaia-mind.com

Online-Heilungsinstrumente, Meditationen, Übungen und tägliche Einsichten von Chuck und Lency Spezzano

Kontakt für Deutschland, Österreich und die Schweiz:

Psychology of Vision DACH
Telefon: +41 78 6382770; Fax: +41 32 6228949
E-Mail: DACH@psychologyofvision.com
www.psychologyofvision.com/DACH

Informationen über internationale Workshops und Vorträge zur Psychology of Vision:

Psychology of Vision, Kanada
Telefon: +1 604 2984011
E-Mail: promotions@psychologyofvision.com
www.psychologyofvision.com

Oder:
Psychology of Vision, Hawaii
Telefon: +1 808 2394502
E-Mail: Hawaii@psychologyofvision.com
www.psychologyofvision.com

Weitere deutschsprachige Bücher etc. von Chuck Spezzano

Bücher:
Es muss einen besseren Weg geben
Wenn es verletzt, ist es keine Liebe
Wege zu erfüllenden Beziehungen
Heilung des Körpers durch den Geist
Krankheit als körperlicher Ausdruck psychischer Störungen
50 Wege loszulassen und glücklich zu sein
50 Wege die wahre Liebe zu finden
50 Wege deinen Geist und die Welt zu verändern
50 Wege sich mit jedem zu verstehen
Beziehungskunst, Führungskunst, Spiritualität
Von ganzem Herzen lieben
Die innerste Kraft des Lebens geben und empfangen
100 Geheimnisse der Liebe
Folge dem Ruf deines Herzens
Die Geschichte vom kleinen Häschen Liebe

Kartensets:
Karten der Heilung
Karten der Erkenntnis auf dem Weg nach innen
Karten der Liebe

Videokassetten:
Business – Wirtschaft am Wendepunkt
Gib deinem Leben einen Sinn